道路桥梁施工技术

孙淑梅 宋书昌 任广育 著

吉林科学技术出版社

图书在版编目（CIP）数据

道路桥梁施工技术 / 孙淑梅，宋书昌，任广育著. — 长春：吉林科学技术出版社，2023.3
 ISBN 978-7-5744-0170-9

Ⅰ.①道… Ⅱ.①孙… ②宋… ③任… Ⅲ.①道路施工②桥梁施工 Ⅳ.①U415②U445

中国国家版本馆CIP数据核字（2023）第053648号

道路桥梁施工技术

著	孙淑梅 宋书昌 任广育
出 版 人	宛 霞
责任编辑	王运哲
封面设计	树人教育
制 版	树人教育
幅面尺寸	185mm×260mm
开 本	16
字 数	240千字
印 张	11
印 数	1–1500册
版 次	2023年3月第1版
印 次	2023年10月第1次印刷

出 版	吉林科学技术出版社
发 行	吉林科学技术出版社
地 址	长春市福祉大路5788号
邮 编	130118
发行部电话/传真	0431-81629529 81629530 81629531
	81629532 81629533 81629534
储运部电话	0431-86059116
编辑部电话	0431-81629518
印 刷	廊坊市印艺阁数字科技有限公司

书 号	ISBN 978-7-5744-0170-9
定 价	65.00元

版权所有 翻印必究 举报电话：0431-81629508

前　言

随着社会经济的不断发展，交通运输行业也得到了快速发展。在国民经济建设中，交通运输业占据越来越重要的地位。就交通运输业来说，道路桥梁等基础工程建设是其发展的保障。

随着科学技术的不断发展，道路桥梁的施工技术也越来越成熟。为了更好地建设道路桥梁基础工程，就需要了解和熟悉道路桥梁的基本理论，掌握道路桥梁建设的施工技术，对于不同的道路桥梁工程选择最恰当的施工方案，从而保障道路桥梁工程的施工质量，进而保障交通运输的安全。

本书首先对道路桥梁的施工技术进行简要的概述，然后对路基、路面、公路附属工程施工技术等方面进行详细分析，最后对涵洞工程、桥梁上下部结构施工技术做出详细的研究，希望能够给相关工作人员提供帮助。

为了提升本书的学术性与严谨性，在撰写过程中，笔者参阅了大量的文献资料，引用了诸多专家学者的研究成果，因篇幅有限，不能一一列举，在此表示最诚挚的感谢。由于时间仓促，加之笔者水平有限，在撰写过程中难免有不足之处，希望各位读者不吝赐教，提出宝贵的意见，以便笔者在今后的学习中加以改进。

目 录

第一章 道路与桥梁工程施工综述 ·· 1
    第一节 道路工程施工技术概述 ·· 1
    第二节 桥梁工程施工技术概述 ··· 14

第二章 路基施工工程技术 ··· 25
    第一节 一般路基施工 ·· 25
    第二节 特殊路基施工 ·· 43
    第三节 路基质量检测方法 ·· 58

第三章 路面工程施工技术 ··· 62
    第一节 路面工程基本知识 ·· 62
    第二节 路面基层施工技术 ·· 72
    第三节 路面工程施工质量监督 ·· 82

第四章 桥梁下部结构施工技术 ·· 86
    第一节 桥梁基础施工技术 ·· 86
    第二节 桥梁墩台的施工技术 ·· 104
    第三节 桥梁下部结构常见病害及预防措施 ···························· 117

第五章 桥梁上部结构施工技术 ·· 120
    第一节 混凝土简支梁施工技术 ·· 120
    第二节 预应力混凝土桥梁施工技术 ···································· 133

第三节　桥面及附属工程施工技术 …………………………………………… 144

第四节　桥梁上部结构病害的维修与处治 ……………………………………… 163

参考文献 ……………………………………………………………………………… 166

第一章　道路与桥梁工程施工综述

第一节　道路工程施工技术概述

一、道路的分类及其工程组成

道路工程是供各类无轨车辆和行人等通行的基础设施，道路是一种带状构筑物，它的中心线是一条空间曲线，它具有高差大、曲线多且占地狭长的特点。道路工程施工图的表现方法与其他工程图有所不同，道路工程施工图由平面图、纵断面图、横断面图及构造详图组成。

（一）道路的分类

道路作为一个总称，它可分为城市道路、公路、农村道路、专用道路。

1. 城市道路

城市道路是在城市范围内，联系各组成部分，并供车辆及行人通行的、具备一定技术条件和设施的道路。按在道路系统中的地位、交通功能与对沿线建筑物的服务功能等来划分，城市道路可分为快速路、主干路、次干路与支路。

（1）快速路是为较高车速的长距离交通而设置的重要道路。快速路对向车道之间应设中间带以分隔对向交通，当有自行车通行时，应加设两侧带，快速路与高速公路、快速路、主干路相交时，必须采用立体交叉；与交通量较小的次干路相交时，可采用平面交叉；与支路不能直接相交。在过路行人集中地点应设置过街人行天桥或地下通道。

（2）主干路是城市道路网的骨架，为连接城市各主要分区的交通干路，以交通动能为主。自行车交通多时，宜采用机动车与非机动车分流形式，如三幅路或四幅路。

（3）次干路是城市的交通干路，兼有服务功能。次干路配合主干路组成道路网，起广泛连接城市各部分与集散交通的作用。

（4）支路是次干路与街巷路的连接线，解决局部地区交通，以服务功能为主。街巷内部道路，作为街巷建筑的公共设施组成部分，不列入等级道路以内。

2. 公路

公路是指在城市以外，连接相邻市县、乡村、港口、厂矿和林区等，主要供汽车行驶，且具备一定技术条件和交通设施的道路。根据其功能、使用任务和远景交通量等综合因素可分为5个等级：高速公路、一级公路、二级公路、三级公路和四级公路。

（1）高速公路为专供汽车分向、分车道行驶，并应全部控制出入的多车道公路，一般能适应将各种汽车折合成小客车的远景设计年限年平均昼夜交通量25000辆以上（四车道：25000～55000辆；六车道：45000～80000辆；八车道：60000～100000辆）。

（2）一级公路为供汽车分向、分车道行驶，并可根据需要部分控制出入及部分立体交叉的多车道公路，一般能适应将各种汽车折合成小客车的远景设计年限年平均昼夜交通量15000～55000辆（四车道：15000～30000辆；六车道：25000～55000辆）。

（3）二级公路为供汽车行驶的双车道公路，一般能适应将各种汽车折合成小客车的远景设计年限年平均昼夜交通量7500～15000辆。

（4）三级公路为主要供汽车行驶的双车道公路，一般能适应将各种汽车折合成小客车的远景设计年限年平均昼夜交通量2000~6000辆，为沟通县及县以上城镇的一般干线公路。

（5）四级公路为主要供汽车行驶的双车道或单车道公路，一般能适应将各种汽车折合成小客车的远景设计年限年平均昼夜交通量2000辆（单车道400辆）以下，为沟通县、镇、乡的支线公路。

公路按其重要性和使用性质又可分为国家干线公路（国道）、省级干线公路（省道）、县级公路（县道）和乡级公路（乡道）。

3. 农村道路

农村道路一般是指在农村中联系乡、村、居民点的主要道路，其交通性质、特点、技术标准要求等均与公路不同。

4. 专用道路

专用道路包括厂矿道路和林区道路。厂矿道路是指修建在工厂、矿区内部以及厂矿到公路、城市道路、车站、港口衔接处的对外连接段，主要为工厂、矿山运输车辆通行的道路。林区道路是指修建在林区，主要供各种林业运输工具通行的道路。

（二）道路工程的组成

道路工程的基本组成部分包括路床、路基、路面、桥梁、涵洞、隧道、防护与加固工程、排水设施、山区特殊构造物，城市道路还包括各种管线等，以及为保证汽车行驶的安全、畅通和舒适的各种附属工程，如公路交通安全设施、路用房屋、综合服务区（加油站、维修站、餐饮、宾馆等）及绿化栽植等。此外，还包括为防止路基填土或山坡土体坍塌而修筑的承受土体侧压力的挡土墙，以及为保持路基稳定和强度而修建的地表和地下路基排水设施，包括边沟、截水沟、排水沟、急流槽、渗沟、渗水井等。

二、道路工程施工的一般特点

新建、改造或扩建的道路工程，其施工都不同程度地呈现以下特点。

（1）道路工程是固定在土地上的构筑物，而施工生产是流动的，所以道路工程施工组织是复杂的，这是区别于工业生产的最根本的特点，由于道路工程的流动性，就需要把众多的劳力、施工机具、材料在时间和空间上加以合理地组织，从而使它们在线性的施工现场按照科学的施工顺序流动，不致互相妨碍而影响施工，这是施工组织的重要内容。

（2）道路工程施工规模大、周期长，施工组织工作十分艰巨。由于道路工程往往工程量较大，需要消耗大量的人力和物力，施工组织工作不仅要做好统筹部署，还要考虑各种不同工种之间的开工、竣工的衔接，只有这样，才能保证公路工程施工生产连续且有序地进行。

（3）道路工程施工是在室外进行的，受气候和自然条件的影响与制约，决定了公路施工组织工作的特殊性和不能全年连续均衡地进行施工生产。因此，在施工组织中，要对雨季、冬季和高温季节采取特殊的技术措施和施工方法，在高空和地下作业则要采取必要的防护措施，并尽可能连续而均衡地进行施工，注意避免气候、自然条件对施工生产所产生的不利影响，以确保工程质量和施工安全以及工期要求。

综上所述，道路工程施工的特点集中表现在施工条件复杂多变，给施工生产活动带来很大的困难，故要求针对道路工程的不同对象、不同的施工条件，从实际出发，充分做好准备工作，包括施工管理和组织计划工作。施工中实行流水作业，严格施工管理，健全岗位责任制，加强质量保证体系工作，每道工序都要严格把关，前一道工序未经验收不得进行下道工序，稳妥而科学地做好施工组织工作。

三、道路工程施工的基本程序

道路工程施工的基本程序是指施工单位从接受施工任务到工程竣工阶段必须遵守的工作程序。道路工程施工的基本程序如图 1-1 所示。

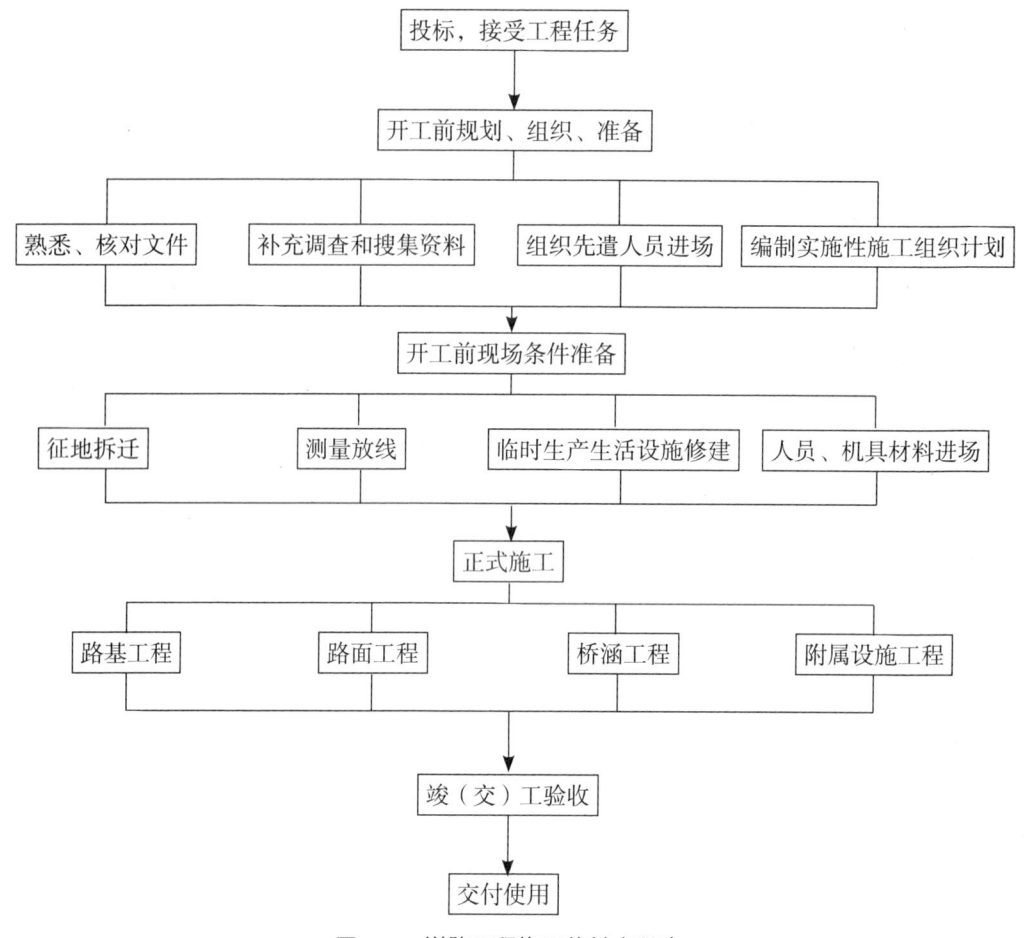

```
         投标，接受工程任务
                │
                ▼
         开工前规划、组织、准备
                │
   ┌────────┬──────┴──────┬─────────┐
熟悉、核对文件  补充调查和搜集资料  组织先遣人员进场  编制实施性施工组织计划
                │
                ▼
         开工前现场条件准备
                │
   ┌────────┬──────┴──────┬─────────┐
 征地拆迁    测量放线   临时生产生活设施修建   人员、机具材料进场
                │
                ▼
            正式施工
                │
   ┌────────┬──────┴──────┬─────────┐
 路基工程   路面工程    桥涵工程      附属设施工程
                │
                ▼
           竣（交）工验收
                │
                ▼
            交付使用
```

图1-1 道路工程施工的基本程序

（一）施工准备工作

施工准备工作是为拟建工程的施工建立必要的技术和物质条件，统筹安排施工力量和现场。施工准备工作也是施工企业搞好目标管理、推行技术经济承包的依据。

为了保证施工顺利进行，在施工准备阶段，建设主管部门应根据计划要求的建设进度指定一个企业或事业单位组织基建管理机构，办理登记及拆迁，做好施工沿线有关单位和部门的协调工作，抓紧配套工程项目的落实，组织施工范围内的技术资料、材料、设备的供应；勘测设计单位应按照技术资料供应协议，按时提供各种图纸资料，做好施工图纸的会审及发放工作；施工单位应组织机具、人员进场，进行施工测量，修筑便道及生产、生活等临时设施，组织材料、物资采购、加工、运输、供应、储备，做好施工图纸的接收工作，熟悉图纸的要求。

（二）组织施工

施工准备就绪后，施工单位向上一级单位提交开工申请，主管技术部门报监理工程师，由总监下达开工命令。施工单位要遵照施工程序和施工组织计划中所拟定的施工方法合理组织施工。施工过程中应严格按照设计要求和施工规范施工，确保工程质量，安全施工。推广应用新工艺、新技术，努力缩短工期，降低造价，同时应注意做好施工记录，建立技术档案。

组织施工应具备的文件有：①设计文件；②施工规范和技术操作规程；③各种定额；④施工图预算；⑤施工组织设计；⑥道路工程质量检验评定标准和施工验收规范。

（三）竣（交）工验收、交付使用

竣（交）工验收阶段主要工作是检查施工合同的执行情况，评价工程质量，对各参建单位工作进行初步评价。各合同段的设计、施工、监理等单位参加竣（交）工验收工作，由项目法人负责组织。公路工程竣（交）工验收工作一般按合同段进行，并应具备以下条件：合同约定的各项内容已全部完成；施工单位按《公路工程质量检验评定标准》及相关规定对工程质量自检合格；监理单位对工程质量评定合格；质量监督机构按"公路工程质量鉴定办法"对工程质量进行检测；竣工文件按要求完成，施工单位、监理单位完成本合同段的工作总结报告。

竣（交）工验收阶段主要工作是对工程质量、参建单位和建设项目进行综合评价，并对工程建设项目作出整体性综合评价。竣（交）工验收时成立竣（交）工验收委员会，由交通运输主管部门、公路管理机构、质量监督机构、造价管理机构等单位代表组成。公路工程竣（交）工验收应具备以下条件：通车试运营2年以上；竣（交）工验收提出的工程质量缺陷等遗留问题已全部处理完毕，并经项目法人验收合格；工程决算编制完成，并经交通运输主管部门或其授权单位认定；档案、环保等单项验收合格；各参建单位完成工作总结报告，质量监督机构对工程质量检测鉴定合格，并形成工程质量鉴定报告。

四、道路工程施工准备工作

道路工程施工前施工单位的准备工作，是为了保证施工正常进行而必须做好的一项重要工作。它之所以重要，是因为道路施工是一项非常复杂的生产活动，需要处理一系列复杂的技术问题，耗用大量的物资，使用众多人力和动用机械设备资源，所遇到的条件也是多种多样的，因而，施工前准备工作考虑的影响因素越多，准备工作做得越充分，则施工越顺利。

施工企业在投标时应成立工程项目部，施工单位在获得工程任务并与建设单位签订工程施工承包合同后，应按照合同的要求着手进行施工准备工作。施工准备工作分为组织准备、技术准备、物资准备和施工现场准备等几个方面。

（一）组织准备工作

组织准备工作主要是建立和健全施工组织管理机构，制定施工管理制度，明确施工任务，确立施工应达到的目标。施工组织管理机构是为完成道路工程施工而设置的负责现场指挥、管理工作的组织机构，一般由项目经理部及下设各职能部门组成。建立严格的责任制，按计划将责任预先落实到有关部门甚至个人，同时明确各级技术负责人在施工准备工作中所负的责任，从而充分调动各部门和技术人员的积极性，使他们责任、权利相统一。建立完善的施工管理制度是公路施工管理的核心，施工管理制度包括施工计划管理制度、工程技术管理制度、工程成本管理制度、施工质量安全管理制度等。

（二）技术准备工作

技术准备工作，即通常所说的"内业"工作，是工程顺利实施的基础和保证。技术准备工作的好坏，直接影响到工程的进度、质量和经济效益，因此必须高度重视。技术准备工作的内容主要包括熟悉设计文件、现场调查核对、设计交桩和技术交底及建立工地试验室。

1. 熟悉和审核图纸，深化施工组织设计

项目负责人组织有关人员对施工图纸和资料进行学习和自审，如有疑问，应做好统计，在业主召开的设计交底和图纸会审中提出，请上级部门给予解答。

施工组织设计是全面安排施工生产的技术经济文件，是指导施工的主要依据。施工组织设计是以一个建设施工项目为编制对象，用以规划整个拟建工程施工活动的技术经济文件。它是整个项目施工任务总的战略性部署，主要内容包括工程概况、施工布置与施工方案、施工总进度计划、施工准备工作及各项资源需要量计划、施工总平面图、主要技术组织措施及主要技术指标。

2. 设计交桩和技术交底

建设单位负责人召集设计、施工、监理、科研人员参加图纸会审会议。设计人员向施工方作图纸交底，讲清设计意图和对施工的主要要求，并对设计桩点进行复测交接。施工人员应对图纸和有关问题提出质询。最终由设计单位对图纸会审中提出的合理化建议，按程序进行变更设计或作补充设计。

3. 建立工地试验室

工地试验室是为施工现场提供直接服务的试验室，主要任务是配合路基、路面、桥涵等工程施工，对工地使用的各种原材料、加工材料及结构性材料的物理力学性能，以及施工结构体的几何尺寸等进行检测。工地试验室的作用是通过各种材料试验，选用合适的材料及其性能参数，以保证工程结构物的强度和耐久性，并有利于掌握各种材料的施工质量指标，保证结构物的施工质量。工地试验室的试验检测人员必须是具有试验检测资质的检测机构的正式持证注册人员。

施工前的准备工作带有全局性，它是组织施工的第一步，没有这项工作，工程就不能顺利开工，更不能连续施工。没有准备的施工或准备不充分的施工，均会使以后施工难以顺利进行。

（三）物资准备工作

物资准备工作是指施工中必需的劳动手段和施工对象的准备，它是根据各种物资需要量计划，分别落实货源、组织运输和安排储备，以保证连续施工的需要。物资准备是各种材料与机具设备购置、采集、调配、运输和储存，临时便道及工程房屋的修建，供水、供电、必需生活设施等的安装及建设等工作。

在道路施工前，各种生产、生活需用的临时设施，如各种仓库、搅拌站、预制构件厂（站、场）、各种生产作业棚、办工用房、宿舍、食堂、文化设施等均应按施工组织需要的数量、标准、面积、位置等在施工前修建完毕。修建完毕各种生产、生活需用的临时设施后，应及时根据施工组织设计确定的材料、半成品、预制构件的数量、品种、规格以及施工机具设备，编制好物质供应计划，按计划订货和组织进货，按照施工平面图要求在指定地点堆存或入库；对砂子、碎石、钢材等材料应提前做各种试验，确定其是否满足设计要求；对各种标号混凝土提前做好配比；对施工将使用的施工机械和机具需用量进行计划，按计划进场安装、检修和试运转。

施工队应提早调整，健全和充实施工组织机构，进行特殊工种、稀缺工种的技术培训和持证上岗，提前预招临时工和合同工，落实具有相应资质的专业施工队伍和外包施工队伍。同时，根据地理位置、气候条件，夏、冬、雨期施工也应做适当准备。

（四）施工现场准备工作

1．恢复定线测量

恢复定线测量的主要程序为：①检查工程原测设的所有永久性标桩；②复测；③将施工中所有的标桩进行加固保护，并对水准点、三角网点等设立易于识别的标志；④向监理工程师提供全部的测量标记资料；⑤完成全部恢复定线、施工测量设计和施工放样；⑥各合同段衔接处的测量应在监理工程师的统一协调下由相邻两合同段的承包人共同进行，将测量结果协调统一在允许的误差范围内。

2．建造临时设施

（1）工地临时房屋设施包括行政办公用房、宿舍、文化福利用房及作业棚等，其需要量根据职工与家属的总人数和房屋指标来确定。

（2）仓库用来存放施工所需要的各种物资器材，按物资的性质和存放量要求其形式可以是露天、敞棚、房屋或库房，仓库物资贮存量应根据施工条件通过计算确定。

3．临时交通便道

在工地布设临时交通便道时应遵循下列原则：

（1）临时交通道路以最短距离通往主体工程施工场所，并连接主干道路，使内外交通便利；

（2）充分利用原有道路，对不满足使用要求的原有道路，应在充分利用的基础上对其进行改建，节约投资和施工准备时间；

（3）在本工程的施工与现有的道路、桥涵发生冲突和干扰之处，承包人都要在本工程施工之前完成改道施工或修建临时道路；

（4）利用现有的乡村道路作为临时道路，应将该乡村道路进行修整、加宽、加固及设置必要的交通标志，并经监理工程师验收合格后方可通行；

（5）工程施工期间，应配备人员对临时道路进行养护，以保证临时道路的正常通行；

（6）尽量避开洼地和河流，不建或少建临时桥梁。

4．工地临时用电

施工现场用电，包括生产用电和生活用电。其中，生活用电主要是照明用电；生产用电包括各种生产设施用电、主体工程施工用电、其他临时设施用电。临时供电总用量按式（1-1）计算：

$$P = \eta \left(\frac{K_1 \sum P_1}{\cos \varphi} + K_2 \sum P_2 + K_3 \sum P_3 + K_4 \sum P_4 \right) \quad (1-1)$$

式中

P——供电设备总需要容量，kW；

η——用电不均衡系数，一般取 1.05~1.20；

K_1——全部动力同时用电系数，视电动机台数而定；

P_1——动力设备用电额定功率，kW；

$Cos\varphi$——动力用电设备功率因数；

K_2——电焊机同时用电系数，视台数而定；

P_2——电焊机用电额定功率，kW；

K_3，K_4——分别为室内与室外同时照明时室内与室外的用电系数；

P_3，P_4——分别为室内与室外照明用电量，kW。

5．工地临时用水

根据施工现场平面布置图中的临时用水、临时用电设计方案，做好施工现场的正常施工、生活和消防的临时用水管线铺设工作。

五、道路工程施工常用机械

（一）土石方机械

1．推土机

推土机是一种多用途的自行式土方工程建设机械，它能铲挖并移运土壤。例如，在道路建设施工中，推土机可完成：路基基底的处理；路侧取土横向填筑高度不大于2m的路堤；沿道路中心线移运土壤的路基挖填工程；傍山取土修筑半堤半堑的路基。推土机还可用于平整场地、局部碾压、给铲运机助铲和预松土、堆集松散材料、清除作业地段内障碍物，以及牵引各种拖式土方机械等作业。

推土机按行走装置不同分为履带式和轮胎式，按工作装置不同分为固定式铲刀（直铲）和回转式铲刀（斜铲），按操纵方式不同分为钢丝绳机械操纵和液压操纵等类型。对工程量较为集中的土石方工程一般采用液压操纵的履带式推土机。推土机适用的经济运距为 50～100m，不宜超过 100m。

2. 铲运机

铲运机是一种利用铲头在随机械一起行进中依次完成铲削、装载、运输和铺筑的铲土运输机械。它广泛用于公路、铁路、水利、港口及大规模的建筑等施工中的土方作业。铲运机按行走方式不同分为牵引式（拖式）和自行式，按操纵方式不同分为机械传动、液压传动、电力传动和静压传动等类型。在施工作业时，铲运机作业的卸土有强制式、半强制式、自行式卸土三种。

铲运机的特点是能独立完成铲土、运土、卸土、填筑、压实等工作。铲运机对行驶道路要求较低，常用于坡角在 200 以内的大面积场地平整，开挖大型基坑、沟槽，以及填筑路基等土方工程。

一般来说，铲运机可在Ⅰ～Ⅲ类土中直接挖土、运土，适宜运距为 600～1500m，当运距为 200～350m 时效率最高。铲运机的经济运距和行驶道路坡度是铲运机选型的重要依据。如果运距短、坡度大、路面松软，以选择拖式铲运机为宜；如果运距较长、坡度大，宜采用双发动机驱动的自行式铲运机比较经济；如果路面较平坦，则选用单发动机驱动的自行式铲运机较为经济。铲运机适用于中等运距（100～200m）和道路坡度不大条件下的大量土方转移工程。如果运距太短（100m 以内），采用铲运机是不经济的。这时采用推土机或轮胎式自装自运较为适宜，运距特长（200m 及 200m 以上）则采用自卸汽车较为经济。

3. 单斗挖掘机

单斗挖掘机是一个刚性或挠性连续铲斗，以间歇重复式循环进行工作，是一种周期作业自行式土方机械。当场地起伏高差较大、土方运输距离超过 1000m，且工程量大而集中时，可采用单斗挖掘机挖土，配合自卸汽车运土，并在卸土区配备推土机平整土堆。

单斗挖掘机有内燃驱动、电力驱动、复合驱动的装置，挖斗有正铲挖掘机、反铲挖掘机、拉铲挖掘机、抓铲挖掘机等形式。正铲挖掘机的特点是"前进向上，强制切土"，能开挖停机面以上的Ⅰ～Ⅳ级土，适用在地质较好、无地下水的地区工作。反铲挖掘机的特点是"后退向下，强制切土"，能开挖停机面以下的Ⅰ～Ⅲ级土，适宜开挖深度 4m 以内的基坑，对地下水位较高处也适用。拉铲挖掘机的特点是"后退向下，自重切土"，能开挖停机面以下的Ⅰ～Ⅱ级土，适宜大型基坑及水下挖土。抓铲挖掘机的特点是"直上直下，自重切土"，特别适于水下挖土。

4. 装载机

装载机具有轮胎式及履格式的全回转式、半回转式和正回转式三种形式。它的优点是兼有推土机和挖掘机两者的工作能力，适应性强、作业效率高、操纵简便。

装载机常用于公路建设中的土石方铲运，以及推土、起重等多种作业，在运距不大或运距和道路坡度经常变化的情况下，如采用装载机与自卸车配合使用装运作业，会使工效下降，费用增高。在这种情况下，可单独采用装载机作为自铲运设备使用。

5. 平地机

平地机是用装在机械中央的铲土刮刀进行土壤的切削、刮送和整平连续作业，并配有其他多种辅助作业装置的轮式土方施工机械。当配置推土铲、土耙、松土器、除雪犁、压路辊等附属装置、作业机具时，平地机可进一步扩大使用范围，提高工作能力或完成特殊要求的作业。

平地机主要用于修筑路基路面横断面、路基边坡整理工程的刷坡作业，开挖边沟及路槽，平整场地等；还可用来在路基上拌和路面材料、摊铺材料，修整和养护土路基路面，推土，疏松土壤，清除杂物、石块和积雪等。

（二）压实机械

压路机一般分为光轮压路机、轮胎压路机和振动压路机三种。光轮压路机的自重可以在一定范围内调整以改变单位线压力，一般用于整理性压实工作，对于容重要求较低的黏性土、沙砾料、风化料、冲击砾质土较为适合。轮胎压路机具有弹性，在碾压时与土体同时变形，其碾压作用力主要取决于轮胎的内压力。接触面积与压实深度有着密切的关系，为了得到较大的接触面积，又增加压实深度，在轮胎允许范围内尽可能增加轮胎碾的负荷。一般地，刚性碾轮由于受到土壤极限强度的限制，机重不能太大，而轮胎碾则没有这个缺点，所以轮胎碾适合于压实黏性土及非黏性土，如壤土、砂壤土、砂土、沙砾料等土质，同时对于路面施工也常常采用。振动压路机俗称振动碾，其主要优点有：一是单位面积压力大，可适当增加压实厚度，碾压遍数也可适当减少；二是结构重力小，外形尺寸小。其最大缺点就是振动及噪声大，易使机械手过度疲劳。

三、道路工程现场施工安排

道路施工是一项非常复杂的生产活动，它不仅需要有诸如进度计划、质量和成本等实际管理和劳动力、建设物资、工程机械、工程技术及财务资金等要素管理，还要为完成施工目标和实现组织施工要素的生产事务服务，否则就难以充分地利用施工条件，发挥施工要素的作用，甚至无法进行正常的施工活动，实现施工目标。

（一）现场施工管理基本任务

现场施工管理的基本任务是根据生产管理的普遍规律和施工的特殊规律，以每一个具体工程和相应的施工现场为对象，正确处理施工过程中的劳动力、劳动对象和劳动手段的相互关系及其在空间布置上和时间安排上的各种矛盾，做到人尽其才、物尽其用，安全地完成施工任务。

（二）现场施工管理基本内容

现场施工管理包括以下基本内容：

①编制施工作业计划并组织实施，全面完成计划指标；②做好施工现场的平面布置，合理利用空间，创造良好的施工条件；③做好施工中的调度工作，及时协调施工工种和专业工种之间，以及总包与分包之间的关系，组织交叉施工；④做好施工过程中的作业准备，为连续施工创造条件；⑤保护施工环境，节约社会资源，建设优良工程；⑥科学合理地设置管理机构，保证现场管理全面协调运作；⑦认真填写施工日志、施工记录及施工影像资料，为交工验收和技术档案积累资料。

（三）道路施工组织管理内容

道路工程施工要多快好省地完成施工生产任务，必须有科学的施工组织，并合理地解决一系列问题，其具体任务如下：

①确定开工前必须完成的各项准备工作；

②计算工程数量，合理部署施工力量，确定劳动力、机械台班、各种材料、构件等的需要量和供应方案；

③确定施工方案，选择施工器具；

④安排施工顺序，编制施工进度计划；

⑤确定工地上的设备停放场、料场、仓库、办公室、预制场地等的平面布置。

此外，道路工程的施工总方案可以是多种多样的，应该依据道路工程具体特点、工期需求、劳动力数量及技术水平、机械设备能力、材料供应以及构件生产、运输能力、地质、气候等自然条件及技术经济条件进行综合分析，进行方案比选，选择最理想的施工方案。

把上述各项问题加以综合考虑，并做出合理的决定，形成指导施工生产的技术经济文件——施工组织设计。施工组织设计本身是施工技术准备工作，是指导施工的准备工作，是全面布置施工生产活动、控制施工进度、进行劳动力和机械调配的基本依据，对是否能多、快、好、省地完成道路工程的施工生产任务起着决定性作用。

七、道路工程安全文明施工和环境保护

（一）安全施工措施

在建筑安装施工生产中，有近80%的生产安全事故都是由于职工自身的不安全行为造成的。从构成事故的三因素，即人、机械设备、环境的关系分析，"机械设备"和"环

境"相对比较稳定,唯有"人"是最活跃的因素,而"人"又是操作机械设备、改变环境的主体,因而,紧紧抓住"人"这个活跃因素,通过科学的管理,有效的培训和教育,正确的引导和宣传,以及合理、及时的班组安全活动,不断提高员工的安全素质,是做好安全生产管理工作的关键。

具体的安全保证措施有以下几点:

①建立健全项目安全生产保证体系,实施安全生产责任制,确保各专业项目负责人及技术负责人对劳动保护和安全生产的工作负责。工程项目经理部必须建立安全生产领导小组,各班组设安全员,各作业点应有安全监督岗,并将安全生产责任制层层落实;

②组织工程项目施工的安全教育和技术培训考核,对管理人员和施工操作人员,按其各自的安全职责范围进行教育,并建立安全生产奖惩制度,认真落实;

③确保必需的安全投入,购置必备的劳动保护用品、安全设备及设施,确保完全满足安全生产的需要。另外,积极做好安全生产检查,发现事故隐患要及时整改;

④所有工程在开工前必须编制有安全技术的施工组织设计(包括施工用电组织设计)及技术复杂的专项方案,必须严格审核批准手续、程序。必须逐级进行安全技术交底,技术交底应有书面资料或有作业指导书(或操作细则)。技术交底针对性要强,并履行签字手续,保存资料。项目经理部安全员负责监督检查,严格按照安全技术交底的规定要求进行作业;

⑤施工现场应实施机械安全管理及安装验收制度。使用的施工机械、机具和电气设备,在安装前,应当按照规定的安全技术标准进行检测,经检测合格后方可安装,机械安装要按平面布置进行。在投入使用前,应按规定进行验收,并办好验收登记手续。经验收,确认机械状况良好,能安全运行的,才准投入使用。所有机械操作人员都必须经过培训合格后,持证上岗。机械操作人员要进行登记存档,按期复验。使用期间,应当指定专人负责维护、保养,保证机械设备的完好率和使用率以及安全运作;

⑥安全检查由项目经理或主管施工生产负责人主持,项目经理部有关人员参加。对查出的隐患,要建立登记、整改、验证、消项制度,要定人、定措施、定经费、定完成日期,在隐患没有消除前,必须采取可靠的防护措施,如有危及人身安全的紧急险情,应立即停止作业;

⑦施工现场临时用电要有施工组织设计或方案,应按《施工现场临时用电安全技术规范》(JGJ46-2005)的要求进行设计、验收和检查,临时用电还要有安全技术交底及验收表,要有变更记录,健全安全用电管理制度和安全技术档案。临时用电应落实四项技术措施:a.防止误触带电体的措施;b.防止漏电措施;c.实行安全电压措施;d.采用三相五线制。所有接地和重复接地电阻值,经检验应符合规范要求。

此外,在做好工地内安全工作的同时应对沿线居民做好安全宣传工作,提高广大行人的安全意识,确保在整个施工过程中无安全事故发生。

(二)文明施工措施

文明施工能够展示施工单位的形象，体现施工队伍的素质。施工的文明性主要包括场容场貌、料具管理以及综合治理。

(1) 场容场貌

施工现场进出口大门外应悬挂"六牌二图"，即工程概况牌、管理人员名单及监督电话牌、现场出入制度牌、安全生产牌、消防保卫牌、文明施工牌和现场平面布置图、建筑物效果图。工地设有施工总平面图及安全生产、消防保卫、环境保护、文明施工等制度牌，施工危险区域或夜间施工均有醒目的安全警示标志，各类标牌整齐、规范。施工现场应将工程项目名称，建设、监理及施工单位名称，工程开、竣工时间等内容标注在醒目位置。

(2) 料具管理

施工现场外临时存放的施工材料，须经有关部门批准，并应按规定办理临时占地手续。材料要码放整齐，符合要求，不得妨碍交通和影响市容，堆放散料时应进行围挡。料具和构配件应按施工平面布置图指定位置分类码放整齐。预制圆管、预制板等大型构件和大模板存放时，场地应平整夯实，有排水措施，码放应符合规定。施工现场的材料保管，应依据材料性能采取必要的防雨、防潮、防晒、防冻、防火、防爆、防损坏等措施。贵重物品、易燃、易爆和有毒物品应及时入库，专库专管，加设明显标志，并建立严格的领退料手续。

(3) 综合治理

首先，要加强职工的教育，应经常对参与施工过程的职工（包括新入场的工人）进行文明施工的教育。除对全体职工进行文明施工教育外，还应分工种进行文明施工教育以及根据施工进度部位对职工进行有针对性的文明施工教育。此外，要加强对职工宿舍卫生的管理，生活污水要及时处理，做到卫生区内无污水、无污物，不得出现废水乱流等现象。

(三)环境保护措施

依照国家、地方环境及相关法规，确定施工过程中要做的环境保护工作及具体的工作安排，使施工期的环境保护工作有序、有效进行，减少施工过程对周围环境造成的不利影响。环境保护的目标是：在工程施工期间，对废水、废气和固体废弃物进行全面控制，尽量减少这些污染排放所造成的影响，文明施工，保护农田和农作物。

施工中的环境污染问题，主要包括水污染、大气污染、噪音污染及固体废弃物污染等。针对这几种问题，有以下几种处理方法：

①在开工前完成工地排水和废水处理设施的建设，保证工地排水和废水处理设施在整个施工过程的有效性，做到现场无积水、排水不外溢、不堵塞、水质达标；

②对易产生粉尘、扬尘的作业面和装卸、运输过程，制定操作规程和洒水降尘制度，在旱季和大风天气适当洒水，保持湿度。合理组织施工，优化工地布局，使产生扬尘的作业、运输尽量避开敏感点和敏感时段（人群活动的时段），运输车辆应设有有效的封闭措

施。易飞扬细颗粒散体物料尽量安排库内存放，堆土场、散装物料露天堆放场要压实、覆盖。此外，尽量使用清洁能源；

③施工中各种临时设施和场地，如堆料场、加工厂、轧石厂、沥青厂等距居民区不宜小于300m，而且应设于居民区主要风向的下风处。使用机械设备的工艺操作，要尽量减少噪声、废气等污染，施工场地的噪声应遵守当地有关部门对施工场地的具体规定；

④回填土方时，减少回填土方的堆放时间和堆放量，堆土场周围加护墙或护板，保证回填土的质量，不将有毒有害物质和其他工地废料、垃圾用于回填。制订泥浆和废渣的处理方案，选择有资质的运输队伍，及时清运施工弃土和渣土，建立登记制度，防止中途倾倒事件的发生并做到运输途中不撒落。剩余料具、包装即时回收、清退。对可利用的废弃物尽量回收利用，各类垃圾及时清扫、清运，不随意倾倒，一般要求每班清扫，每日清运。施工现场无废弃砂浆和混凝土，运输道路和操作面落地料及时清用，砂浆、混凝土倒运采取防撒落措施。

第二节　桥梁工程施工技术概述

桥梁工程的建设一般需经过规划、勘察、设计和施工等阶段。施工阶段的主要任务是具体实现桥梁设计思想和设计的意图，将图纸上的内容变为实际的能够满足功能要求的工程结构物。

桥梁工程的施工主要包括桥梁的施工技术和施工组织。施工技术水平对桥梁的建设起着十分重要的作用，尤其是对于结构复杂、施工环境恶劣的桥梁，建设者的建设意图在实际的工程结构物中体现，很大程度上依赖于所采用的施工技术。桥梁工程施工技术的发展，为实现桥梁设计的意图，提供了丰富多样的手段，也为增大桥梁跨度、改进结构形式以及采用新材料提供了必要的条件。因此，先进的施工技术，能够影响和促进桥梁设计水平的提高和发展。此外，采用先进合理的施工技术，对于降低工程造价、保证工程质量、加快施工进度和实现安全生产都是十分重要的。

桥梁施工包括桥梁下部结构施工和桥梁上部结构施工，下部结构主要包括桥墩、桥台和基础，桥墩分为实体墩、柱式墩和排架墩等，桥台可分为重力式桥台、轻型桥台、框架式桥台、组合式桥台、承拉桥台等，桥梁基础按构造和施工方法不同可分为明挖基础、桩基础、沉井基础、沉箱基础和管柱基础等。

一、桥梁的组成及分类

（一）桥梁的组成

桥梁由五个主要部件（桥跨结构、支座系统、桥墩、桥台、基础）和桥面构造（桥面铺装、排水防水系统、栏杆、伸缩缝和灯光照明）组成。

桥跨结构、支座系统和桥面构造是桥梁的上部结构，它是线路中断时跨越障碍的主要承重结构。上部结构的作用是满足车辆荷载、行人通行，并通过支座将荷载传递给墩台。墩台和基础是桥梁的下部结构，它的作用是支承上部结构，并将结构的荷载传给地基。

（二）桥梁的分类

桥梁的种类繁多，它们都是在长期的生产活动中通过反复实践和不断总结，逐步创造发展起来的。

1. 按桥梁的受力体系分类

桥梁可根据拉、压和弯三种基本受力方式分为梁式桥、拱式桥、悬索桥和刚构桥四种基本体系。当有几种不同的结构体系组合在一起时，则组成组合体系桥梁。

（1）梁式桥

梁式桥是一种在竖向荷载作用下无水平反力的结构。由于外力的作用方向与承重结构的轴线接近垂直，故与同样跨径的其他结构体系相比，梁内产生的弯矩最大，通常用抗弯能力强的材料来建造，它结构简单、施工方便。梁式桥又可分为简支梁桥和连续梁桥。简支梁桥的跨越能力有限，当计算跨径小于20m时，通常采用混凝土材料；当计算跨径较大时，需要采用预应力混凝土结构，但跨径一般不超过40m。悬臂梁桥和连续梁桥都是利用增加中间支承以减小跨中弯矩，更合理地分配内力，加大跨越能力。

（2）拱式桥

拱式桥的主要承重结构是拱圈或拱肋。其特点是结构在竖向荷载作用下，两拱脚处不仅产生竖向反力，还产生水平反力，水平推力的作用使得拱截面的弯矩和剪力大大地减小。设计合理的拱轴主要承受压力，拱截面内弯矩和剪力均较小，因此可充分利用石料或混凝土等抗压能力强的圬工材料。拱式桥是推力结构，其墩台、基础必须承受强大的拱脚推力。因此拱式桥对地基要求很高，适建于地质和地基条件良好的桥址。拱式桥不仅跨越能力强，而且外形酷似彩虹卧波，造型十分美观。

（3）悬索桥

悬索桥又称吊桥。传统的吊桥均使用悬挂在两边塔架上强大的缆索作为主要的承重结构。悬索桥由主塔、缆索、锚碇结构及吊杆、加劲梁等组成。在竖向荷载作用下，通过吊杆使缆索承受很大的拉力，通常就需要在两岸桥台的后方修筑巨大的锚碇结构。吊桥也是具有水平反力的结构。现代的吊桥上，广泛采用高强度的钢丝编制的钢缆，以充分发挥其优异的抗拉性能。因此，结构自重较轻、建筑高度较小的悬索桥能够建造出比其他任何桥型都大的跨度。

（4）刚构桥

刚构桥的主要承重结构是梁与立柱刚性连接的结构体系。刚构桥的特点是在竖向荷载作用下，柱脚处不仅产生竖向反力，同时产生水平反力和弯矩，使其基础承受较大推力。刚构桥跨中的建筑高度可以做得较小。

（5）组合体系桥。

由几种不同体系的结构组合而成的桥梁称为组合体系桥，常见的有：斜拉桥和梁、拱组合体系桥。梁和拱的组合体系，其中梁和拱都是主要承重结构，两者相互配合，共同受力。吊杆将梁上荷载向下传递，进而传递至下部结构，这样就显著减小了梁中的弯矩。

2. 桥梁的其他分类

除上述接受力特点将桥分成不同的结构体系外，人们还习惯按桥梁的用途、大小规模和建桥材料等其他方面来进行分类：

（1）按桥梁全长和跨径的不同，分为特大桥、大桥、中桥和小桥。《公路工程技术标准》（JTGB01-2014）规定的划分标准如表1-1所示。

表1-1 桥涵分类表（单位：m）

桥涵分类	多孔跨径总长 L	单孔跨径 L_k
特大桥	$L > 1000$	$L_k > 150$
大桥	$100 \leq L \leq 1000$	$40 < L_k \leq 150$
中桥	$30 < L < 100$	$20 \leq L_k < 40$
小桥	$8 \leq L \leq 30$	$5 \leq L_k < 20$
涵洞		$L_k < 5$

（2）按桥梁主要承重结构所用的材料划分，有圬工桥（包括砖、石、混凝土等）、钢筋混凝土桥、预应力钢筋混凝土桥、钢桥和木桥等。木材易腐且资源有限，因此除少数临时性桥外，一般不宜采用。目前，我国在公路上使用最广泛的是圬工桥、钢筋混凝土桥和预应力钢筋混凝土桥。

（3）按桥梁上部结构的行车道位置，分为上承式桥、下承式桥和中承式桥。桥面布置在主要承重结构之上者称为上承式桥，桥面布置在承重结构之下的称为下承式桥，桥面布置在桥跨结构高度中间的称为中承式桥。

（4）按桥梁用途来划分，分为公路桥、铁路桥、公路铁路两用桥、农桥、人行桥、运水桥及其他专用桥梁。

二、桥梁工程施工的一般特点

（一）流动性与地域性

桥梁工程施工生产不同于一般的工业生产，由于建造地点的不同，其施工是在不同的地区，或同一地区的不同场地进行的，因此其生产在地区与地区之间、场地之间流动。桥梁工程施工受地区条件的影响，其结构、造型、材料和施工方案等方面均有所不同，具有一定的地域性。

（二）固定性与单一性

具体到某一座桥梁工程施工，经过统一规划后，根据其使用功能，在选定的地点上单独设计、单独施工，不可更改，建设地点具有固定性。即使是提倡使用标准设计和通用构件，但受桥梁工程所在地区的自然、经济和技术条件的约束，其结构、建筑材料、施工方法和施工组织等也可因地制宜加以修改，以适应不同地区和不同桥型的需要，从而使桥梁工程的施工具有单一性。

（三）周期性与重复性

桥梁工程施工受混凝土龄期、同部位分节施工等影响，需按部就班地开展，如梁板预制、钢筋绑扎、模板安装固定、混凝土浇筑、顶推循环施工等，从而使桥梁工程施工具有周期性和重复性。

（四）露天性与高空性

桥梁工程地点的固定性和体形庞大的特征决定了其施工具有露天作业和高空作业多的特点。随着社会经济发展和现代化交通运输的需要，各种大型桥梁的施工任务越来越多，使得桥梁工程高空作业的特点日益明显。

（五）施工周期长与占用流动资金多

桥梁体形庞大，其建造必然要消耗大量的人力、物力和财力，同时施工过程还要受到工艺流程和生产程序的制约，使各专业和各工种间必须按照合理的施工顺序进行配合与衔接。而建造地点的固定性，使得施工活动的空间具有一定的局限性，从而导致桥梁施工具有生产周期长，占用流动资金大的特点。

（六）施工生产组织协作的复杂性

桥梁工程施工涉及工程力学、地基基础、工程地质、水文水力学、土力学、工程材料、工程机械设备、施工组织管理等学科的专业知识，施工涉及面较广，需要在不同时期、不同地点上组织多专业、多工种的综合作业。此外，它还涉及不同种类的专业施工队伍，以及规划与征用土地、勘察设计、"五通一平"、科研试验、质量监督、交通运输、电水热供应、劳务等社会各领域的外部协作配合，使得桥梁工程施工生产的组织协作关系错综复杂。

三、桥梁工程施工的基本程序

桥梁工程主体施工大致可分为桥梁下部结构和桥梁上部结构两部分。桥梁下部结构工程（基础、墩台）大多采用就地浇筑施工，桥梁上部结构则需根据桥位的地形地貌特点、墩台高低、梁孔多少等选择桥位现浇法或预制梁场集中预制的运架方案。桥梁工程施工的精细度及要求高，施工组织应科学合理，管理应精细严格。桥梁工程施工的基本程序如图1-2所示。

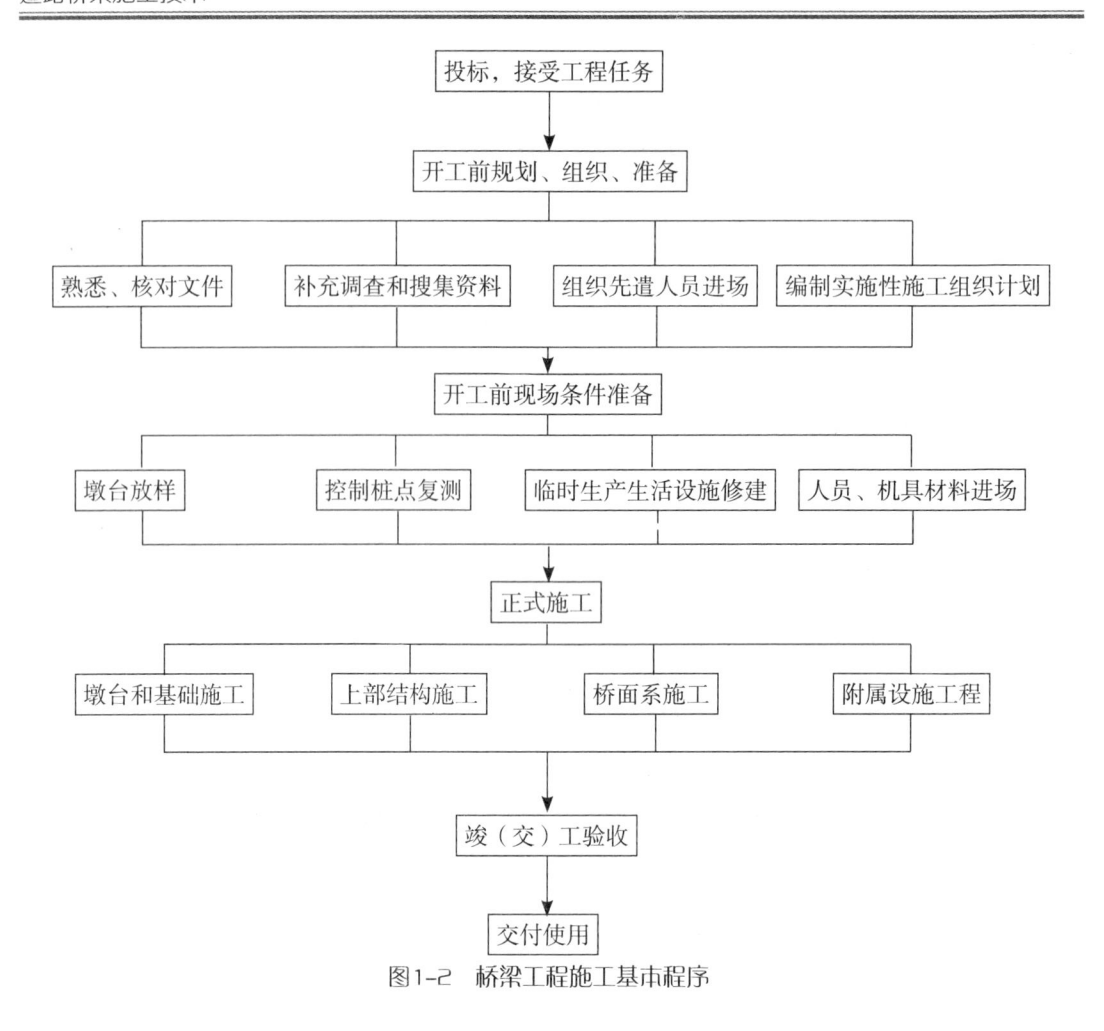

```
                         投标，接受工程任务
                                │
                         开工前规划、组织、准备
                                │
        ┌───────────────┬───────┴───────┬───────────────┐
    熟悉、核对文件   补充调查和搜集资料  组织先遣人员进场  编制实施性施工组织计划
        └───────────────┴───────┬───────┴───────────────┘
                                │
                         开工前现场条件准备
                                │
        ┌───────────────┬───────┴───────┬───────────────┐
      墩台放样        控制桩点复测   临时生产生活设施修建  人员、机具材料进场
        └───────────────┴───────┬───────┴───────────────┘
                                │
                              正式施工
                                │
        ┌───────────────┬───────┴───────┬───────────────┐
   墩台和基础施工    上部结构施工      桥面系施工       附属设施工程
        └───────────────┴───────┬───────┴───────────────┘
                                │
                           竣（交）工验收
                                │
                             交付使用
```

图1-2 桥梁工程施工基本程序

四、桥梁工程施工准备工作

施工单位承接桥涵施工任务后，必须组织有关人员对设计文件、图纸及其他有关资料进行了解和研究，并进行现场勘察与核对，必要时进行补充调查。其内容包括：气候条件、气象资料、河流水文、地形地貌、河床地质、当地材料、可利用的现有建筑物、劳动力情况、工业加工能力、交通运输条件、施工场地的水、电源以及生活物资供应、农田耕作的要求等。

（1）施工单位在编制施工组织设计前，应组织有关人员对设计文件、图纸、资料进行研究和现场核对，必要时进行补充调查。研究设计文件、图纸、资料时，应首先查明是否齐全、清楚，图纸本身及相互之间有无矛盾和错误。如发现图纸和资料欠缺、错误、矛盾等情况，应向建设单位提出，予以补全、更正。较复杂的中桥、大桥和特大桥，可要求建设单位进行设计交底，施工单位可提出修改意见供建设单位参考。

（2）在勘察现场及审阅图纸后，应请建设单位主持，请建设主管部门、监理单位、设计单位设计人员进行设计交底。交底后施工单位将发现的问题提出，请设计单位解答，会议纪要由建设单位于会后以正式文件分发给设计、施工及其他单位。

在施工单位内部应贯彻层层交底制度，施工技术部分应由技术负责人进行书面交底。交底内容应包括结构特点、施工季节特点、施工步骤、操作方法、质量要求、安全要求和各项有关的规程、技术措施，并结合设计意图，向各级人员及操作人员交代清楚。

（3）根据工程规模，编制施工组织设计或施工方案，施工组织设计具体应该包括下列内容：

①工程特点：应叙述工程结构情况与特点及工程地点的水文、地质、气候、地形等特殊情况，以及与工程有关的其他情况；

②主要施工方法：根据工程特点，简要叙述本工程主要部位的施工方法和保证工程质量、施工安全、节约以及推广新工艺、新技术、新结构、新材料等的施工方法；

③施工现场总平面布置图及施工图纸：包括水、电、路和各加工厂与存料场的布置、面积，以及与场外的交通联系；

④施工进度计划：主要项目施工网络计划、施工物资供应计划及半成品供应计划、施工机具与劳动力计划；

⑤施工预算，科研项目及内容；

⑥对施工中间的障碍应做详细调查，并提出处理方法与时间，对旧建筑物的处理方法，如需爆破时，则应提前做准备，并报请有关单位批准，按计划施行；

⑦在河道中施工时，应划定足够的施工水域和拟定过往船只通行的措施，报请航道部门批准。对河床情况，除去探测外，还应向附近人员了解河道内有无特殊障碍，以便制订施工计划。在陆地施工时应充分考虑交通组织问题，应与铁道、公路及交通管理部门联系，并办理有关手续。

五、桥梁工程施工常备式结构与主要机具设备

（一）桥梁施工常备式结构

（1）钢管脚手架（支架）

根据钢管的连接、组合方式不同而产生了多种不同类型的脚手架，主要有扣件式、碗扣式、门式脚手架等。扣件式钢管脚手架的特点是装拆方便，搭设灵活，能适应结构平面、立面的变化。

（2）拼装式常备模板

拼装式钢模、木模和钢木结合模板的构造都基本相同，均由底模、侧模和端模三部分组成。整体式模板是预制工厂的常备结构，常用于桥梁预制工厂的标准定型构件的生产。目前，组合式钢制定型模板在桥梁工程施工中也有使用。

组合式定型钢模板具有通用性强、可灵活组装、装拆方便、强度高、刚度大、尺寸精度高、接缝严密、表面光洁、适于组合拼装成大块、实现机械化施工、周转次数多（50次以上）、节约木材、降低成本等优点。

（3）万能杆件

万能杆件是用角钢制成的可拼成节间距为 2m×2m 的桁架杆件。万能杆件通用性强，各杆件均为标准件，装拆、运输方便，利用率高，可拼装成多种形式，也可作为墩台、索塔施工脚手架。万能杆件的构件一般有杆件、连接板、缀板三大部分。

（4）贝雷（贝雷梁）

贝雷是一种由桁架拼装而成的钢桁架结构。贝雷常拼成导梁作为承载移动支架，再配置部分起重设备与移动机具来实现架梁。贝雷主要构件有桁架、加强弦杆、横梁、桁架销、螺栓、支撑构件等。

（二）桥梁施工常用的起重机具设备

（1）扒杆

扒杆是一种简单的起重吊装工具，一般都是由施工单位根据工程需要自行设计和加工制作的。扒杆可以用来升降重物、移动和架设桥梁等。常用的扒杆种类有独脚扒杆、人字扒杆、摇臂扒杆和悬臂扒杆。

（2）龙门架

龙门架是一种最常用的垂直起吊设备。在龙门架顶横梁上设行车时，可横向运输重物、构件；在龙门架两腿下设有缘滚轮并置于铁轨上时，可在轨道上纵向运输；在两脚下设能转向的滚轮时，则可进行任何方向的水平运输。

（3）浮吊

浮吊船是在通航河流上建桥的重要工作船。常用的浮吊有铁驳轮船浮吊和用木船、型钢及人字扒杆等拼成的简易浮吊。我国承建的孟加拉国吉大港帕德玛大桥主桥建造工程中，浮吊船的最大起重重量可达 1000t。通常简易浮吊可以利用两只民用木船组拼成门船，用木料加固底舱，舱面上安装型钢组成的底板构架，上铺木板，其上安装人字扒杆制成。起重动力可使用双筒电动卷扬机一台，安装在门船后部中线上。制作人字扒杆的材料可用钢管或圆木，并用两根钢丝绳分别固定在民船尾端两舷旁钢构件上。吊物平面位置的变动由门船移动来调节，另外还需配备电动卷扬机绞车、钢丝绳、锚链、铁锚作为移动及固定船位用。

（4）缆索起重机

缆索起重机是利用承载缆索上行走的起重小车进行吊运作业的起重机具。缆索起重机以柔性钢索作为大跨距架空承载构件，具有垂直运输和水平运输功能，用于较大空间范围内。

（5）架桥机

目前在我国使用的架桥机类型很多，其构造和性能也各不相同，最常用的有单梁式架桥机和双梁式架桥机两种类型。

单梁式架桥机的特点是：机械化程度较高，本身设有自动行驶的动力装置，能架桥、铺轨两用，轴重小，能自动行驶上桥对位，使用操作较安全、方便；机臂能做水平摆动，并可在隧道口架梁；能吊铺桥上25m长的轨排及上渣工作；除端门架和支柱需拆卸外，其余基本上不需要解体运输，因此，整机组装和拆卸均较简单，而且不需要其他超重机械帮助。

双梁式架桥机的特点是：架桥机吊梁桁车可直接由运梁平车上起吊梁，不需换装；架梁时，因吊梁桁车可横向移动，因此，每片梁均能一次就位，不需要人工在墩台上移梁；机臂能做水平转动；可在隧道口和隧道内架桥；机臂前后两端均能架梁，架桥机不需转向。此外，双梁式架桥机还自带发电设备，结构简单，操作方便，便于养护维修，适用于山区和地形复杂的道路铺设和架桥工作。

（6）汽车起重机

汽车起重机是装在普通汽车底盘或特制汽车底盘上的一种起重机，其行驶驾驶室与起重操纵室分开设置。这种起重机的优点是机动性好，转移迅速。缺点是工作时须支腿，不能负荷行驶，也不适合在松软或泥泞的场地工作。汽车起重机的底盘性能等同于同样整车总重的载重汽车，符合公路车辆的技术要求，因而可在各类公路上通行无阻。此种起重机一般备有上、下车两个操纵室，作业时必须伸出支腿保持稳定。起重量的范围很大，为8~1000t，底盘的车轴数可为2~10根，是使用广泛的起重机类型之一。

六、桥梁工程施工现场安排

施工现场的施工安排工作，主要是为工程的施工创造有利的施工条件和物资保证。其具体内容如下：

（1）施工测量控制网的复测和加密

按照设计单位提供的桥位总平面图及测量控制网中给定的基线桩、水准基桩和保护桩等资料，在施工现场进行三角控制网的复测。并根据桥梁的精度要求和施工方案，补充加密施工所需要的各种标桩，建立满足施工要求的工程测量控制网。

（2）"五通一平"

"五通一平"是指工程中为了合理有序施工进行的前期准备工作，一般包括通水、通电、通路、通信、通排水、平整土地。一般基本要求是"三通一平"（通水、通电、通路、平整土地）。为满足采用蒸汽养牛和寒冷冰冻地区取暖的需要，还要考虑做好供热工作。

（3）建造临时设施

按照施工总平面图的布置，建造各种生产、办公、生活居住和储存等临时房屋，以及施工便道、便桥、码头、混凝土搅拌站和构件预制场等大型临时设施。由于临时设施的项目繁多，内容庞杂，因此建造时应精打细算，做好规划，合理地确定项目、数量和进度等。要因地制宜，降低造价，使之尽量标准化和通用化，以便于拆迁和重复利用。

（4）安装调试施工机具

按照施工机具需要量计划，组织施工机具的进场，并根据施工总平面图的布置将施工机具安置在规定的地点。对所有施工机具都必须在施工之前进行检查和试运转。

（5）原材料进场及验收

为了确保进入施工现场的材料符合规范要求，确保工程质量，应从原材料的采购进行控制，选择合格的供应商，保证所有同工程质量有关的物资采购时能满足规定的要求，做到比质比价，质量第一。进场材料由项目物资部、质保部联合按批次验收；原材料进场时必须资料齐全；钢筋、水泥等必须经复验合格。

项目部组织验收合格后，须报监理和甲方验收，通过后方可使用。未经检验和试验的材料，未经批准紧急放行的材料，经检验和试验不合格的材料，无标识或标识不清楚的材料，过期失效、变质受潮、破损和对质量有怀疑的材料等均不得使用。当材料需要代用时，应先办理代用手续，经设计单位或监理单位同意认可后才能使用。

（6）原材料的试验和储存堆放

按照材料的需要量计划，应及时提供材料试验如钢材的机械性能试验，预应力材料的力学性能试验，水泥、砂石等原材料的试验，以及混凝土的配合比试验等申请计划。材料的进场要及时组织，进场后应按规定的地点和指定的方式进行储存和堆放。

（7）做好夏、冬、雨季施工安排

按照施工组织设计的要求，落实夏、冬、雨季的临时设施和技术措施，做好施工安排。

（8）落实消防和保安措施

建立消防和保安等组织机构，制定有关的规章制度，布置安排好消防、保安等措施。

七、桥梁工程安全文明施工和环境保护

（一）安全施工措施

桥梁工程施工常采用高处作业，由于高处作业危险性大，伴随着高处作业易发生坠落事故，因此必须认真采取防护措施，做好防护工作和应急措施。

桥梁工程施工中的安全基本规定：

①高桥、大跨、深水、结构复杂的大型桥梁施工，应对施工安全做专项调查研究，并制定相应的安全技术措施。单项工程（包括辅助结构、临时工程）开工前，应根据规定的安全操作细则向施工人员进行安全技术交底；

②桥梁施工前，应对施工现场、机具设备及安全防护措施等进行全面检查，确认符合安全要求后方可施工；

③手持式电动工具，应按《手持式电动工具的管理、使用、检查和维修安全技术规程》（GB/T3787-2006）的规定，根据手持式电动工具的类别和作业场所的安全要求，加设漏电保护器；

④桥梁施工中，采用多层作业或桥下通车、行人等立体施工时，应得到交通管理和市政部门的同意，并布设安全网；

⑤对于通航江河上的桥涵工程，施工前应与当地港航监督部门联系，制定有关通航、作业安全事宜；

⑥桥梁施工受气候环境因素影响很大，因此，应注意天气预报风力级别，高处露天作业及缆索吊装、大型构建等在起重吊装时，应根据作业高度和现场风力大小对作业的影响程度，制定适于施工的风力标准。遇有六级（含六级）以上大风时，上述施工应停止作业。

（二）文明施工措施

同道路工程施工相同，文明施工能够展示施工单位的形象，体现施工队伍素质，文明施工不仅可以体现当代建设者及建设单位的责任感，还能够提高施工质量，保证工程建设有序进行，具体规定同道路施工文明措施。

（三）环境保护措施

1. 水土保持措施

①桥梁施工水土保持措施。

基础施工，特别是钻孔过程中会有大量的泥浆水排放，为防止污染水源，破坏环境，钻孔过程中的泥浆水先集中在泥浆池沉淀，符合要求后排放到工地的排水系统，严禁乱流乱淌。

②弃渣（土）场水土保持措施。

弃渣场选址应依据设计文件规划或与地方有关部门协商，并结合当地土地利用规划。一般选择在坡度较缓、易于形成坡度开发山坡荒地处，避开大面积汇水地带的滞留谷地。弃渣前先将地表熟土集中存放，砌筑片石挡渣墙，墙身设泄水孔，渣底预埋透水管道。必须先挡后弃，工程结束后对弃渣场进行平整，地面做必要的防护，将存放的熟土回填弃渣场顶部，植草复垦。

③防止水污染措施。

施工及生活废水的排放遵循清污分流、雨污分流的原则，各种施工废油、废液集中储积，集中处理，严禁乱流乱淌，防止污染水源，破坏环境。

④地表植被的保护。

合理规划施工便道、施工场地，固定行车路线、便道宽度，限制施工人员的活动范围，尽量少扰动地表、少破坏地表植被。

⑤维护生态平衡，避免人为恶化环境措施。

加强生态环境保护的宣传工作，使全体参建员工充分认识环境保护的重要性和必要性，加强环保意识，制订详细的环境保护措施，建立严格的检查制度，避免人为恶化环境，保护好桥址沿线的植被、水环境、大气环境、自然生态环境、土壤结构、自然保护区、野生动植物，维护生态平衡系统。

2. 生态环境保护措施

①临时工程环境保护。

便道、混凝土搅拌站及办公生活区的设置要合理、紧凑，严禁随意搭建，尽量减少对植被的损坏，不占用乡村道路。搅拌站等高噪音生产设施尽可能远离居民区或采取限时作业措施。施工场地周围预先开挖排水沟，做到排水畅通，场内不得积水、积污，应充分考虑其对原地面排水的影响，以免阻挡地表径流的排泄，影响当地居民的生产、生活。

②植被保护。

施工期间加强对施工人员保护自然资源及野生动植物的教育，限制施工人员和车辆的活动范围。施工便道选线和办公生活区、大型临时设施场地选址尽量少占或绕避林地、耕地，保护原有植被。对合同规定的施工界限外的植物尽力维护，工程完工后及时进行现场清理、复垦或绿化。

③施工中的环保措施。

注意夜间施工的噪音影响，尽量采用低噪音施工设备。不能使用不符合尾气排放标准的机械设备。做好当地水系、植被的保护工作，在施工时对路基边坡及时进行防护与植被绿化，施工车辆不得越界行驶，以免碾坏植被、庄稼、乡村道路等。施工便道、工棚及作业场地的布置尽量维护自然面貌，少占荒地，少开挖，以保护自然植被。

④竣工后环境恢复措施。

工程完工后，将临时设施全部拆除，当地可以利用的，当地政府或环保部门同意后可协议转让。施工场地认真清理并收集施工垃圾运至指定的位置处理或就地掩埋。工程完工后，临时租用的土地立即复耕归还。工程竣工的同时，严格按照环保及生态环境保护的要求，对临时设施、施工工点、取弃土场及其他施工区域范围做好环保及生态环境的恢复工作。

第二章 路基施工工程技术

第一节 一般路基施工

一、土质路基施工

土质路基施工分为土质路堤施工与土质路堑施工。

(一) 土质路堤施工

1. 填料要求

含草皮、生活垃圾、树根、腐殖质的土严禁作为填料。泥炭、淤泥、冻土、强膨胀土、有机质土及易溶盐超过允许含量的土，不得直接用于填筑路基；确需使用时，必须采取技术措施进行处理，经检验满足设计要求后方可使用。液限（即土的流动状态与可塑状态间的界限含水率）大于50%、塑性指数（即液限与塑限的差值）大于26、含水量不适宜直接压实的细粒土，不得直接作为路堤填料；需要使用时，必须采取技术措施进行处理，经检验满足设计要求后方可使用。粉质土不宜直接填筑于路床，不得直接填筑于冰冻地区的路床及浸水部分的路堤。

2. 填筑取土

路基填方取土，应根据设计要求，结合路基排水和当地土地规划、环境保护要求进行，不得任意挖取。施工取土应不占或少占良田，尽量利用荒坡、荒地，取土深度应结合地下水等因素考虑，利于复耕。原地面耕植土应先集中存放，以利再用。地面横向坡度大于10%时，取土坑应设在路堤上侧。桥头两侧不宜设置取土坑。取土坑与路基之间的距离，应满足路基边坡稳定的要求。取土坑与路基坡脚之间的护坡道应平整、密实，表面设1%~2%向外倾斜的横坡。取土坑兼作排水沟时，其底面宜高出附近水域的常水位或与永久排水系统及桥涵出水口的标高相适应。线外取土坑等与排水沟、鱼塘、水库等蓄水（排洪）设施连接时，应采取防冲刷、防污染的措施。对取土造成的裸露面，应采取整治或防护措施。

3. 土质路堤基底处理

二级及二级以上公路路堤基底的压实度（指筑路材料压实后的干密度与标准最大干密

度之比,以百分比表示)应不小于92%;三、四级公路应不小于90%。路基填土高度小于路面和路床总厚度时,基底应按设计要求处理。原地面有坑、洞、穴等情况的,应在清除沉积物后,用合格填料分层回填,分层压实,其压实度要求同路堤基底。陡坡地段、土石混合地基、填挖界面、高填方地基等都应按设计要求进行处理。地基为耕地、土质松散、水稻田、湖塘、软土、高液限土等时,应按设计要求进行处理,局部松软的部分也应采取有效的处理措施。地下水位较高时,应按设计要求进行处理。施工中应对地下水情况进行记录并及时反馈。泉眼或露头地下水,应按设计要求采取有效导排措施后方可填筑路堤。

4. 土质路堤填筑施工

性质不同的填料,应水平分层、分段填筑,分层压实。同一水平层路基的全宽应采用同一种填料,不得混合填筑。填筑路床顶最后一层时,压实后的厚度应不小于100 mm。对潮湿或冻融敏感性小的填料应填筑在路基上层。强度较小的填料应填筑在下层。在有地下水的路段或临水路基范围内,宜填筑透水性好的填料。路堤施工中,各施工作业层面应设2%～4%的双向排水横坡,层面上不得有积水,并采取相应的防水措施,防止水流冲刷边坡。不得在透水性较好的填料所填筑的路堤边坡上覆盖透水性不好的填料。每种填料的松铺厚度应通过试验确定。每一填筑层压实后的宽度不得小于设计宽度。路堤填筑时,应从最低处起分层填筑,逐层压实。填方分几个作业段施工时,接头部位如不能交替填筑,则先填路段,应按1:1坡度分层留台阶;如能交替填筑,则应分层相互交替搭接,搭接长度不小于2 m。

施工机械应根据工程特点、土石种类及数量、地形、填挖高度、运距、气候条件、工期等因素,做出经济合理的选择。填方压实应配备专用碾压机具。

(二) 土质路堑施工

1. 开挖要求

土质路基开挖前,应先根据地面坡度、开挖断面、纵向长度及出土方向等因素,结合土方调配,确定安全、经济的开挖方案。施工时要满足以下要求:

①土方开挖应自上而下进行,不得乱挖超挖,严禁掏底开挖;

②可作为路基回填料的土方,应分类开挖,分类使用。非适用材料作为弃方处理;

③开挖过程中,应采取措施保证边坡稳定。开挖至边坡线前,应预留一定宽度,预留的宽度应保证刷坡过程中设计边坡线外的土层不受到扰动;

④路基开挖中,基于实际情况,如需修改设计边坡坡度、截水沟和边沟的位置及尺寸,应及时按规定报批。边坡上稳定的孤石应保留;

⑤开挖至零填、路堑路床部分后,应尽快进行路床施工;如不能及时进行,宜在设计路床顶标高以上预留至少100 mm厚的保护层,防止下层土受到水的扰动。挖方路基路床顶面终止标高,应考虑因压实而产生的下沉量,其值通过试验确定。

2. 开挖排水

路堑施工中,应采取临时排水措施,及时将地表水排走,确保施工作业面不积水。路堑边沟与截水沟应从下游向上游开挖。截水沟通过地面坑凹处时,应将坑凹处填平、夯实。边沟及截水沟开挖后,应及时进行防渗处理,不得渗漏、积水和冲刷边坡及路基。

路堑开挖遇到地下水时应采取排导措施,将水引入路基排水系统,不得随意堵塞泉眼。施工中应对地下水情况进行记录并及时反馈。路床土含水量高或为含水层时,应采取设置渗沟、换填、改良土质、土工织物等处理措施。

二、石质路基施工

(一)填石路堤施工

填石路堤,是指用粒径大于 40 mm 且含量超过总质量 70% 的石料填筑的路堤。

1. 填料要求

膨胀岩石、易溶性岩石不宜直接用于路堤填筑,强风化石料、崩解性岩石和盐化岩石不得直接用于路堤填筑。路堤填料粒径应不大于 500 mm,并不宜超过层厚的 2/3,不均匀系数宜为 15~20。路床底面以下 400 mm 范围内,填料粒径应小于 150 mm。路床填料粒径应小于 100 mm。

2. 基底处理

填石路堤基底处理除应满足土质路堤基底处理要求外,其承载力应满足设计要求。在非岩石地基上,应按设计要求设过渡层后,再填筑填石路堤。

3. 填筑要求

①施工前,应先通过试验路段,确定满足现行《公路路基施工技术规范》(JTG F10-2006)关于填石路堤孔隙率标准、路床最大干密度要求的松铺厚度、压实机械型号及组合、压实速度及压实遍数、沉降差等参数。

②二级及二级以上公路的填石路堤应分层填筑、压实。二级以下砂石路面公路在陡峻山坡地段施工特别困难时,可采用倾填的方式将石料填筑于路堤下部,但在路床底面以下 1 m 范围内仍应分层填筑、压实。

③岩性相差较大的填料应分层或分段填筑。严禁将软质石料与硬质石料混合使用。

④中硬、硬质石料填筑路堤时,应进行边坡码砌,码砌边坡的石料强度、尺寸及码砌厚度应符合设计要求。边坡码砌与路基填筑宜基本同步进行。

⑤压实机械宜选用自重不小于 18 t 的振动压路机。

⑥在填石路堤顶面与细粒土填土层之间应按设计要求设过渡层。

(二)石质路堑施工

石方开挖应根据岩石的类别、风化程度、岩层产状、岩体断裂构造、施工环境等因素确定合理的开挖方案。

爆破法施工应先查明空中缆线和地下管线的位置、开挖边界线外可能受爆破影响的建筑物结构类型、居民居住情况等，然后制订详细的爆破技术安全方案。爆破施工组织设计应进行专家论证后按相关规定进行报批。

爆破施工必须符合现行《爆破安全规程》。施工严禁采用硐室爆破（即采用集中或条形硐室装药，爆破开挖岩土的作业），近边坡部分宜采用光面爆破（即沿开挖边界布置密集炮孔，采取不耦合装药或装填低威力炸药，在主爆区爆破之后起爆，以形成平整的轮廓面的爆破作业）或预裂爆破（即沿开挖边界布置密集炮孔，采取不耦合装药或装填低威力炸药，在主爆区爆破之前起爆，从而在爆区与保留区之间形成预裂缝，以减弱主爆破对保留岩体的破坏并形成平整轮廓面的爆破作业）。

爆破施工宜按以下程序进行：爆破影响调查与评估→爆破施工组织设计→专家论证→培训考核、技术交底→主管部门批准→布设安全警戒岗→清理爆破区施工现场的危石等→炮眼钻孔作业→爆破器材检查测试→炮孔检查合格装炸药及安装引爆器材→布设安全警戒岗→堵塞炮孔→撤离施爆警戒区和飞石、震动影响区的人、畜等。爆破作业信号发布及爆破→安全员检查、清除盲炮→解除警戒→测定、检查爆破效果（包括飞石、地震波及对施爆区内构造物的损伤、损失等）。

边坡整修：挖方边坡应从开挖面往下分段整修，每下挖 2～3 m，宜对新开挖边坡刷坡，同时清除危石及松动石块。石质边坡不宜超挖。

路床清理：路床欠挖部分必须凿除。超挖部分应采用无机结合料稳定碎石或级配碎石填平、碾压密实，严禁用细粒土找平。

三、土石混合路基施工

土石路堤，是指石料含量占总质量 30%～70% 的土石混合材料修筑的路堤。

（一）填料要求

能用于填筑土石路堤的天然土石混合填料中，中硬、硬质石料的粒径不得大于压实层厚的 2/3；强风化石料或软质石料的粒径不得大于压实层厚。

（二）基底处理

土石路堤基底处理除应满足土质路堤基底处理要求外，在陡、斜坡地段，土石路堤靠山一侧应按设计要求，做好排水和防渗处理。

（三）填筑要求

①压实机械的选用以及通过试验路段确定施工参数要求同填石路堤。
②土石路堤不得倾填（含抛填），应分层填筑、压实。

③碾压前应使大粒径石料均匀分散在填料中，石料间孔隙应填充小粒径石料、土和石渣。

④压实后，透水性差异大的土石混合材料应分层或分段填筑，不宜纵向分幅填筑；如确需纵向分幅填筑，应将压实后渗水良好的土石混合材料填筑于路堤两侧。

⑤土石混合材料来自不同料场，其岩性或土石比例相差较大时，宜分层或分段填筑。

⑥填料由土石混合材料变化为其他填料时，土石混合材料最后一层的压实厚度应小于300 mm，该层填料最大粒径宜小于150 mm，压实后，该层表面应无孔洞。

⑦中硬、硬质石料的土石路堤应进行边坡码砌，码砌边坡的石料强度、尺寸及码砌厚度应符合设计要求。边坡码砌与路堤填筑宜基本同步进行。软质石料土石路堤的边坡按土质路堤边坡处理。

四、路基的冬季和雨季施工

（一）冬季施工

室外日平均气温连续5天稳定低于5℃的施工过程称为冬季施工。

1. 冬季施工情况

高速公路、一级公路的土质路堤和地质不良地区二级及二级以下公路路堤不宜进行冬季施工；河滩低洼地带，可被水淹没的填土路堤不宜冬季施工；土质路堤路床以下1 m范围内，不得进行冬季施工；半填半挖地段、挖填方交界处不得在冬季施工。

2. 冬季施工路基基底处理

冬季施工路基在冻结前应完成表层清理，挖好台阶；填筑前应将基底范围内的积雪和冰块清除干净；对需要换填土地段或坑凹处需补土的基底应选用适宜的填料回填，并及时进行整平压实；基底处理后应立即采取保温措施防止冻结。

3. 冬季填方路堤施工要求

路堤填料应选用未冻结的砂类土、碎石、卵石土、石渣等透水性良好的材料。不得用含水量过大的黏性土。填筑应按横断面全宽平填，每层松铺厚度应比正常施工减少20%～30%，且松铺厚度不得超过300 mm。当天填土应当天完成碾压。中途停止填筑时，应整平填层和边坡并进行覆盖防冻，恢复施工时应将表层冰雪清除，并补充压实。当填至距路床底面下1 m时，碾压密实后应停止填筑，在顶面覆盖防冻保温层，待冬季过后整理复压，再分层填至设计标高。冬季过后必须对填方路堤进行补充压实，使压实度达到现行《公路路基施工技术规范》相关要求。

4. 冬季挖方路基施工要求

挖方边坡不得一次挖到设计线，应预留一定厚度的覆盖层，待到正常施工季节后再修整到设计坡面。路基挖至路床顶面以上1 m时，完成临时排水沟后，应停止开挖，待冬季过后再施工。河滩地段可利用冬季水位低，开挖基坑，修建防护工程，但应采取措施保证工程质量。

（二）雨季施工

雨季路基施工宜选在丘陵和山岭地区的砂类土、碎砾石、岩石地段、路堑的弃方地段。重黏土、膨胀土、盐渍土地段和平原区排水困难路段不宜在雨期施工。

1. 防排水要求

在雨季施工的路段，要进行详细的现场调查研究，编制好施工组织计划，制订雨季施工安全预案，做好防洪抢险的准备工作。重点解决防排水问题，具体应注意以下几点：

第一，雨季施工应综合规划、合理设置现场防排水系统，采取有效措施，及时引排地面水。要把临时排水和永久排水衔接好，把水引入沿线桥涵及排水沟渠，形成完整的排水系统，保证雨季施工场地不被淹没，不积水。

第二，对施工临时挤占的沟渠、河道应采取措施保证不降低原有的排水能力。

第三，路堤填筑的每一层表面应设 2% ~ 4% 的排水横坡。

第四，在已填路堤路肩处，应采取设置纵向临时挡水土埝、每隔一定距离设出水口和排水槽等措施，引排雨水至排水系统。

第五，雨季路堑施工宜分层开挖，每挖一层均应设置纵横排水坡，使水排放畅通。

2. 雨季施工路基基底处理

在雨季来临前应将基底处理好，孔洞、坑凹处填平夯实，整平基底，并设纵横排水坡。低洼地段，应在雨季前将原地面处理好，并将填筑作业面填筑到可能的最高积水位 0.5 m 以上。

3. 填方路堤雨季施工要求

填料应选用透水性好的碎（卵）石土、沙砾、石方碎渣和砂类土等。利用挖方土作填料，含水量符合要求时，应随挖随填，及时压实。含水量过大而难以晾晒的土不得用作雨季施工填料。雨季填筑路堤需借土时，取土坑的设置应满足路基稳定的要求。路堤应分层填筑，当天填筑的土层应当天或雨前完成压实。

4. 挖方路基雨季施工要求

挖方边坡不宜一次挖到设计坡面，应预留一定厚度的覆盖层，待雨季过后再修整到设计坡面，目的是防止地面水冲坏已成边坡和路床。雨季开挖路堑，当挖至路床顶面以上 300 ~ 500 mm 时应停止开挖，并在两侧挖好临时排水沟，待雨季过后再施工。雨季开挖岩石路基，炮眼宜水平设置。

五、路基防护工程施工

路基的填挖施工会改变原地层的天然平衡状态，新修筑路基在填挖不平衡荷载、行车荷载及其他复杂自然因素的长期作用下，可能产生各种变形和破坏。为保证路基的稳定和防治路基病害，要因地制宜地采取有效的措施，对各类土、石边坡及软弱地基予以必要的防护与加固。

防护工程主要是指防治风化、冲刷等路基病害的工程措施，主要起隔离、封闭、改善环境、保护生态平衡、增强路基稳定性的作用。一般认为防护工程不承受外力作用，所以要求路基本身必须是稳定的，其实路基防护工程均有一定的加固作用。路基边坡防护分为一般路基坡面防护和沿河路基坡面防护。

加固工程主要是指防止路基坍滑、沉陷，支撑天然边坡或人工边坡，保持路基稳定，增强其承载力的工程措施。加固工程具备承受外力的能力，能够加固路基，改善本身不稳定的情况，显然也具有边坡防护作用。路基加固一般分为边坡支挡工程和湿弱地基处理加固工程。

（一）路基防护施工的原则

进行路基防护工程施工应遵循以下原则：

1. 路基防护

工程宜与路基挖填方工程紧密、合理衔接，开挖一级防护一级，并及时进行养护。各类防护和加固工程应置于稳定的基础或坡体上。

2. 路堑防护

应根据开挖坡面地质水文情况逐段核实路基防护设计方案，应尽量采用边坡自然稳定下的植物防护或不防护。

3. 坡面防护

施工前，应对边坡进行修整，清除边坡上的危石及不密实的松土。坡面防护层应与坡面密贴结合，不得留有空隙。

4. 在多雨地区或地下水发育地段

路基防护工程施工中，应采取有效措施截排地表水和导排地下水。

临时防护措施应与永久防护工程相结合。

（二）一般路基坡面防护施工

坡面防护主要用于防护易受自然因素影响而破坏的土质和石质边坡。常用的坡面防护包括植被防护、骨架植物防护、圬工防护等方法，要根据坡面变形及土石的具体工程情况，做出经济、合理的选择。

1. 植物防护施工

（1）种草、铺草皮和植树

植物防护主要用于适宜植物生长的土质边坡。

种草适用于坡度不大于 1 : 1 且高度不大、不浸水或短期浸水但地面径流速度不超过 0.6 m/s 的土质边坡上。若边坡土质不宜种草，可在其上铺一层厚 5 ~ 10 cm 的种植土。草种应根据防护目的、气候、土质、施工季节等因素确定，选择易成活、生长快、根系发达、叶茎矮或有匍匐茎的多年生草种。种草施工时，草籽应撒布均匀，同时做好保护措施。

铺草皮适用于坡度不大于1∶1的土质或强风化、全风化的岩石边坡，其最大抵御水流速度为1.8 m/s。草皮应选用根系发达、茎矮叶茂的耐旱草种。当坡面冲刷比较严重（径流速度大于0.6 m/s），边坡较陡时，应根据具体条件（坡度与流速等），分别采用平铺（平行于坡面）、水平叠置、垂直坡面或与坡面成一半坡角的倾斜叠置的方式种植草皮。

铺草皮需预先备料，草皮可就近培育，切成整齐块状，每块草皮的尺寸以20 cm×40 cm为宜，然后移铺在坡面上。铺时应自下而上，并用竹木小桩将草皮钉在坡面上，使之稳固。草皮根部土应随草切割，坡面要预先挖松整平，必要时还应加铺种植土，草皮应随挖随铺。

植树适用于坡度不大于1∶1.5的土质和全风化的岩石边坡。树种以灌木为好，应选择根系发达、枝叶茂盛、适合当地迅速生长的低矮灌木。灌木（树木）应在适宜季节栽植，常用灌木树种有紫穗槐、夹竹桃、黄荆、野蔷薇、山楂等，不宜在边坡上种植乔木。植树与种草可配合进行。

铺、种植被后，应适时进行洒水、施肥等养护管理，直到植被成活。养护用水应不含油、酸、碱、盐等有碍草木生长的成分。

（2）三维植被网防护施工

土工织物防护种类很多，三维植被网防护只是土工织物复合植被防护坡面的一种典型形式。三维植被网以热塑料树脂为原料，采用科学配方及工艺制成。其结构分为上、下两层，下层为一个经双面拉伸的高模量基础层，强度足以防止植被网变形；上层由具有一定弹性、规则的、凹凸不平的网包组成。三维植被网应符合设计及有关标准，且其搭接宽度不宜小于100 mm。由于网包的作用，三维植被网能降低雨滴的冲蚀能量，并通过网包阻挡坡面雨水，同时网包能很好地固定充填物（土、营养土、草籽），使其不被雨水冲走，为植被生长创造良好条件。另外，三维植被网固定于坡面上，直接对坡面起固筋作用。当植物生长茂盛后，根系与三维植被网盘错、连接、纠缠在一起，坡面与土相接，形成一个坚固的绿色保护整体，起到复合护坡的作用。

三维植被网适用于砂性土、土夹石及风化岩石，且坡率缓于1∶0.75边坡的防护。三维植被网中的回填土应符合设计要求，宜采用客土，客土是指非当地原生的、由别处移来用于置换原生土的外地土壤，通常是指质地好的壤土（沙壤土）或人工土壤，是提供植物生长的基盘材料或土、肥料及含腐殖质土的混合物。

（3）湿法喷播施工

湿法喷播是一种以水为载体的机械化植被技术。采用专门的设备（喷播机）施工一种子可在较短时间内萌芽、生长成株、覆盖坡面，达到迅速绿化、稳固边坡的目的。用这种方法在人力不可及的陡峭高边坡和含石的边坡上种植植被非常优越。播种的时间一般在气候温和、湿度较大的春、秋季为宜，不宜在干燥的风季和暴雨季播种。播种前应在路堤的路肩和路堑顶边缘，埋入与坡面齐平的宽200～300 mm，厚50～60 mm的带状草皮。播种后适时进行补种、洒水、施肥、清除杂草等养护管理，直至植物成长覆盖坡面，种子成活率应达到90%以上。

湿法喷播适用于土质、土夹石、严重风化岩石且坡率缓于1:0.5的边坡及中央分隔带、立交区、服务区及弃土堆等处的绿化防护。

（4）客土喷播施工

客土喷播是将客土（提供植物生育的基盘材料）、纤维（基盘辅助材料）、侵蚀防止剂、缓效肥料和种子按一定比例，加入专用设备中充分混合后，用喷射机均匀喷涂到坡面上，使植物获得必要的生长基础，达到快速绿化目的的一种喷播建植技术。

客土喷播主要用于风化岩石、软质岩石、贫瘠土质和硬土边坡、植物立地条件差的高陡坡面和受侵蚀显著的坡面，坡面坡度不宜大于1:1，否则，宜设置挂网或混凝土框架。

喷播植草混合料（植生土、土壤稳定剂、水泥、肥料、混合草籽、水等）的配合比应根据边坡坡度、地质情况和当地气候条件确定，混合草籽用量为每1000 m^2 不宜少于25 kg。气温低于12℃不宜喷播作业。

2. 骨架植物防护

根据骨架形式不同，常用的骨架植物防护形式有浆砌片石或混凝土骨架植草防护、水泥混凝土空心块植草防护、锚杆混凝土框架植物防护等。

（1）浆砌片石（混凝土）骨架植草防护施工

浆砌片石或水泥混凝土骨架植草防护适用于土质和强风化岩石边坡。其结构形式主要有方格形、人字形、拱形及多边形混凝土空心块等。浆砌片石（混凝土块）骨架植草防护既能稳定路基边坡，又能节省圬工材料，造价较低、施工方便、造型美观，能与周围环境自然融合，是目前高速公路边坡防护的主要形式之一，已被推广应用。

施工时骨架内应采用植物或其他辅助防护措施。植草草皮下宜有50～100 mm厚的种植土，草皮应与坡面和骨架密贴，并及时对草皮进行养护。混凝土空心预制块铺置应在路堤沉降稳定后方可施工，预制块铺置前应将坡面整平，预制块经验收合格后方可使用，预制块应与坡面紧贴，不得有空隙，并与相邻坡面平顺。

（2）锚杆混凝土框架植草防护施工

锚杆混凝土框架植草防护是近年来在总结锚杆挂网喷浆（混凝土）防护的经验教训后发展起来的，它既保留了锚杆对风化碎岩石边坡的主动加固作用，防止了岩石边坡经开挖卸荷和爆破松动而产生的局部破坏，又吸收了浆砌片石（混凝土）骨架植草防护造型美观、便于绿化的优点。

锚杆混凝土植草防护形式有多种组合：锚杆混凝土框架＋喷播植草、锚杆混凝土框架＋挂三维土工网＋喷播植草、锚杆混凝土框架＋土工格室＋喷播植草、锚杆混凝土框架＋混凝土空心块＋喷播植草等。

3. 圬工防护

圬工防护主要指用圬工材料砌筑的工程防护结构，主要用于石质路堑边坡的防护。圬工防护主要包括封面防护（喷护、抹面、捶面等）、锚杆挂网喷护、干砌片石、浆砌片（卵）石、浆砌片石护面墙等结构形式。圬工防护不易协调周围环境，道路景观差，应尽量少用，尤其是锚杆挂网喷护。因此，与工防护施工时应注意与周围环境的协调。

（1）封面防护

封面防护包括喷浆、喷射混凝土、抹面、捶面等防护形式。

喷浆（混凝土）防护适用于坡度缓于1∶0.5、易风化、裂隙和节理发育、坡面不平整但未遭强风化，且边坡较干燥，无流水侵入的岩石路堑边坡。对于高而陡的边坡，当需大面积防护时，采取此类型更为经济。

喷护施工常用机械喷护法施工，将配制好的砂浆（混凝土）使用喷射机或水泥枪喷射于坡面上。喷射混凝土厚度不宜小于80 mm，应根据厚度分2~3层喷射，混凝土强度宜低于C15。施工作业前应通过试喷，选择合适的水灰比和喷射压力，以保证喷射坡面的质量。喷浆水灰比过小时，灰体表面颜色灰暗，出现干裂，回弹量大，粉尘飞扬；水灰比过大时，灰体表面起皱、拉毛、滑动，甚至流淌；水灰比合适时，灰体成黏糊状，表面光滑平整，回弹量小。喷浆施工严禁在结冰季节或大雨中进行作业。喷护前应采取措施对泉水、渗水进行处治，并按设计要求设置泄水孔和伸缩缝，排、防积水。喷射顺序应自下而上进行。喷射砂浆初凝后，应立即开始养生，养护期一般为5~7 d。喷射混凝土初凝后，应立即养生，养护期一般为7~10 d。应及时对喷浆层顶部进行封闭处理。

抹面防护主要用于石质路堑边坡，封面适用于未经严重风化的各种易风化岩石的路堑边坡，但不适用于由煤系岩层及成岩作用很差的红色黏土岩组成的边坡。捶面适用于边坡率缓于1∶0.5且易受冲刷的土质边坡或易风化剥落的边坡。二者均不宜用于高速公路路基边坡防护。抹面、捶面不能承受荷载，不能承受土压力，要求边坡必须平整、干燥、稳定。

抹面防护层厚度不宜小于30 mm，使用年限为8~10年；捶面防护层厚度不宜小于100 mm，使用年限为10~15年。抹面防护不宜在严寒冬季和雨天施工。封面前岩体表面要冲洗干净，土体表面要平整、密实、湿润。封面厚度应符合设计要求，封面应分两层进行施工，底层为全厚的2/3，面层为全厚的1/3。抹面、捶面厚度要均匀，表面要光滑，封面与坡面应密贴稳固。大面积封面宜每隔5~10 m设伸缩缝，缝宽10~20 mm。封面初凝后应立即进行养生，并按设计要求做好边坡封顶和排水设施。捶面护坡施工应嵌补填平边坡坑凹、裂缝。

（2）锚杆挂网喷射混凝土（砂浆）防护施工

当坡面岩体风化破碎严重时，为了加强防护的稳定性，则采用锚杆挂网喷浆（混凝土）防护，锚杆锚固深度及铁丝网孔密度视边坡岩石性质及风化程度而定。锚杆宜用1∶3水泥砂浆固定，铁丝网应与锚杆连接牢固。

施工时，锚杆应嵌入稳固基岩内，锚固深度根据设计要求结合岩体性质确定。锚杆孔深应大于锚固长度200 mm。铺设钢筋网前宜在岩面喷射一层混凝土，钢筋网与岩面的间隙宜为30 mm，然后再喷射混凝土至设计厚度。喷射混凝土的厚度要均匀，钢筋网及锚杆不得外露。做好泄、排水孔和伸缩缝。锚杆挂网喷射混凝土（砂浆）防护施工质量应符合规范要求。

（3）干砌片石护坡施工。

干砌片石护坡适用于坡度缓于1∶1.25的土质路堑边坡或边坡易受地表水冲刷以及有少量地下水渗出的地段。干砌片石护坡厚度不宜小于250 mm。边坡为粉质土、松散的砂或粉砂土等易被冲蚀的土时，碎石或沙砾垫层厚度不宜小于100 mm。基础应选用较大石块砌筑，如基础与排水沟相连，其基础应设在沟底以下，并按设计要求砌筑浆砌片石。砌筑应彼此镶紧，接缝要错开，缝隙间用小石块填满塞紧。

（4）浆砌片（卵）石护坡施工

浆砌片（卵）石护坡适用于坡度缓于1∶1的易风化的岩石，以及坡面防护采用干砌片石不适宜或效果不好的边坡。对于严重潮湿或严重冻害的土质边坡，在未采取排水措施以前，则不宜采用浆砌片石护坡。在冻胀变形较大的土质边坡上，浆砌片石护坡底面应设100～150 mm厚的碎石或沙砾垫层。浆砌片（卵）石护坡厚度不宜小于250 mm。砂浆强度不应低于M5，砂浆终凝前，砌体应覆盖，砂浆初凝后，立即进行养生。路堤边坡采用浆砌片石护坡，宜在路堤沉降稳定后施工。浆砌片石护坡每10～15 m应留一伸缩缝，缝宽20～30 mm。在基底地质有变化处，应设沉降缝，可将伸缩缝与沉降缝合并设置。泄水孔的位置和反滤层的设置应符合设计要求。

（5）水泥混凝土预制块护坡施工

水泥混凝土预制块防护宜用于缺乏石料地区或城郊及互通式立交等需要美化的路段，预制块混凝土强度不应低于C15，在寒冷地区不应低于C20。路堤边坡护坡宜在路堤沉降稳定后施工。铺设混凝土预制块前应将坡面平整，碎石或沙砾垫层的厚度不宜小于100 mm。预制块应错缝砌筑，砌筑坡面应平顺，并与相邻坡面顺接。泄水孔的位置应符合设计要求，并保证畅通。

（6）浆砌片石护面墙施工

护面墙适用于防护易风化或风化严重的各种软质岩石层和较破碎岩石的挖方边坡以及坡面易受侵蚀的土质边坡的防护，以防止自然因素的影响而继续风化破坏。护面墙在高速公路路堑边坡防护中应用比较普遍，且边坡稳定，效果较好。

护面墙有实体护面墙、窗孔式护面墙、拱式护面墙及肋式护面墙等，应根据坡面地质条件合理确定。边坡不宜陡于1∶0.5；窗孔式护面墙坡度不应大于1∶0.75；拱式护面墙适于边坡下部岩层较完整而上部需防护路段，边坡应缓于1∶0.5。

修筑护面墙前，应清除基底风化层至新鲜岩面。对风化迅速的岩层，清挖到新鲜岩面后应立即修筑护面墙。护面墙的基础应设置在稳定的地基上，地基承载能力不够，应采取加固措施，基础埋置深度应根据地质条件确定，冰冻地区应埋置在冰冻深度以下至少250 mm，护面墙前趾应低于边沟的底面。护面墙背必须与路基坡面密贴，边坡局部凹陷处，应挖成台阶后用与墙身相同的砌补，不得回填土石或干砌片石。坡顶护面墙与坡面之间应按设计要求做好防渗处理并按设计要求做好伸缩缝。当护面墙基础修筑在不同岩层上时，应在变化处设置沉降缝。单级护面墙的高度不宜超过10 m，并应设置伸缩缝和泄水孔，泄水孔的位置和反滤层的设置应符合设计要求。

（三）沿河路基防护

沿河路基及坡岸由于经常或周期性受到水流的冲刷作用，因此必须采取有效的冲刷防护措施，以确保路基及坡岸的稳固和安全。沿河路基防护工程一般分直接防护与间接防护两种，直接防护工程类型包括护面墙、砌石或混凝土板、护坦、抛石、石笼、浸水挡墙等，以直接抵御水流冲刷为主；间接防护包括导流构造物（丁坝、顺坝等）和防护林带等，以改变水流方向，降低流速，减少冲刷为主。在实际施工过程中，应按工程环境条件选用适当的防护工程类型，达到预期的防护目的。沿河路基防护工程基础应埋设在局部冲刷线以下不小于 1 m 处或嵌入基岩内。

1. 直接防护

（1）砌石或混凝土防护

砌石或混凝土防护包括干砌片石、浆砌片石及混凝土板等防护。干砌片石防护适用于易受水流侵蚀的土质边坡，严重剥落的软质岩石边坡，周期性浸水及受冲刷弱（流速为 2~4 m/s）的河岸路基及边坡；浆砌片（卵）石防护适用于经常浸水及受水流冲刷强（流速 3~6 m/s）或受较强烈的波浪作用，以及可能有流水、漂浮物等冲击作用的河岸路基；混凝土板防护常用于路堤及河岸的边坡，以抵抗渗透水及波浪的破坏，其允许流速为 4~8 m/s。

砌石或混凝土防护施工除应满足一般路基防护施工要求外，石料应选用未风化的坚硬岩石。开挖基坑时，应核对地质情况，与设计要求不符时，应进行处理。基础完成后应及时用符合设计要求的材料回填。铺砌层底面的碎石、砂砾石垫层或反滤层，应符合设计要求。坡面密实、平整、稳定后方可铺砌。砌块应交错嵌紧，严禁浮塞。砂浆应饱满、密实，不得有悬浆。每 10~15 m 宜设伸缩缝，基底土质变化处应设沉降缝，并按设计要求施工。采用干砌片石、浆砌片石时，不得大面平铺，石块应彼此交错搭接，不得松动。采用干砌片石、浆砌河卵石时，必须长方向垂直坡面，成横行栽砌牢固。采用铺砌混凝土预制块时，应按设计规格和要求检验合格后方可铺筑。就地浇筑混凝土板时，宜采取措施提高早期强度，混凝土表面应平整、光滑。

（2）护坦防护

护坦是一种辅助性防护措施，常作为闸、坝下游的消力池底板、河床底板，被用来保护水跃范围内的河床免受冲刷。护坦防护形式有护坦式基脚形式、护坦式基脚加设挑坎及阻水堤基脚护坡形式等。当沿河路基挡土墙、护坡的局部冲刷深度过大，深基础施工不便时，宜采用护坦防护基础；当已建挡土墙、护坡的基础埋深不够，需要进行加固时，采用护坦式基脚施工方便有利。护坦式基脚可以减少水流与墙面冲击后形成的下降水流对床面的冲刷。护坦基脚可大大减小挡土墙或护坡基础埋深，减少施工难度。为了进一步减少护坦或基脚的局部冲刷深度，提高抗洪能力，可在护坦上加设挑坎和将护坦基脚的垂墙做成仰斜式。护坦防护施工中,护坦顶面应埋入计算河床冲刷深度以下 0.5~1.0 m。

（3）抛石防护

抛石防护的应用很广,适用于经常浸水且水较深地段的路基边坡防护,多用于防洪抢险工程。

抛石防护施工时,抛石切忌乱抛。抛石体边坡坡度和石料粒径应根据水深、流速和波浪情况确定,石料粒径应大于 300 mm,宜用大小不同的石块掺杂抛投。坡度应不大于抛石石料浸水后的天然休止角。抛石厚度宜为粒径的 3~4 倍;用大粒径时,不得小于 2 倍。抛石石料应选用质地坚硬、耐冻且不易风化崩解的石块。除特殊情况外,抛石防护宜在枯水季节施工。

（4）石笼防护

石笼是加固河床和路堤、较好防止冲刷的柔性防护体,多用于其他防护工程基础难以施工或局部冲刷深度过大的情况。目前工程用到的石笼有铁丝石笼和钢筋混凝土框架石笼。铁丝石笼一般可抵抗 4~5 m/s 的水流速度,体积大的可抵抗 5~6 m/s 的流速、波浪高 1.5~1.8 m 的水流,多用于抢修或临时工程中,不得用于急流滚石河段。当水流含有大量泥沙时,石笼中的空隙能很快淤满,而形成一整体防护层,如果将各个铁丝石笼单元间彼此很好地连接起来,使其成为一个完整的柔性体,其防护效果会更好。钢筋混凝土石笼用于急流滚石河段。

石笼防护施工时,应根据设计要求或根据不同情况和用途,合理选用石笼形状。应选用浸水不崩解、不易风化的石料。石笼底应大致整平,必要时用碎石或砾石垫层整平。石笼应做到位置正确,搭叠衔接稳固、紧密,确保整体性。

（5）浸水挡土墙

浸水挡土墙适用于水流冲刷严重的河段、急流峡谷,能抵抗的最大水流速度为 8 m/s。

浸水挡土墙除应符合一般挡土墙要求外,还应注意与岸坡的衔接。砌筑挡土墙的材料应选用坚硬未风化且浸水不崩解的石块。

（6）土工织物防护

土工模袋防护是土工织物防护在沿河路堤防护中常用的一种形式,它是在土工合成材料表面涂一层树脂或橡胶等防水材料,或将土工合成材料与塑料薄膜复合在一起形成不透水防水材料,制成膜袋后再填充混凝土或砂浆形成防护结构,达到防护的目的。膜袋厚度应通过抗浮稳定分析和抗冰推移稳定分析确定。

土工模袋防护施工,要按设计要求整平坡面,放线定位,挖好边界处理沟。膜袋铺展后应拉紧固定,防止充填时下滑。充填材料应根据设计要求和实际情况合理选用,充填应连续。需要排水的边坡,应适时开孔设置排水管。膜袋顶部宜采用浆砌块石固定。有地面径流处,坡顶应采取防护措施,防止地表水侵蚀膜袋底部。岸坡膜袋底端应设压脚或护脚棱体,有冲刷处应采取防冲措施。膜袋护坡的侧翼宜设压袋沟。膜袋与坡面间应按设计要求铺设好土工织物滤层。

2. 间接防护

(1) 导流构造物

导流构造物是以改变水流方向为主以达到间接支护目的的水工建筑物。在路基边坡防护中采用导流构造物，使水流轴线方向偏离路基岸边，或减小防护处的流速，并促进其淤积，从而达到对路基的防护作用。常用的导流构筑物有丁坝（又称挑水坝）、顺坝、格坝、拦水坝、导流坝等。

施工导流建筑物前应制定合理的施工方案，合理安排工期，避免因工期过长引起农田、村庄、上下游路基冲刷，应尽可能避免过多地压缩河床断面。丁坝坝头应做平面防护，处理好坝根与相连接的地层或其他防护设施的衔接，丁坝间的河岸或路基边坡所承受的容许流速小于水流靠岸回流流速时，应缩短坝距或对河岸及路基边坡采取防护措施。顺坝与上下游河岸的衔接，应使水流顺畅，起点应选择在水流匀顺的过渡段，坝根位置宜设在主流转向点的上方。坝根嵌入稳定河岸内的距离应符合设计要求，坝根附近河岸应防护加固至上游不受水流冲击处。

(2) 改移河道

改移河道适用于沿河路基受水流冲刷严重、防护工程修筑困难、路线在短距离内多次跨越弯曲河道的情况。但主河槽频繁变迁的河流、支流较多的河段不宜改河。

改河施工时，改河起点、终点位置应与原河床顺接。为防止水流重归故道，宜在改河入口处加陡纵坡并设置拦水坝或顺坝。通流时，改河上游进口河段的河床纵坡宜稍大于设计坡度。新河槽断面应按设计洪水频率的流量设计。改移河道工程应在枯水时期施工。一个旱季不能完成时，应采取防洪措施。河道开挖应先挖好中段，然后再开挖两端，确认新河床工程已符合要求后，方可挖通其上游河段。利用开挖新河道的土石填平旧河道时，在新河道未通流前，旧河道应保持适当的流水断面。河床加固设施及导流构造物的施工应合理安排，及时配套完成。

(四) 边坡支挡工程

1. 挡土墙

(1) 重力式、半重力式挡土墙

重力式挡土墙是指依靠圬工墙体的自重抵抗墙后土体压力，以维持土体稳定的挡土墙，是我国目前最常用的一种挡土墙形式。重力式挡土墙一般由墙身与基础组成，也可不设基础。根据墙背线形，分为仰斜式、垂直式、俯斜式、凸折式、衡重式、台阶式等类型。

半重力式挡土墙是介于重力式挡土墙与悬臂式挡土墙之间的一种挡土墙形式。该式挡土墙可充分利用混凝土的整体性及钢筋的抗拉强度，体积比重力式挡土墙小，可采用较低强度（混凝土强度等级不小于C15）的混凝土结构，不用或仅用少量钢筋，所以造价一般比同高度的悬臂式挡土墙低。

重力式挡土墙、半重力式挡土墙施工要点：

重力式挡土墙、半重力式挡土墙宜采用明挖基础，当受地基承载力特征值控制或稳定性要求时，可采用钢筋混凝土条形扩展基础。

基础施工时应将基底表面风化、松软的土石清除。硬质岩石基坑中的基础，宜满坑砌筑。雨季时，在土质或易风化软质岩石基坑中砌筑基础时，应在基坑挖好后及时封闭坑底。当基底设有向内倾斜的稳定横坡时，应采取临时排水措施，辅以必要坐浆后安砌基础。采用台阶式基础时，台阶与墙体应连在一起同时砌筑，基底及墙趾台阶转折处不得砌成垂直通缝，砌体与台阶壁间的缝隙砂浆应饱满。基坑应随砌筑分层回填夯实，并在表面留3%的向外斜坡。

墙身施工要分层错缝砌筑，砌出地面后基坑应及时回填夯实，并完成其顶面排水、防渗设施。伸缩缝与沉降缝内两侧壁应竖直、平齐，无搭叠；缝中防水材料应按设计要求施工。泄水孔应在砌筑墙身过程中设置，确保排水畅通，并应保证墙背反滤、防渗设施的施工质量。当墙身的强度达到设计强度的75%时，方可进行回填等工作。在距墙背0.5～1.0 m之间，不宜用重型振动压路机碾压。

（2）悬臂式和扶壁式挡土墙

悬臂式和扶壁式挡土墙采用钢筋混凝土结构，宜在石料缺乏或地基承载力较低的路堤地段使用，悬臂式挡土墙墙高不宜超过5 m，扶壁式挡土墙墙高不宜超过15 m。

悬臂式和扶壁式挡土墙施工，凸榫必须按照设计尺寸开挖，并与墙底板一同灌注混凝土。现场整体浇筑时，每段墙的底板、面板和肋的钢筋应一次绑扎，宜一次性完成混凝土灌注。当采用现场分段浇筑时，应按设计要求进行施工，并预埋好连接钢筋，连接处混凝土面应严格凿毛，并清洗干净。灌注混凝土后，应按有关规定进行养护。墙体达到设计强度的75%以后方可进行墙背填土，并应按设计要求的填料和密实度分层填筑、压实；墙背排水设施应随填土及时施工。装配法施工时，基础混凝土强度达到设计强度75%后，方可安装。预制墙板与基础必须按设计要求连接牢固。

（3）锚杆挡土墙

锚杆挡土墙采用钢筋混凝土柱、板与钢锚杆组合结构，依靠锚固在岩土层内的锚杆拉力抵抗土体侧压力，宜用于岩质路堑地段。锚杆必须锚固在稳定岩土层内。锚杆挡土墙分为肋柱式锚杆挡土墙和板壁式锚杆挡土墙。

锚杆挡土墙施工时，锚杆应按设计尺寸下料、调直、除污、加工。按照设计要求，在施工前应作锚杆抗拔力验证试验。钻孔施工前，应清除岩面，松动石块，整平墙背、坡面。根据设计孔径及岩土性质合理选择钻孔机具。孔轴应保持直线，孔位允许偏差为±50 mm，深度允许偏差为-10～50 mm。钻孔后应将孔内粉尘、石渣清理干净。安装普通砂浆锚杆时，锚杆应安装在孔位中心。锚杆未插入岩层部分，必须按设计要求作防锈处理。有水地段安装锚杆，应将孔内的水排出或采用早强速凝药包式锚杆。砂浆应随拌随用。宜先插入锚杆然后灌浆，灌浆应采用孔底注浆法，灌浆管应插至距孔底50～100 mm处，并随水泥砂浆的注入逐渐拔出，灌浆压强宜不小于 0.2 MPa。砂浆锚杆安装后，不得敲击、摇动。普通砂浆锚杆在 3 d 内，早强砂浆锚杆在 12 h 内，不得在杆体上悬挂重物。必须待砂浆达到设计强度的 75% 后方可安装肋柱、墙板。安装墙板时，应边安装墙板边进行墙背回填及墙背排水系统施工。

（4）锚定板挡土墙

锚定板挡土墙由钢筋混凝土柱、板、拉杆和锚定板组成，依靠埋置在破裂面后部稳定土层内的锚定板和拉杆抵抗土体侧压力。适用于路堤式路段，但不应建于滑坡、坍塌、软土及膨胀土地区。锚定板在填土中的抗拔力应保证墙体在土压力作用下的平衡与稳定。锚定板挡土墙形式有肋柱式和板壁式，其墙高均不宜超过 10 m。

锚定板挡土墙施工，拉杆使用前应按规定取样试验。拉杆埋于土中部分，必须进行防锈处理。吊装时应保证肋柱不前倾。拉杆及锚定板埋设，应先填土后挖槽就位，挖槽时，锚定板比设计位置宜高 30 ~ 50 mm。锚定板前方超挖部分宜用 C10 水泥混凝土或灰土回填夯实。严禁直接碾压拉杆和锚定板。肋柱、锚定板上的锚头及螺丝杆应作防锈处理和防水封闭。分级平台应按设计要求进行封闭，并设 2% 的外倾排水坡。

（5）加筋土挡土墙

加筋土挡土墙是由填土、筋带和镶面砌块或金属面板组成的加筋土体来承受土体侧压力的挡土墙，适用于一般地区的路肩式、路堤式挡土墙，但不应修建在滑坡、水流冲刷、崩塌等不良地质地段。用在高速、一级公路上时，墙高不宜超过 12 m；其他各级公路上的墙高不宜超过 20 m。

安装直立式墙面板应按不同填料和拉筋预设仰斜坡，仰斜坡一般为 1：0.02 ~ 1：0.05，墙面不得前倾。拉筋应有粗糙面，并按设计布置呈水平铺设，当局部与填土不密贴时应铺砂垫平。钢拉筋与钢材外露部分应作防锈处理。连续敷设的拉筋接头应置于尾部；拉筋尾端宜用拉紧器拉紧，各拉筋的拉力应大体均匀，但应避免拉动墙面板。墙背拉筋锚固段填料宜采用粗粒土或改性土等填料。墙背填土必须满足设计压实度要求。填料摊铺、碾压应从拉筋中部开始平行于墙面碾压，先向拉筋尾部逐步进行，再向墙面方向进行，严禁平行于拉筋方向碾压。填土分层厚度及碾压遍数，应根据拉筋间距、碾压机具和密实度要求，通过试验确定，严禁使用羊足碾碾压。靠近墙面板 1 m 范围内，应使用小型机具夯实或人工夯实，不得使用重型压实机械压实。当采用聚丙烯土工带时，拉带应平顺，不得出现打折、扭曲等现象，不得与硬质、棱角填料直接接触。施工过程中随时观测加筋土挡土墙的异常变化。

2. 边坡锚固

边坡锚固是通过锚杆（索）的拉力来加固岩土体使其达到稳定状态的一种支护结构。边坡锚固技术是一种发展中的加固技术，工序复杂，制约因素多，对施工要求高。

第一，施工时，对于破碎且不平整的边坡，必须将松散的浮石和岩渣清除，用浆砌片石填补空洞，对坡面缝隙进行封闭处理。边坡修整后应平整、密实，无溜滑体、蠕变体和松动岩体。边坡开挖和钻孔过程中，应对岩性及构造进行编录和综合分析，与设计相比出入较大时，应按规定处理。

第二，锚杆施工，孔深小于3m时，宜采用先注浆后插锚杆的施工工艺。注浆时，浆体除孔口200~300mm外，应均匀充满全孔。锚杆插入后应居中固定。杆体外露部分应避免敲击、碰撞，3d内不得悬吊重物，3d后才可安装垫板。当孔深大于3m时，宜先插入锚杆然后灌浆，灌浆应采用孔底注浆法，灌浆管应插至距孔底50~100mm，并随水泥砂浆的注入逐渐拔出，灌浆压强宜不小于0.2MPa。砂浆锚杆安装后，不得敲击、摇动。普通砂浆锚杆在3d内，早强砂浆锚杆在12h内，不得在杆体上悬挂重物。必须待砂浆达到设计强度的75%后方可安装肋柱、墙板。

第三，预应力锚索施工前应按设计要求进行预应力锚索的锚固性能基本试验，确定施工工艺。严禁使用有机械损伤、电弧烧伤和严重锈蚀的钢绞线。严禁将钢绞线及锚索直接堆放在地面或露天储存，避免受潮、受腐蚀。

第四，锚索束制作宜在现场厂棚内进行。下料应采用机械切割，严禁用电弧切割。普通锚索束必须进行清污、除锈处理。锚固段锚索束应按设计安装。在锚索入孔前，必须校对锚索编号与孔号是否一致，做好标记。锚索束必须顺直地安放在钻孔中心。

第五，锚索束放入后应及时对锚固端灌浆施工。无黏结锚索孔灌浆宜一次性注满锚固段和自由段。灌浆应饱满、密实。锚索张拉应按设计要求进行。张拉设备必须按规定配套标定，标定间隔期不宜超过6个月。拆卸检修的张拉设备或压力表经受强烈撞击后，都必须重新标定。孔内砂浆的强度未达到设计强度的75%时，不得进行张拉。

第六，锚索张拉采用张拉力和伸长值进行控制，用伸长值校核应力，当实际伸长值大于计算伸长值的10%或小于5%时，应暂停张拉，查明原因并处理后，可继续张拉。锚索锁定后，在48h内若发现有明显的预应力松弛，应进行补偿张拉。封孔灌浆应在锚索张拉、检测合格、锁定后进行。封孔灌浆时，进浆管必须插到底，灌浆必须饱满。封孔灌浆后，锚头部分应涂防腐剂，并按设计要求及时进行封闭。

3. 土钉支护

土钉支护是在土质或破碎软弱岩质边坡中设置钢筋钉以维持边坡稳定的支护结构。它只适用于有一定黏性的硬黏土，有一定胶结的黏土、砂土，有一定自稳能力的岩土，不宜用在松散的砂土、黏土以及地下水丰富等地质不良的土体中。土钉支护施工应注意以下几方面：

（1）坡面开挖

坡面开挖应根据设计和实际地质情况确定分层深度及工作顺序。在完成上层作业面的土钉与喷射混凝土前，严禁进行下一层深度的开挖。一次开挖深度不得大于设计中规定的边坡临界自稳高度，一次开挖长度也不得大于设计中规定的临界自稳长度。进行土方开挖作业时，应保证边坡平整并符合设计坡率，严禁边壁出现超挖或造成边壁土体松动的情况。开挖面有软弱土层且垂直开挖时，应严格控制开挖高度和长度，开挖前应超前支护，开挖后应快速封闭。

（2）土钉施工

施工前应按设计要求对土钉进行现场抗拉拔力验证试验。钻孔完成后，应将孔内残浆、残渣等杂物清除干净。安装土钉钢筋时，应按要求连同注浆排气管一并送入钻孔内。孔内注浆应饱满，浆体强度应符合设计要求。

（3）喷射混凝土面层

喷射混凝土粗集料最大粒径不宜大于 16 mm，水灰比不宜大于 0.45：1，混凝土强度应符合设计要求。混凝土喷射厚度、临时支护厚度不宜小于 60 mm，永久支护厚度不宜小于 80 mm，永久支护面钢筋的喷射混凝土保护层厚度应不小于 50 mm。混凝土喷射每一层应自下而上进行。当混凝土厚度大于 100 mm 时，应分两次喷射，在第二次喷射混凝土作业前，应清除结合面上的浮浆和松散碎屑。面层表面应抹平、压实、修整。喷射混凝土面层应在长度方向上每 30 m 设伸缩缝，缝宽 10 ~ 20 mm。

（4）地梁、网格梁施工

地梁、网格梁施工应根据地质条件，确定合理的开挖顺序及方案。土钉钢筋与网格梁受力钢筋应连接牢固。地梁、网格梁应及时养护。

4．抗滑桩

抗滑桩是用来抵抗土压力或滑坡下滑力的横向受力桩。桩基开挖过程中，应随时核对滑动面情况，及时进行岩性资料编录，当其实际情况与设计不符时，应进行处理。

（1）抗滑桩施工准备

施工宜在旱季进行。雨季施工时，孔口应搭雨棚，做好锁口、孔口地面上加筑适当高度的围坡。应备好各项工序的机具、器材和井下排水、通风、照明设施，落实人员配备、施工组织计划。应整平孔口地面，设置地表截、排水及防渗设施。应对滑坡变形、移动进行监测。

（2）开挖及支护施工

应分节开挖，每节高度宜为 0.6 ~ 2.0 m，分节不宜过长，不得在土石层变化处和滑动面处分节，挖一节立即支护一节。护壁应经过设计计算确定，应考虑到各种不利情况。护壁混凝土应紧贴围岩灌注，灌注前应清除孔壁上的松动石块、浮土。围岩松软、破碎、有水时，护壁宜设泄水孔。开挖应在上一节护壁混凝土终凝后进行，护壁混凝土模板的支撑应在混凝土强度达到能保持护壁结构不变形后方可拆除。在围岩松软、破碎和有滑动面的节段，应在护壁内顺滑动方向用临时横撑加强支护，并经常观察其受力情况，及时进行加固。开挖桩群应从两端沿滑坡主轴间隔开挖，桩身强度不低于 75% 时可开挖邻桩。弃渣严禁堆放在滑坡范围内。

（3）灌注桩身混凝土

灌注混凝土前，应检查断面净空、清洗混凝土护壁。钢筋笼搭接接头不得设在土石分界和滑动面处，灌注必须连续进行。

（五）湿弱地基处理加固工程

湿弱地基的处理加固措施很多，如加载预压法、竖向排水法、挤实砂桩法、石灰（水泥）桩法、换填土法、反压护道法、化学固结法等，这些加固措施多是从加速早期沉降、减小后期总沉降、增强地基强度和稳定性角度进行的加固。

第二节　特殊路基施工

特殊路基，一般是指修建在不良地质情况、特殊地形情况、某些特殊气候因素等不利条件下的道路路基。特殊路基有可能因自然平衡条件被打破（或者边坡过陡，或者地质承载力过低）而出现各种各样的问题，因此，除按一般路基标准、要求进行设计施工外，还要针对特殊问题进行研究，采取相应的处理措施。

特殊路基根据土质、地质、地形、气候因素可分为以下类型：

①湿黏土路基、软土地区路基、红黏土地区路基、膨胀土地区路基、黄土地区路基、盐渍土地区路基、风积沙及沙漠地区路基。

②季节性冻土地区路基、多年冻土地区路基、涎流冰地区路基、雪害地区路基。

③滑坡地段路基、崩塌与岩堆地段路基、泥石流地区路基。

④岩溶地区路基、采空区路基。

⑤沿河（沿溪）地区路基、水库地区路基、滨海地区路基。

特殊路基施工应根据其特点和具体情况以及必要的基础试验资料，进行经济、技术综合考虑，因地制宜地制订施工方案，编制专项施工组织设计，批准后实施。

特殊地区路基一般要注意以下四个环节：第一，对地质资料、土工试验的详细检查，对设计图和实践经验的调查研究。第二，室内试验和现场试验，特别是对重要工程。第三，精细施工并注意现场的监测和数据的搜集。第四，反复分析，验证设计，监测工程安全。

一、软土地区路基施工

（一）软土地基的工程特性

淤泥、淤泥质土及天然强度低、压缩性高、透水性小的一般黏土统称为软土。对于高速公路，标准贯击次数小于 4、无侧限抗压强度小于 50 kPa 且含水量大于 50% 的黏土，或标准贯击次数小于 4 且含水量大于 30% 的砂性土也统称软土。大部分软土的天然含水量介于 30% ~ 70% 之间，孔隙比为 1 ~ 19，渗透系数为 10^{-8} ~ 10^{-7}, cm/s，压缩性系数为 0.005 ~ 0.02，抗剪强度低（快剪黏聚力在 10 kPa 左右，快剪内摩擦角 0° ~ 5°），具有触变性和显著的流变性。

(二)软土地基的处置方法

软土地区的路基问题主要是路堤填筑荷载引起软土地基滑动破坏稳定的问题和长时间大沉降的问题。软土地基处治前,应复核处治方案的可行性,编制实施性施工组织设计。处治材料的选用及处治方案,宜因地制宜、就地取材。

软基处置方法很多,不同的处置方法具有不同的适用范围和使用效果,但主要目的都是增强地基的稳定性和加速地基沉降或减小地基总沉降量。

(三)铺砂(砾)垫层法

铺砂(砾)垫层法是在软土层顶面铺砂(砾)垫层,主要起浅层水平排水作用。

铺砂(砾)垫层法适用于路堤高度小于 2 倍极限高度(在天然软土地基上,基底不作特殊加固处理而用快速施工法填筑路堤的最大高度)的软土层、较薄硬壳层、表面渗透性很低的硬壳或软土层稍厚但具有双面排水条件的地基情况。该法施工简便,不需特殊机具设备,占地较少。但需放慢填筑速度,控制加荷速率,以便地基进行充分排水固结。因此,铺砂(砾)垫层法适用于工期不紧迫、砂(砾)料充足、运距不远的施工环境。

铺砂(砾)垫层法施工要求:

①垫层材料宜采用无杂物的中、粗砂,含泥量应小于 5%(当与排水固结法综合处治软基时,其含泥量不大于 3%);也可采用天然级配沙砾料,其最大粒径应小于 50 mm。砾石强度不低于四级(洛杉矶法磨耗率小于 60%)。

②垫层宜分层摊铺压实,碾压到规定的压实度。碾压时最佳含水量一般控制在 8% ~ 12%,摊铺厚度为 250 ~ 350 mm,压实机具宜采用自重为 60 ~ 80 kN 的压路机。

③垫层采用沙砾料时,应避免粒料离析。

④垫层宽度应宽出路基边脚 500 ~ 1 000 mm,两侧宜用片石护砌或采用其他方式防护。

(四)换填法

换填法一般适用于地表下 0.5 ~ 3 m 范围的软土处治。根据施工的不同,常用换填法又分开挖换填法、抛石挤淤法、爆破排淤法三种。

1. 开挖换填法

开挖换填法就是将软弱地基层全部或部分挖除,再用沙砾、碎石、钢渣等透水性较好的材料回填的一种软基处治法。该法用于泥沼(一种以泥炭沉积为主,并包含着各种水草、淤泥和水的土层)及软土厚度小于 2.0 m 的非饱和黏性土的软弱表层,也可添加适量石灰、水泥进行改良处治。一般不用于处治深层软基、沉降控制严格的路基、桥涵构筑物、引道等情况。

(1)开挖

软基开挖要注意渗水及雨水问题,可边挖边填或全部、局部挖除后回填。

开挖深度小于 2 m 时,可用推土机、挖掘机或人工直接清除软土至路基范围以外堆放或运至取土坑还填；开挖深度不小于 2 m 时，要从两端向中央分层挖除，并修筑临时运输便道，由汽车运出。

路基坡脚宽度范围内的软土应全部清除，边部挖成台阶状；坡脚（含护坡道）范围外，对于小滑塌软土，可挖成 1 ∶ 1 ~ 1 ∶ 2 的坡度；对于高压缩性淤泥质软土，可将护坡道加宽加高至不小于原软土地面。

（2）回填及压实

回填料应选用水稳性或透水性好的材料。回填应分层填筑、压实。

用碎石土或粉煤灰等工业废渣回填时，常采用振动压路机和重型静力压路机（12 ~ 15 t 的三轮压路机）压实。为达到较好压实效果，非土方填料分层填筑厚度不宜过小。在当地条件许可时，可用这些填料填至原地面。

2．抛石挤淤法

抛石挤淤法是向路基底部抛投片石，将淤泥挤出基底范围，以提高地基强度的一种软基处置方法。抛石挤淤法一般用于当泥沼及软土厚度小于 3.0 m，且其软土层位于水下，更换土施工困难或基底直接落在含水量极高的淤泥上，呈流动状态的情况。一般认为，抛石挤淤法是经济、适用的。在常年积水、排水困难的洼地，泥炭呈流动状态、厚度较薄、表层无硬壳、片石能沉到底部的泥沼和特别软弱的地面，施工机械无法进入，对于这种石料丰富、运距较短的情况，抛石挤淤法较为适用。当淤泥较厚、较稠时须慎重选用本法。

抛石挤淤法施工要求：

①应选用不易风化的片石，片石厚度或直径不宜小于 300 mm。片石大小应根据泥炭或软土稠度而定。

②软土地层平坦、软土成流动状时，抛投填筑应沿路基中线向前成三角形方式投放片石，再渐次向两侧全宽范围扩展，以使淤泥挤向两侧。当软土地层横坡陡于 1 ∶ 10 时，应自高侧向低侧填筑，并在低侧坡脚外一定宽度内同时抛填形成片石平台。

③片石抛填出软土面后，宜用重型压路机反复碾压，再用较小石块填塞垫平，并碾压密实。

3．爆破排淤法

爆破排淤法是将炸药放在软土或泥沼中引爆，利用爆炸张力把淤泥或泥沼排除，再回填强度高、渗透性好的沙砾、碎石等填料的一种软基处理方法。它用于淤泥层较厚、稠度较大、路堤较高、工期紧迫、不影响周围其他构筑物的情况。

爆破排淤法根据施工顺序分为两种，一种是先填后爆，即先在原地面上填筑低于极限高度的路堤，再在基底下爆破，适用于稠度较大的软土或泥沼；另一种是先爆后填，适用于稠度较小、回淤较慢的软土。

（五）土工合成材料处治法

土工合成材料处治法，即利用土工合成材料（如土工布、土工格栅等）增强软基承载能力的一种软基处置方法。

1. 土工合成材料施工规定

①土工合成材料技术、质量指标应满足设计要求。土工合成材料在存放以及铺设过程中应避免长时间曝晒或暴露。与土工合成材料直接接触的填料中严禁含强酸性、强碱性物质。

②下承层应平整，摊铺时应拉直、平顺，紧贴下承层，不得扭曲、折皱。在斜坡上摊铺时，应保持一定松紧度。

③铺设土工合成材料，应在路堤每边各留一定长度，回折覆裹在已压实的填筑层面上，折回外露部分应用土覆盖。

④土工合成材料的连接，采用搭接时，搭接长度宜为 300~600 mm；采用缝接时，为保证土工聚合物的整体性，可用尼龙线或涤纶线缝接，方法有对面缝和折叠缝两种。一般多采用对面缝，缝接处强度可达到纤维强度的 80%，基本能满足要求。如果用折叠缝，应用双道缝合线，可取得更高的强度。施工时最好采用移动式缝合机，避免漏缝及断线等。缝接宽度应不小于 50 mm，缝接强度应不低于土工合成材料的抗拉强度；采用黏结时，黏合宽度应不小于 50 mm，黏合强度应不低于土工合成材料的抗拉强度。

⑤施工中应采取措施防止土工合成材料受损，出现破损时应及时修补或更换。

⑥双层土工合成材料上、下层接缝应错开，错开间距应大于 500 mm。

2. 铺设土工布

将土工布铺设于路基底部，在填筑路基自重作用下受拉产生抗滑力矩，从而提高路基的稳定性。土工布在软基中主要起排水、隔离、分散应力和加筋补强作用。

土工布的铺设分单层和多层，当铺设两层以上时，层与层之间要夹填 10~20 cm 厚砂或沙砾层，以提高基底透水性。

3. 土工格栅

土工格栅是通过格栅表面与土的摩擦作用、格栅孔眼对土的锁定作用、格栅肋的被动抗阻作用约束土颗粒的侧移，从而提高路基的承载力及稳定性。土工格栅的加固效果明显，施工速度快，能大大缩短工期。

4. 土工格室

土工格室是由强化的 HDPE 片材料，经高强力焊接而形成的一种三维网状格室结构。在集中载荷作用下，受力的主动区依然会把所受的力传递给过渡区，但由于格室壁的侧向限制和相邻格室的反作用力，以及填料与格室壁的摩擦力所形成的横向阻力，抑制了土体的横向移动倾向，从而使路基的承载能力得以提高。土工格室常用于处理风沙地区路基、台背路基填土加筋、多年冻土地区路基、黄土湿陷路基处理、盐渍土、膨胀土路基等。

（六）施打塑料排水板法

1. 工作原理

施打塑料排水板法是用插板机将塑料排水板插入软土地基，在上部预压荷载作用下，软土地基中的空隙水由塑料排水板排到上部铺垫的砂层或水平塑料排水管中，由其他地方排出，加速软基固结。塑料排水板施工设备的作用基本与袋装砂井相同。

2. 塑料排水板施工要求

①选用塑料排水板的技术、质量指标应符合设计要求。

②现场堆放的塑料排水板，应采取措施防止损坏滤膜。露天堆放时应有遮盖，不得长时间曝晒。

③塑料排水板超过孔口的长度应能伸入砂垫层不小于 500 mm 处，预留段应及时弯折埋设于砂垫层中，与砂垫层贯通，并采取保护措施。

④塑料排水板不得搭接。

⑤施工中防止泥土等杂物进入套管内，一旦发现，应及时清除。

⑥打设形成的孔洞应用砂回填，不得用土块堵塞。

3. 塑料排水板加固软土地基的优点

①滤水性好，排水畅通，排水效果有保证。

②材料有良好的强度和延展性，能适合地基变形能力而不影响排水性能。

③排水板断面尺寸小，施打排水板过程中对地基扰动小。

④可在超软弱地基上进行插板施工。

⑤施工快、工期短，每台插板机每日可插板 15 000 m 以上，造价比袋砂井低。

对于深厚的软土地基采用排水固结法进行加固时，从技术上和经济上考虑，排水板是一种经济、有效、可行的方法。

（七）反压护道法

反压护道法是指为防止软弱地基产生剪切、滑移，保证路基稳定，对积水路段和填土高度超过临界高度的路段，在路堤一侧或两侧填筑起反压作用的，具有一定宽度和厚度的护道土体的一种软基处置方法。其原理是通过护道改善路堤荷载方式来增加抗滑力的方法，使路堤下的软基向两侧隆起的趋势得到平衡，从而保证路堤的稳定性。

反压护道法适用于路堤高度不大于 1.5 ~ 2 倍的极限高度，非耕作区和取土不太困难的地区。

采用反压护道法加固地基，不需特殊的机具设备和材料，施工简易方便，但占地多，用土量大，后期沉降大，后续养护工作量也大。

反压护道施工填料材质应符合设计要求。护道宜与路堤同时填筑，分开填筑时，必须在路堤达临界高度前将反压护道筑好。护道压实度应达到《公路土工试验规程》（JTG

E40-2007）重型击实试验法测定的最大密度的90%，或满足设计提出的要求。

（八）堆载预压法

1. 概念

堆载预压法是堆载预压排水固结法的简称。该方法通过在场地填土加载预压，使土体中的孔隙水沿排水板排出，地基土压密、沉降、固结，从而提高地基强度，减少路堤建成后的沉降量。预压荷载超过设计道路工程荷载称为超载预压；预压荷载等于设计道路工程荷载称为等载预压。

2. 特点及适用范围

堆载预压法对各类软弱地基均有效；使用材料、机具简单，施工操作方便。但堆载预压需要一定的时间，适合工期要求不紧的项目。对于深厚的饱和软土，排水固结所需要的时间很长，同时需要大量的堆载材料，在使用上会受限。

3. 堆载预压法施工要求

①堆载预压不得使用淤泥土或含垃圾杂物的填料，填筑过程应按设计要求或采取有效措施，防止预压土污染填筑好的路基。

②堆载预压土应边堆土边推平，顶面应平整。

③堆载预压施工时应保护好沉降观测设施。填筑过程中应同步进行地基沉降与侧向位移观测。

④堆载预压土的填筑速率应符合设计要求，保证路堤安全、稳定。

⑤堆载预压的加压量和加压时间应满足设计要求。

⑥堆载预压卸载时间应根据观测资料和工后沉降推算结果，由建设单位组织，评估单位进行沉降评估，满足设计要求后方能卸载。

（九）真空预压法

1. 概念、特点及适用范围

真空预压法是在需要加固的软土地基表面先铺设砂垫层，然后埋设垂直排水管道，再用不透气的封闭膜使其与大气隔绝，封闭膜四周埋入土中，再利用真空装置进行抽气，使膜内外形成气压差，密封的软弱地基产生真空负压力，土颗粒间的自由水、空气沿着排水管上升到软基上部砂垫层内，再经砂垫层过滤排到软基密封膜以外，从而使土体固结，增加地基的有效应力。

真空预压在固结结束时，地基的真空压力就全部转化为有效应力。由于真空预压荷载是等向的，地基中不产生剪应力，故地基不存在剪切破坏的问题，所以真空荷载可一次施加，而不必像堆载那样要分级。因此，真空预压法可大大地缩短预压时间。真空预压法与排水板堆载预压法相比，其主要优点是加荷时间短、工艺简单、造价低，地基不存在失稳问题。该法适用于含水量高、孔隙比大、强度低、渗透系数和固结系数小的黏土，通常在设计荷载不超过 80 kPa 的地基上采用是较适宜的。

2. 真空预压法施工要求

①垫层材料宜采用中、粗砂，泥土杂质含量小于 5%，严禁砂中混有尖石等尖利硬物。

②每个加固区用 2～3 层密封膜，具体层数可根据密封膜性能确定。密封膜厚度宜为 0.12～0.17 mm，密封膜每边长度应大于加固区相应边 3～4 m。薄膜加工后不得存在热穿、热合不紧等现象，不宜有交叉热合缝。

③滤管应不透砂。滤管距泥面、砂垫层顶面的距离均应大于 50 mm。滤管周围必须用砂填实，严禁架空、漏填。

④密封沟与围堰处理。沿加固边界开挖密封沟，其深度应低于地下水位并切断透水层，内外坡应平滑。沟底宽度应大于 400 mm，密封膜与沟底黏土之间应进行密封处理。密封沟回填料应为不含杂质的纯黏土，不得损坏密封膜。筑堰位置应跨密封沟的外沟沿，堰体应密实、牢固。铺膜前，应把出膜弯管与滤管连接好，并培实砂子，同时处理好出口的连接。

⑤真空表测头应埋设于砂垫层中间，每块加固区不少于 2 个真空度测点，真空管出口须防止弯折或断裂。

⑥抽真空。抽真空持续时间应符合设计要求，设计无规定可持续 2～5 个月。覆盖厚度宜为 200～400 mm，膜下真空压力应持续稳定在 80 kPa 以上。应注意观察负压对其相邻结构物的影响。

（十）真空堆载联合预压法

真空堆载联合预压法是真空预压和堆载预压两种方法的结合。处治原理同真空预压法，但加载更大，预压时间可缩短一半。

1. 真空堆载联合预压法施工要求

①路堤填筑宜在抽真空 30～40 d 后开始进行，或按设计规定开始堆载。

②路堤填筑速率应符合设计规定。

③路堤填筑期间应保持抽真空。

④路堤填筑高度达到设计标高（考虑沉降）后，应继续抽真空，路堤沉降值（或地基固结度）达到设计要求后方可停止抽真空。

2. 真空预压法、真空堆载联合预压法施工监测

①预压过程中，应进行孔隙水压力、真空压力、深层沉降量及水平位移等预压参数的监测。真空压力每隔 4 h 观测一次，表面沉降每 2 d 测一次。

②当连续五昼夜实测地面沉降小于 0.5 mm/d、地基固结度已达到设计要求的 80% 时，经验收，即可终止抽真空。

③停泵卸荷后 24 h，应测量地表回弹值。

(十一) 袋装砂井法

袋装砂井法是用透水型土工织物长袋装沙砾石,一般通过导管式振动打设机械将沙袋设置在软土地基中形成排水砂柱,以加速软土排水固结的地基处理方法。沙袋可采用聚丙烯、聚乙烯、聚酯等长链聚合物编织,以专用缝纫机缝制或工厂定制,目前国内普遍采用的是聚丙烯编织,该材料抗老化性能差。施工机械一般为导管式的振动打设机械,只是在进行方式上有差异。我国一般采用的打设机械有轨道门架式、履带臂架式、步履臂架式、吊机导架式。该法用于淤泥固结排水、堆荷预压,使沉降均匀。

袋装砂井法施工要点:

①所用中、粗砂中大于 0.6 mm 颗粒的含量宜占总重的 50% 以上,含泥量小于 3%,渗透系数大于 5×10^7 mm/s。沙袋的渗透系数应不小于砂的渗透系数。且应保持干燥,不宜采用潮湿填料,以免袋内填料干燥后,体积减小,造成短井。

②沙袋露天堆放时应有遮盖,不得长时间曝晒。

③沙袋应垂直下井,不得扭结、缩颈、断裂、磨损。

④拔钢套管时若将沙袋带出或损坏,应在原孔位边缘重打;连续两次将沙袋带出时,应停止施工,查明原因并处理后方可施工。

⑤沙袋在孔口外的长度,应能顺直伸入砂垫层,至少 300 mm。

(十二) 砂桩法 (挤密砂桩或砂桩挤密法)

1. 概念

砂桩(砂井)指的是为加速软弱地基排水固结、增加软基稳定性,在地基中经振动、冲击或水冲等方式成孔后,灌入中、粗砂而建成的排水桩体。将砂灌入织袋放进孔内形成的井,称袋装砂井。

2. 适用范围

砂桩法适用于松散砂土、粉土、黏性土、素填土、杂填土等地基;对饱和黏土地基,对变形控制要求不严的工程也可采用砂桩置换处理;砂桩还可用于处理可液化的地基。在用于饱和黏土的处理时,最好是通过现场试验后再确定是否采用。

3. 成孔分类

根据成孔方式的不同,目前工程中砂桩成孔方式分为套管成孔法、水冲成孔法和螺旋钻成孔法等。

(1) 套管成孔法

将带有活瓣管尖或套有混凝土端靴的套管沉到预定深度,然后在管内灌砂后拔出套管,形成砂桩。根据沉管工艺不同,又分为静压沉管法和振动沉管法。

(2) 水冲成孔法

通过专用喷头,在水压力作用下冲孔,成孔后清孔,再向孔内灌砂成孔。此法适用于土质较好且均匀的砂性土。

（3）螺旋钻成孔法

以动力螺旋钻钻孔，提钻后灌砂成桩。此法适用于陆地上的工程，砂桩长度小于10 m，且土质较好，不会出现缩颈、塌孔现象的软弱地基；不宜用在很软弱的地基。

4．施工要求

①材料要求：采用中、粗砂，大于0.6 mm的颗粒含量宜占总重的50%以上，含泥量应小于3%，渗透系数大于5×10^{-2} mm/s。也可使用沙砾混合料，含泥量应小于5%。

②采用单管冲击法、一次打桩管成桩法或复打成桩法施工时，应使用饱和砂；采用双管冲击法、重复压拔法施工时，可使用含水量为7%～9%的砂；饱和土中施工可用天然湿砂。

③地面下1～2 m土层应超量投砂，通过压挤提高表层砂的密实程度。

④成桩过程应连续。

⑤实际灌砂量未达到设计用量时，应进行处理。

（十三）碎石桩

碎石桩是散体桩（由无黏结强度材料制成的桩）的一种，按其制桩工艺可分为振冲（湿法）碎石桩和干法碎石桩两大类。采用振动加水冲的制桩工艺制成的碎石桩称为振冲碎石桩或湿法碎石桩。采用各种无水冲工艺（如干振、振挤、锤击等）制成的碎石桩统称为干法碎石桩。

碎石桩施工要求：

①材料要求：未风化碎石或砾石，粒径宜为19～63 mm，含泥量应小于10%。

②施工前应按规定做成桩试验。

③根据试桩成果，严格控制水压、电流和振冲器在固定深度位置的留振时间。

④碎石桩密实度抽查频率为2%，用重口型动力触探测试，贯入量为100 mm时，击数应大于5次。

（十四）加固土桩

加固土桩（粉喷桩）主要是以水泥、石灰、粉煤灰等材料作固化剂的主剂，利用深层搅拌机械在原位软土中进行强制搅拌，经过物理化学作用生成一种具有较高强度、较好变形特性和水稳性的特殊混合桩体。它对提高软土地基承载能力，减少地基的沉降量有明显效果。适用于加固饱和软黏土地基如淤泥、淤泥质土、粉土和含水量较高的黏性土。

1．材料要求

①生石灰粒径应小于2.36 mm，无杂质，氧化镁和氧化钙总量应不小于85%，其中氧化钙含量应不小于80%。

②粉煤灰中二氧化硅和三氧化二铝含量应大于70%，烧失量应小于10%。

③水泥宜用普通水泥或矿渣水泥。

2. 加固土桩施工前的准备工作

①施工前必须进行成桩试验，桩数不宜少于 5 根。

②应取得满足设计喷入量的各种技术参数，如钻进速度、提升速度、搅拌速度、喷气压力、单位时间喷入量等。

③应确定能保证胶结料与加固软土拌和均匀性的工艺。

④掌握下钻和提升的阻力情况，选择合理的技术措施。

⑤根据地层、地质情况确定复喷范围。

⑥应根据固化剂喷入的形态（浆液或粉体），采用不同的施工机械组合。

3. 固化剂相关规定

（1）采用浆液固化剂时

制备好的浆液不得离析，不得停置过长。超过 2 h 的浆液应降低等级使用。浆液拌和均匀，不得有结块。供浆应连续。

（2）采用粉体固化剂时

严格控制喷粉标高和停粉标高，不得中断喷粉，确保桩体长度；严格控制粉喷时间、停粉时间和喷入量。应防止桩体上下喷粉不匀、下部剂量不足、上下部强度差异大等问题，应按设计要求的深度复搅。当钻头提升到地面以下小于 500 mm 时，送灰器停止送灰，用同剂量的混合土回填。若喷粉量不足，应整桩复打，复打的喷粉量不小于设计用量，因故喷粉中断时，必须复打，复打重叠长度应大于 1 m。施工设备必须配有自动记录的计量系统。钻头直径的磨损量不得大于 10 mm。

（十五）水泥粉煤灰碎石桩

水泥粉煤灰碎石桩（简称 CFG 桩）是在碎石桩的基础上发展起来的，以一定配合比率的石屑、粉煤灰和少量的水泥加水拌和后制成的一种具有一定胶结强度的桩体。由于桩体中加入了水泥和粉煤灰，形成了高黏结强度的桩，从而改善了碎石桩的刚性，不仅能很好地发挥全桩的侧摩阻作用，同时，也能很好地发挥其端阻作用。CFG 桩和桩间土、垫层一起形成复合地基。

水泥粉煤灰碎石桩施工要求：

1. 材料要求

（1）骨料

应根据施工方法，选择合理的骨料级配和最大粒径。粗骨料一般采用碎石或卵石。泵送混合料时，卵石最大粒径宜为 26.5 mm，碎石最大粒径宜为 19 mm。采用振动沉管时，骨料最大粒径不宜超过 63 mm。为使级配良好，宜掺入石屑或砂填充碎石的空隙。

（2）水泥

宜选用普通硅酸盐水泥，一般采用 32.5 级。

（3）粉煤灰

宜选用袋装Ⅰ、Ⅱ级粉煤灰。

2．施工前应进行成桩试验，试桩数量宜为 5～7 根

成桩试验应确定符合设计要求的施工工艺和施工速度，确定合理的投料数量，确定桩的质量标准。

3．桩体施工应选择合理的施打顺序，避免对已成桩造成损害

CFG 桩施工一般采用振动沉管机械施工，因此，其施打顺序对成桩质量影响较大，根据经验，一般采用隔桩施打，此时很少发生打桩径被挤小或缩径现象。

4．成桩过程中，应对已打桩的桩顶进行位移监测

一般桩顶位移超过 10 mm 时，需要对桩体进行开挖查验。

5．为保证桩体质量，混合料应拌和均匀，且投料要充分

混合料坍落度一般宜为 100 mm 左右。

（十六）沉管灌注桩

1．Y 形沉管灌注桩施工

Y 形沉管灌注桩是一种派生于传统沉管灌注桩（圆形）的异形沉管灌注桩，根据"同等截面，多边形边长之和大于圆形周长"的原理，桩侧表面积增加，摩阻力相应增加，即等长、等体积的 Y 形沉管灌注桩比传统的圆形沉管灌注桩的侧面积大、单桩承载力高。

①粗集料宜优先选用卵石；采用碎石，宜适当增加含砂率；骨料最大粒径不宜大于 63 mm。混凝土坍落度宜为 80～100 mm，在运输和灌注过程中无离析、泌水现象。

②桩尖、桩帽混凝土强度不宜低于 C30。

③邻近有建筑物（构造物）时，应采取有效的隔振措施。

④桩基定位点及施工区附近的水准点应设置在不受桩基施工影响处。

⑤群桩施工，应合理设计打桩顺序，控制打桩速度，防止影响邻桩成桩质量。

⑥沉管前，宜在桩管内先灌入高 1.5 m 左右的封底混凝土，方可开始沉管。

⑦灌注混凝土的充盈系数不得小于 1。

⑧拔管速度应保持为 1.0～1.2 m/min，桩管埋入混凝土深度应大于 1 m。

2．薄壁筒形沉管灌注桩施工

薄壁筒形沉管灌注桩派生于传统的圆形沉管灌注桩，利用一个内、外双管及桩靴结构，配备中、高频振动锤，形成密封管状系统沉孔，并灌注混凝土，形成大口径薄壁筒桩。

①混凝土粗集料宜优先选用卵石，卵石最大粒径为 63 mm；采用碎石，宜适当增加含砂率，碎石最大粒径为 37.5 mm。混凝土坍落度宜为 80～150 mm，在运输和灌注过程中无离析、泌水现象。

②桩尖、桩帽混凝土强度不宜低于 C30，桩尖表面应平整、密实，桩尖内外面圆度偏差不得大于 1%，桩尖端头支承面应平整。

③邻近有建筑物时，应采取有效的隔振措施。

④在软土地基上打群桩时，应合理设计打桩顺序，控制打桩速度。

⑤桩基定位点及施工区附近所设的水准点应设置在不受桩基施工影响处。

⑥沉管规定：成孔器安装时，应控制底部套筒环形空隙（即成桩壁厚）的均匀性，环隙偏差小于 5 mm 方可固定上端法兰或缩压夹持器。沉孔之前，必须使桩尖与成孔器内、外钢管的空腔密封，确保在全部沉孔过程中水不会渗入空腔内。浇注混凝土前，应检测孔底有无渗水和淤泥。

⑦浇注混凝土规定：桩管内混凝土灌满后，先振动 5～10 s，再边振动边拔管，控制拔管速度均匀，保持管内混凝土高度不少于 2 m。穿越特别软弱土层时，拔管速度宜控制在 1.0～1.2 m/min。采取间歇性振动，即灌入 2 m 高度混凝土后，提升振动一次，不宜连续振动而不提升。在沉孔及提升成孔器时，必须控制成孔器的垂直度。浇注后的桩顶标高应大于设计标高 500 mm。

二、潮湿地段路基施工

（一）潮湿地段路基填料要求

用湿黏土、红黏土作为填料直接填筑时，应符合以下要求：

第一，液限在 40%～70% 之间，塑性指数在 18～26 之间。

第二，不得作为二级及二级以上公路路床、零填及挖方路基 0～0.80 m 范围内的填料；不得作为三、四级公路上路床、零填及挖方路基 0～0.30 m 范围内的填料。

第三，采用湿土法制作试件，试件的 CBR 值应满足现行《公路路基施工技术规范》相关规定。

第四，压实度应符合规定，否则应对填料进行处理，处理后强度应符合现行《公路路基施工技术规范》相关规定。

第五，压缩系数大于 0.5 MPa-1 的红黏土不得直接用于填筑路堤。

第六，强膨胀土不得作为路堤填料。中等膨胀土经处理后可作为填料，用于二级及二级以上公路路堤填料时，改性处理后胀缩总率应不大于 0.7%。胀缩总率不超过 0.7% 的弱膨胀土可直接填筑。

（二）湿黏土路基施工

湿黏土路堤填筑时，每层宜设 2%～3% 的横坡。当天的填土宜当天完成压实。填筑层压实后，应采取措施防止路基工作面曝晒失水。

1. 水稻田地段路基施工

水稻田地段路基施工，不得影响农田排灌。施工前应采取措施排除公路用地范围内的地表水。疏于地表水确有困难时，应按设计要求进行处治。二级及二级以上公路路堑段，应在边坡顶适当距离外筑埋并挖截水沟；土质、风化岩石边坡，应浆砌护墙或护坡；路堑路段宜加大边沟尺寸并采用浆砌。

2. 河、塘、湖地段路堤施工

受水浸润作用的路堤部分，宜用水稳性好、塑性指数不大于6、压缩性小、不易风化的透水性填料填筑。在洪水淹没地段的路堤两侧不得取土；对于三、四级公路，特殊情况下，可在下游侧距路堤安全距离外取土。两侧水位差较大的河滩路堤，根据具体情况，宜放缓下游一侧边坡，设滤水坝趾和反滤层，在基底设隔渗墙或隔渗层。防洪工程应在洪水期前完成，施工期间应注意防洪。

3. 多雨潮湿地区路基施工

多雨潮湿地区施工，应注意排水。机具停放地、库房、生活区域应选在地势较高不易被水淹的地点，并有完善的排水防洪设施。多雨潮湿地区，应按设计要求对基底过湿土层进行处理。

（三）红黏土地区路基施工

1. 路堤施工

应尽量避免雨季施工。雨季施工时，应防止松土被雨淋湿。施工中应保持作业面横坡不小于3%。雨后作业面，应经晾干且重新压实合格后方可进行下道工序的施工。路堤填筑应连续，填料应随挖随用。摊铺后必须及时碾压，做到当天摊铺当天完成碾压。碾压完成后，应采取措施防止路堤作业面曝晒失水。

2. 提高红黏土路堤压实度的措施

（1）掺加沙砾法

掺加沙砾能改善高液限土（红黏土）的液限、塑性指数以及CBR值，当粗粒料含量大于35%～40%时，一般能达到标准土质的填筑要求。随着沙砾含量的增加，对裂缝的抑制作用愈来愈明显，抗裂性能得到相应提高。

（2）化学外加剂法

掺入石灰、水泥等外加剂可有效降低含水量，提高强度，同时又可降低塑性指数，提高水稳性。

（3）包边法

将不能直接填筑的红黏土进行隔水封闭。外包材料为水稳性较好的低液限土。但是对于碾压稠度偏低（小于1.15）导致难以压实的红黏土应避免采用此法。该法建议使用于下路堤填筑。

3. 包边法施工

包边材料应为透水性较小的低液限黏土、石灰土等，CBR值应符合现行《公路路基施工技术规范》相关规定。严禁用粉土、砂土等低塑性土包边。分层填筑时，先摊铺包边土，后摊铺红黏土。碾压前，应控制两种填料的各自含水量，使两种填料在同一压实工艺下能达到压实标准。包边土的压实度应符合土质路基压实度规定。碾压应从两边往中间进行，对不同填料的结合处要增加碾压次数1~2次。超高弯道的碾压应自低处向高处进行。

三、盐渍土地区路基施工

（一）路堤填料

盐渍土作为路堤填料，首先与所含易溶盐的性质和数量有关，其次与所在自然区域的气候、水文和水文地质条件有关，此外还与土质道路技术等级和路面结构类型有关。路堤填料要求符合以下要求：

第一，路堤填料适用性应符合现行《公路路基施工技术规范》的相关规定。

第二，对填料的含盐量及其均匀性应加强施工控制检测，路床以下每1000 m，填料、路床部分每500 m² 填料应至少做一组测试，每组3个土样，填方不足上列数量时，亦应做一组试件。含盐量大的土层一般分布在地表数百毫米的范围内。实际检测时，若发现上、下层含盐量不一样，但总的平均含量未超过规定允许值时，可以通过将上、下两层盐土打碎拌和来保证填料含盐量的均匀性。

第三，用石膏土作填料时，应先破坏其蜂窝状结构。根据以往公路、铁路多年实践经验，石膏土或石膏粉均可作为路堤填料。蜂窝状和纤维状石膏土，由于其疏松多孔，用作填料时，应破碎其蜂窝状结构，以保证达到要求的压实度。

（二）基底（包括护坡道）处治

含水量超过液限的原地基土，应按设计要求将基底以下1 m全部换填为透水性材料；含水量界于液限和塑限之间时，应按设计要求换填100~300 mm厚的透水性材料；含水量在塑限以下时，可直接填筑黏性土。地下水位以下的软弱土体应按设计要求采用透水性好的粗粒土换填，高度宜高出地下水位300 mm以上。在内陆盆地干旱地区，路面为沥青混凝土、水泥混凝土或沥青表面处治时，应按设计要求在路堤下部设置封闭性隔断层。地表为过盐渍土的细粒土、有盐结皮和松散土层时，应将其铲除，铲除的深度通过试验确定。地表过盐渍土层过厚时，若仅铲除一部分，则应设置封闭隔断层，隔断层宜设置在路床顶以下800 mm处；若存在盐胀现象，隔断层应设在产生盐胀的深度以下。

（三）盐渍土路堤施工

盐渍土路堤应分层填筑、分层压实，每层松铺厚度不宜大于200 mm，砂类土松铺厚度不宜大于300 mm。碾压时应严格控制含水量，碾压含水量不宜大于最佳含水量1个百分点。雨天不得施工。盐渍土路堤的施工，应从基底处理开始，连续施工。在设置隔断层的地段，宜一次做到隔断层的顶部。地下水位高的黏性盐渍土地区，宜在夏季施工；砂性盐渍土地区，宜在春季和夏初施工；强盐渍土地区，宜在表层含盐量较低的春季施工。

（四）盐渍土路堤施工排水

施工中应及时、合理设置排水设施，路基及其附近不得积水。取土坑底面应高出地下水位至少 150 mm，底面向路堤外侧应有 2%～3% 排水横坡。在排水困难地段或取土坑有可能被水淹没时，应在取土坑外采取适当处治措施。在地下水位较高地段，应加深两侧边沟或排水沟，以降低路基下的地下水位。盐渍土地区的地下排水管与地面排水沟渠，必须采取防渗措施，且不宜采用渗沟。

四、膨胀土地区路基施工

（一）施工一般要求

膨胀土地区路基施工，应避开雨季作业，加强现场排水，基底和已填筑的路基不得被水浸泡。膨胀土地区路基应分段施工，各道工序应紧密衔接，连续完成。路基边坡按设计要求修整，并应及时进行防护施工。膨胀土路基填筑松铺厚度不得大于 300 mm；土块粒径应小于 37.5 mm。填筑膨胀土路堤时，应及时对路堤边坡及顶面进行防护。路基完成后，当年不能铺筑路面时，应按设计要求做封层，其厚度应不小于 200 mm，横坡不小于 2%。

（二）二级及二级以上公路路堤基底处理

高度不足 1 m 的路堤，应按设计要求采取换填或改性处理等措施处治；表层为过湿土时，应按设计要求采取换填或进行固化处理等措施处治；填土高度小于路面和路床的总厚度，基底为膨胀土时，宜挖除地表 0.30～0.60 m 的膨胀土，并将路床换填为非膨胀土或掺灰处理；若为强膨胀土，挖除深度应达到大气影响深度。

（三）路堑施工

路堑施工前，先施工截、排水设施，将水引至路幅以外。边坡施工过程中，必要时，宜采取临时防水封闭措施保持土体原状含水量。边坡不得一次挖到设计线，应预留厚度 300～500 mm，待路堑完成时，再分段削去边坡预留部分，并立即进行加固和封闭处理。路床底标高以下应按照设计要求进行处理。宜用支挡结构对强膨胀土边坡进行防护。支挡结构基坑应采取措施防止曝晒或浸水，基础埋深应在大气风化作用影响深度以下。

五、粉质土地区路基施工

（一）开挖边沟

由于粉性土的毛细水上升高度较大，为防止路基边坡底部土体含水量过大，从而发生由下往上的坍塌失稳，在路基开始施工时，可结合边沟设计在两侧开挖一定深度的边沟，降低地下水及路基两侧地面水对路基的侵害。

（二）增加压实宽度

在实际施工中在原设计路基宽度基础上可适当增加其压实宽度，以预留冲刷宽度，维持和保护主体路基的稳定。

（三）控制路基表面平整度

路基表面平整，有利于水在路表均匀漫流，不至于形成局部溜槽。一定的路拱有利于路基范围内的降水及时排到路基外，不使积水渗入土基。

（四）设拦水坡、泄水槽

水流对路基表面的冲刷程度随流量、流速的变化而变化，当路表水沿边坡流下后将形成一定的流速，从而对边坡形成较严重的冲刷。雨季施工时，在路基边缘设置拦水坡，并每隔一定距离设置泄水槽，路基表面降水流至路基边缘后沿拦水埂汇集至泄水槽集中排出，避免路基边坡被冲刷。

（五）掺灰处治

粉质土不是石灰土的理想土源，通过掺入 5%~8% 的石灰，改善土的板体性能，到了一定的龄期后，其浸水后的稳定性也大大提高，防止雨水冲刷和土体坍塌的现象。

第三节　路基质量检测方法

一、最佳含水量和最大干密度的确定

最佳含水量又称最优含水率，是指在一定压实功作用下，能使填土达到最大干密度（干容量）时相应的含水率。最佳含水量是土基施工的一个重要控制参数。

最佳含水量的试验测定方法有击实试验法（分轻型击实和重型击实）、振动台法和表面振动击实仪法。

（一）击实试验法

①用干法或湿法制备一组不同含水量（相差约 2%）的试样（不少于 5 个）。

②取制备好的土样按所选击实方法分 3 次或 5 次倒入击实筒，每层按规定的击实次数进行击实，要求击完后余土高度不超过试筒顶面 5 mm。修平称量后用推土器推出筒内试样，测定击实试样的含水量和测算击实后土样的湿密度。其余土样按相同方法进行试验。

③计算各试样干密度，以干密度为纵坐标，含水量为横坐标绘制曲线，曲线上峰值点的纵、横坐标分别为最大干密度和最佳含水量。

④当试样中有大于 25 mm（小筒）或大于 38 mm（大筒）的颗粒时，应先将其取出，求得其百分率（要求不得大于 30%），对剩余试样进行击实试验，再利用修正公式对最大干密度和最佳含水量进行修正。

(二) 振动台法

①充分搅拌并烘干试样，使其颗粒分离程度尽可能小，然后大致分成 3 份，测定并记录空试筒质量。

②用小铲或漏斗将任一份试样徐徐装入试筒，并注意使颗粒分离程度最小（装填宜使振毕密实后的试样等于或略低于筒高的 1/3），抹平试样表面，然后可用橡皮锤或类似物敲击几次试筒壁，使试料下沉。

③放置合适的加重底板于试料表面，轻轻转动，使加重底板与试样表面密合一致。卸下加重底板把手。

④将试筒固定于振动台面上，装上套筒，并与试筒紧密固定，将合适的加重块置于加重底板上，其上部尽量不与套筒内壁接触。

⑤设定振动台在振动频率 50 Hz 下的垂直振动双振幅为 0.5 mm，或在振动频率 60 Hz 下的垂直振动双振幅为 0.35mm。在 50 Hz 下振动试筒及试样 10 min；在 60 Hz 下振动 8 min。振毕卸去加重块及加重底板。

⑥按 2～5 步进行第二层、第三层试料振动压实。但第三层振毕，加重底板不再立即卸去。

⑦卸去套筒，然后检查加重底板是否与试样表面密合一致，即按压。

⑧看加重底板边缘是否翘起，若翘起，则宜在试验报告中注明。

⑨刷净试筒顶沿面上及加重底板上位于试筒导向瓦两侧测量位置所积落的细粒土，并尽量避免将这些细粒土刷进试筒内，将百分表架支杆插入每个试筒导向瓦套中，然后分别测读并记录试筒导向瓦每侧试筒顶沿面（中心线处）各 3 个百分表读数，共 12 个读数（其平均值即为终了百分表读数 R）。

二、土基压实质量控制与检测

(一) 影响土基压实的主要因素

1. 土质

一般情况下，同一压实功作用下，含粗粒土越多，其最大干密度越大，而最佳含水量越小。

2. 含水量

土中含水量对其压实效果的影响比较显著。当含水量较小时，土中空隙多，互相连通，在一定的外部压实功作用下，土粒间气体易被排出，密度增大，但由于含水量小，水膜润滑作用不明显，外部压实功不足以克服粒间引力，土粒不易移动，因此压实效果比较差；随着含水量逐渐增大，水膜润滑作用增强，在外部压实功作用下，土粒比较容易发生相对移动，压实效果渐佳；当土中含水量增加到一定程度后，土空隙中出现难以排出的自由水，减小了有效压功，压实效果反而降低。因此，土的含水量存在一个最佳含水量，在此情况下，同样压实功获得最大干密度和最好的水稳定性。

3. 压实功

经试验和工程实践发现，同一类土，其最佳含水量随压实功的增加而减小，而最大干密度则随压实功的增加而增大。当土含水量偏低时，增加压实功对提高干密度效果明显，含水量偏高时则收效甚微。当压实功增大到一定程度后，对最佳含水量的减小和最大干密度的提高效果均不明显，即单纯用增大压实功来提高土的干密度并不理想，压实功过大甚至还会破坏土体结构，适得其反。

4. 铺土厚度

工程实践表明，同一类土在相同压实功条件下，压实度随土层松铺厚度的增加而减小。表层压实效果优于下面土层。因此，相关规范中都推荐了不同类土在不同压实功下的松铺土层厚度，以供施工参考。

（二）土基压实的控制与检测

要控制路基压实质量，应充分认识影响压实的各种因素及其相互关系，根据现场实际情况，采取合理的措施。质量控制与检测应重点关注以下几方面：

1. 确定土基的最大干密度和最佳含水量

沿线路基填料性质往往有较大的差别。路基施工前，应对各不同土质路段取样，采用现行相关规范推荐的测定方法进行土工试验，确定各类土质的最大干密度和最佳含水量，为后序路基施工提供参考。

含水量是影响路基土压实效果的主要因素，压实前应控制土的含水量在最佳含水量±2%之内。

2. 选择压实机械

充分了解压实功与土基压实度的关系，选择与土质相匹配的压实机械，按照合理的压实行走路线及压实遍数施工。

3. 分层填筑压实

填土分层压实厚度和压实遍数与压实机械类型、土的种类和压实度要求有关，一般应通过试验路段确定。对于低等级公路，可参照相关规范推荐值或同地区已建相同类型公路施工经验。

4. 压实质量的检测

土基压实度的检测一般采取灌砂法、环刀法、蜡封法、水袋法和核子密度仪法。环刀法适用于细粒土，灌砂法适用于各类土。采用核子密度仪时应先进行标定，并与灌砂法作对比试验，找出相关的压实度修正系数，尤其是当填土种类发生变化时，必须重新标定，方能保证压实度检测的准确性和可靠性。填筑路基时，应分层检测压实度，并要求填土层压实度达到要求后，方允许填筑上一层，这样才能保证全深度范围内的压实质量。

第三章　路面工程施工技术

第一节　路面工程基本知识

一、路面的概念、结构与分类

（一）路面的概念

路面是指用各种材料铺筑在路基上的供车辆行驶的构造物，其主要任务是保证车辆快速、安全、舒适地行驶，路面应能够承受交通荷载和自然因素的影响，还要与周围环境衬托协调。

（二）路面的结构

道路行车荷载和自然因素的作用一般随深度的增加而减弱，为适应这一特点，路面结构也是多层次的，路面结构一般由面层、基层、垫层组成，有的道路在面层和基层之间还设立了一个联结层。

1. 面层

位于整个路面结构的最上层，直接承受行车荷载，并受自然因素的影响，因此要求面层应有足够的强度、刚度和稳定性，另外面层还应有良好的平整度和抗滑性能，以保证车辆安全平稳地通行，面层通常使用水泥混凝土、沥青混凝土、沥青碎石混合料做铺筑材料，有些道路也用块石、料石或水泥混凝土预制块铺筑道路面层，山区交通量很小的地区也直接用泥灰结碎石或泥结碎石做面层。面层可分层铺筑，称为上面层（表层）、中面层和下面层。

2. 基层

是指面层以下的结构层，主要起支撑路面面层和承受由面层传递来的车辆荷载作用，因此基层应有足够的强度和刚度，基层也应有平整的表面，以保证面层厚度均匀、平整，基层还可能受到地表水和地下水的浸入，故应有足够的水稳定性，以防湿软变形而影响路面的结构强度。基层可采用水泥稳定类、石灰稳定类、石灰工业废渣稳定类以及级配碎砾石、填隙碎石或贫混凝土铺筑。当基层较厚时，应分为两层或三层铺筑，下层称为底基层，上层称为基层,中层视材料情况,可称为基层也可称底基层,选择基层材料时,为降低工程成本,应本着因地制宜的原则,尽可能使用当地材料。

3. 垫层

设在土基和基层之间,主要用于潮湿土基和北方地区的冻胀土基,用以改善土基的湿度和温度状况,起隔水(地下水和毛细水)、排水(基层下渗的水)、隔温(防冻胀)以及传递荷载和扩散荷载的作用。垫层材料不要求强度高,但要求水稳性能和隔热性能好,常用的垫层材料有沙砾、炉渣或卵圆石组成的透水性垫层和石灰土或石灰炉渣土组成的稳定性垫层。

4. 联结层

指为加强面层和基层的共同作用或减少基层裂缝对面层的影响,而设在基层上的结构层,经常被视为面层的组成部分。联结层一般采用颗粒较大的沥青稳定碎石、大粒径透水性沥青稳定碎石或沥青灌入式。

(三)路面的分类

从路面力学特性角度划分,传统的分法把路面分为柔性路面和刚性路面,随着科技的进步,又有了新的发展,路面分类进一步得到细化。

1. 柔性路面

是指刚度较小,抗弯拉强度较低,主要靠抗压和抗剪强度来承受车辆荷载作用的路面,其主要特点是刚度小,在车轮荷载的作用下弯沉变形较大,车轮荷载通过时路面各层向下传递到路基的压应力较大。

2. 刚性路面

是指路面板体刚度大,抗弯拉强度较高的路面,其主要特点是,抗弯拉强度高、刚度大,处于板体工作状态,竖向弯沉较小,传递给下层的压应力较柔性路面小得多。

3. 半刚性路面

我国公路科研工作者经过研究和探索,在20世纪90年代初提出半刚性路面的概念。我国在公路建设中大量使用了水泥稳定类、石灰稳定类和石灰粉煤灰稳定类材料做基层,这些基层材料随着龄期的增长,其强度和刚度也在缓慢地增长,但最终的强度和刚度仍远小于刚性路面,其受力特点也不同于柔性路面,以沙庆林院士为首的我国公路路面科研人员,将之称为半刚性路面基层,加铺沥青面层之后,称为半刚性路面。

4. 复合式基层路面

《公路沥青路面施工技术规范》中提出了混合式基层的概念,即上部使用柔性基层,下部使用半刚性基层的基层称为复合式基层,它的受力特点是处于半刚性基层和柔性基层中间的一种结构,可以提高柔性路面的承载能力,在加铺沥青面层之后,称之为复合式路面。

当前一个时期内国内大量使用了半刚性路面基层,半刚性基层的整体性好,但易形成温度裂缝和干缩裂缝，并经反射造成沥青面层开裂，水渗入后在行车荷载的作用下出现唧浆现象，进而形成公路路面的早期损坏。将半刚性基层用作下基层，上覆以柔性基层，成为复合式结构，不仅可以提高基层的承载力，也可以扩散半刚性基层裂缝产生的水平应力，进而截断反射裂缝向上传递的途径。同时，柔性基层多采用级配碎砾石结构，具有一定的排水功能，进一步完善基层边缘排水设计，应能起到预防路面早期破坏的效果。重交通量和多雨潮湿地区目前已开始混合基层的研究和实践。

二、路面施工的特点和基本要求

路面工程是直接承受行车荷载的结构，经受严酷的自然环境和行车荷载的反复作用，因此对路面工程也提出了更高的要求。

（一）路面施工的特点

1. 机械化程度高

随着经济的发展，机械制造业也发展迅速，各种类型、各种功能的路面施工机械相继出现，以前使用人工施工为主的路面施工已经转变为机械化施工为主、人工为辅的局面。如何更好地发挥机械性能，减轻人工的劳动强度，也是路面工程施工组织的重要内容。

2. 工程数量均匀，容易进行流水作业

一般情况下一个工程项目路面工程的结构类型和设计厚度是相同的或相近的，除交叉口和收费区范围外，每千米工程数量是均匀的，这使得采取流水作业法安排路面工程施工变得更加容易。

3. 路面施工材料相对比较均匀，更容易控制路面质量

采用细粒土的路面基层底基层材料，虽然也采取了因地制宜的原则，用沿线的土进行基层底基层施工，但相对于土石混合路基工程来讲，土质差别比较小，可以利用塑性指数的差别制定统一的质量控制标准来控制基层质量（如建立相同强度下，塑性指数与灰剂量的关系；或建立相同灰剂量情况下，塑性指数与最大干密度的关系等）。对于采取砂石材料进行施工的路面基层和面层，由于材料的产地相同，材质更加均匀，更容易用同样的质量标准来控制生产。

4. 与桥梁工程、台背回填、防护工程施工有相互干扰

在施工进度安排上，因桥梁工程、台背回填、防护工程的滞后影响基层施工时，可采取跳跃施工的方法；对于面层施工时，应已完成上述工作，不影响面层施工的连续性。

5. 废弃材料处理

应注意不对绿化工程、防护工程和水资源造成污染，必要时应采取环境保护措施。

6. 半刚性基层沥青路面的基层重排与面层的施工安排

半刚性基层沥青路面的基层重排与面层的施工安排，宜在同一年内施工，以减少半刚性基层的反射性裂缝和沥青面层的早期损坏。

（二）对路面工程的基本要求

一般说来，不同等级的公路对路面的使用品质具有不同的要求，主要表现在一定设计年限内允许通行的交通量和要求道路提供的服务等级。首先，路面在设计年限内通过预测交通量的情况下，路面应保持一定的承载能力和抗疲劳能力；其次，路面在风吹、日晒、雨淋、严寒、酷暑、冻融等复杂自然条件下，在设计年限内应保持一定的稳定性和耐久性；最后就是在设计年限内经过一定的养护管理，路面应具有与公路等级相适应的服务水平，为车辆行驶提供安全可靠、快捷舒适的服务。具体来说，对路面工程有以下要求：

1. 具有足够的强度和刚度

路面承受车辆在路面行驶时作用于路面的水平力、垂直力，并伴随着路面的变形（弯沉盆）和车辆的振动，受力模型比较复杂，会引起各种不同应力，如压应力、弯拉应力、剪应力等。路面的整体或结构的某一部分所受的力超出其承载能力，就出现路面病害，如断裂、沉陷等；在动载的不断作用下，进而出现碎裂和坑槽。因此必须保证路面整体和路面的组成部分具有足够的强度，包括修建路面的原材料，如砂石、水泥等，复合性材料，如水泥混凝土、沥青混凝土和路面结构本身。

刚度是指路面抵抗变形的能力，刚度不足时路面在车辆荷载的作用下也会产生变形、车辙、沉陷、波浪等破坏现象，因此要求路面具有足够的刚度，使路面整体和各组成部分的变形量控制在弹性变形范围内。

2. 具有足够的稳定性

路面结构裸露在自然环境之中，经受水和温度等影响，使其力学性能和技术品质发生变化，路面稳定性包括以下内容：①高温稳定性：在夏季高温条件下，沥青材料如没有足够的抗高温的能力，会发生泛油、面层软化，在车辆荷载的作用下产生车辙、波浪和推挤，水泥路面则可能发生拱胀开裂。②低温抗裂性：冬季低温条件下，路面材料如没有足够的抗低温能力，会出现收缩、脆化或开裂，水泥路面也会出现收缩裂缝，气温骤变时出现翘曲而破坏。③水温稳定性：雨季路面结构应有一定的防水、抗水或排水能力，否则在水的浸泡作用下，强度会下降，甚至出现剥离、松散、坑槽等破坏。

3. 具有足够的平整度

路面应有良好的平整度，不平整的路面会使车辆颠簸，行车阻力增加影响行车安全和司乘舒适，加剧路面和车辆的损坏，因此，路面应具有与公路等级相适应的平整度。

4. 粗糙度和抗滑性能

路面表层直接接触车轮，路面表层应有一定的粗糙度和抗滑性能，车轮和路面表层间应有足够的附着力和摩擦阻力，保证车辆在爬坡、转弯、制动时车轮不空转或打滑，路面抗滑性不仅对行车安全十分重要，而且对提高车辆的运营效益也有重要意义。

5. 耐久性

阳光的曝晒、水分的浸入和空气氧化作用都会对路面结构和材料产生作用，尤其是沥青材料会出现老化，并失去原有的技术品质，导致路面开裂、脱落，甚至大面积的松散破坏。因此在路面修筑时，应尽可能选用有足够抗疲劳、抗老化、抗变形能力的路用材料，以提高路面的耐久性，延长路面的使用寿命。

6. 尽可能低的扬尘性

汽车在路面上行驶，车身后及轮胎后产生的真空吸力作用将吸引路面表层或其中的细颗粒料而引起尘土飞扬，造成污染并影响行车视距，给沿线居民卫生和农作物造成不良影响，尤其以砂石路面为甚。所以除非在交通量特别小或抢修临时便道的情况下，一般不要用砂石路面结构。

7. 具有尽可能低的噪声

噪声污染也影响居民的正常生活，穿越居民区的公路路面可采用减噪混凝土，以降低噪声。

三、路面施工用材料

路面工程施工中，材料起着至关重要的作用，有些新建公路路面工程出现早期破坏，材料质量是最重要的影响因素。路面结构层所用材料应满足强度、稳定性和耐久性等要求。路面施工需用材料广泛，物理力学性能各异，有些材料适用于路面基层，有些材料适用于路面面层，也有些材料既可用于基层又可用于面层，但技术要求和力学性能指标略有不同，以下对路面工程所用的主要工程材料的分类和基本要求进行分述。

（一）路面材料的分类

路面材料从工程质量控制角度出发，应对集料、结合料质量进行监控，同时也应对路面混合料及辅助材料进行质量监控，只有这样才能更好地保证路面工程质量。

（二）路面材料的基本要求

路面用材料种类繁多，需求量大。路面各结构层使用的材料均应满足强度、稳定性和耐久性的要求，以保证路面各层次质量。选择路面用材料时也应依照因地制宜的原则，但更重要的是各类路面材料必须符合路面各结构层次的技术要求。

1. 基层底基层用材料

（1）水泥

普通硅酸盐水泥、矿渣硅酸盐水泥和火山灰质硅酸盐水泥均可用作基层结合料，但宜选用终凝时间较长的水泥。

（2）石灰

石灰质量应符合《建筑生石灰》和《建筑消石灰》规定的合格以上级的生石灰或消石灰的技术指标。

（3）细粒土

无机结合料稳定的细粒土，其技术要求应符合规定。

（4）中粗粒土

级配碎石、未筛分碎石、沙砾、碎石土、煤矸石、沙砾土均可作为路面基层材料，其颗粒直径不宜大于37.5 mm。集料压碎值：高速公路和一级公路按结构层次和结构类型一般应不大于30%，一级公路一般不大于30%～35%，二级及以下公路一般不大于35%～40%。

2. 沥青面层用材料

（1）道路石油沥青

第一，道路石油沥青的质量应符合规范规定的技术要求。经建设单位同意，沥青的PI值、60℃动力黏度、15℃延度可作为选择性指标。

第二，沥青路面采用的沥青标号，宜按照公路等级、气候条件、交通条件、路面类型及在结构层中的层位及受力特点、施工方法等，结合当地的使用经验，经技术论证后确定。

（2）乳化沥青

第一，乳化沥青适用于沥青表面处置路面、沥青灌入式路面、冷拌沥青混合料路面，修补裂缝，喷洒透层、黏层与封层等。

第二，乳化沥青的质量应符合相关规范的规定。

第三，乳化沥青类型根据集料品种及使用条件选择。阳离子乳化沥青可适用于各种集料品种，阴离子乳化沥青适用于碱性石料。乳化沥青的破乳速度、黏度宜根据用途与施工方法选择。

第四，制备乳化沥青用的基质沥青，对高速公路和一级公路，宜符合《道路石油沥青》中A、B级沥青的要求，其他情况可采用C级沥青。贮存期以不离析、不冻结、不破乳为度，宜存放在立式罐中，并保持适当搅拌。

（3）液体石油沥青

第一，液体石油沥青适用于透层、黏层及拌制冷拌沥青混合料。根据使用目的与场所，可选用快凝、中凝、慢凝的液体石油沥青，其质量应符合相关规范规定。

第二，液体石油沥青宜采用针入度较大的石油沥青，使用前按先加热沥青后加稀释剂的顺序，掺配煤油或轻柴油，经适当的搅拌、稀释制成。掺配比例根据使用要求由试验确定。

（4）煤沥青

第一，道路用煤沥青的标号根据气候条件、施工温度、使用目的选用，其质量应符合相关规范的规定。

第二，各种等级公路的各种基层上的透层，宜采用T-1或T-2级，其他等级不符合喷洒要求时可适当稀释使用；三级及三级以下的公路铺筑表面处置或灌入式沥青路面，宜采用T-5、T-6或T-7级；与道路石油沥青、乳化沥青混合使用，以改善渗透性。

第三，道路用煤沥青严禁用于热拌热铺的沥青混合料，做其他用途时的贮存温度宜为

70~90℃，且不得长时间贮存。

（5）改性沥青

第一，改性沥青可单独或复合采用高分子聚合物、天然沥青及其他改性材料制作。

第二，各类聚合物改性沥青的质量应符合相关规范的规定，当使用其他聚合物及复合改性沥青时，可通过试验研究制订相应的技术要求。

第三，改性沥青须在固定式工厂或在现场设厂集中制作，改性沥青的加工温度不宜超过180℃。

（6）粗集料

第一，沥青层用粗集料包括碎石、破碎砾石、筛选砾石、钢渣、矿渣等，但高速公路和一级公路不得使用筛选砾石和矿渣。粗集料必须由具有生产许可证的采石场生产或施工单位自行加工。

第二，粗集料应该洁净、干燥、表面粗糙，质量应符合规范的规定。当单一规格集料的质量指标达不到规范的要求，但按照集料配合比计算的质量指标符合要求时，工程上允许使用。对受热易变质的集料，宜采用经拌和机烘干后的集料进行检验。

第三，粗集料的粒径规格应按照规范的规定选用。破碎砾石应采用粒径大于50mm、含泥量不大于1%的砾石乳制，经过破碎且存放期超过6个月的钢渣可作为粗集料使用。钢渣在使用前应进行活性检验。要求钢渣中的游离氧化钙含量不小于3%，浸水膨胀率不小于2%。

（7）细集料

第一，沥青路面的细集料包括天然砂、机制砂和石屑，其规格应分别符合相关规范要求。

第二，细集料应洁净、干燥、无风化、无杂质，并有适当的颗粒级配。细集料的洁净程度，天然砂以小于0.075 mm含量的百分数表示，石屑和机制砂以砂当量（适用于0~4.75 mm）或亚甲蓝值表示。

第三，热拌密级配沥青混合料中天然砂的用量通常不应超过集料总量的20%，并且是在不得已情况下经试验论证后才可采用，SMA和OGFC混合料不得使用天然砂。

（8）填料

第一，沥青混合料的矿粉必须采用石灰岩或岩浆岩中的强基性岩石等憎水性石料经磨细得到的矿粉，原石料中的泥土杂质应除净。矿粉应干燥、洁净，能自由地从矿粉仓流出，其质量应符合相关规范的规定。

第二，拌和机的粉尘严禁回收使用。

第三，粉煤灰作为填料使用时，用量不得超过填料总量的50%，粉煤灰的烧失量应小于12%，与矿粉混合后的塑性指数应小于4%，其余质量要求与矿粉相同。高速公路、一级公路的沥青面层不宜采用粉煤灰做填料。

3. 水泥路面用材料

（1）水泥

第一，各等级公路均宜优先选用旋窑生产的道路硅酸盐水泥，确有困难时或中轻交通路面可以使用立窑水泥，低温天气施工或有快速通车要求的路段可采用R型早强水泥。各交通等级路面用水泥的抗折强度、抗压强度应符合规范的规定。

第二，水泥进场时每批量应附有化学成分、物理、力学指标合格的检验证明。各交通等级路面所使用水泥的化学成分、物理性能等品质要求应符合规范的规定。

第三，采用机械化铺筑时，宜选用散装水泥。散装水泥的夏季出厂温度：南方不宜高于65℃，北方不宜高于55℃；混凝土搅拌时的水泥温度：南方不宜高于60℃，北方不宜高于50℃，且不宜低于10℃。

第四，当混凝土和碾压混凝土用作基层时，可使用各种硅酸盐类水泥。不掺用粉煤灰时，宜使用强度等级32.5级以下的水泥。掺用粉煤灰时，只能使用道路水泥、硅酸盐水泥和普通水泥，水泥的抗压强度、抗折强度、安定性和凝结时间必须检验合格。

（2）粉煤灰及其他掺合料

第一，混凝土路面在掺用粉煤灰时，应掺用质量指标符合规定的磨细粉煤灰，不得使用3级粉煤灰。贫混凝土、碾压混凝土基层或复合式路面下面层应掺用符合规定的3级或3级以上粉煤灰，不得使用等外粉煤灰。

第二，粉煤灰宜采用散装灰，进货应有等级检验报告，并了解所用水泥中已经加入的掺合料种类和数值。

第三，路面和桥面混凝土中可使用硅灰或磨细矿渣，使用前应经过试配检验，确保路面和桥面混凝土弯拉强度、工作性、抗磨性、抗冻性等技术指标合格。

（3）粗集料

第一，粗集料应使用质地坚硬、耐久、洁净的碎石、碎卵石和卵石，并应符合规范的规定。高速公路、一级公路、二级公路及有抗（盐）冻要求的三、四级公路混凝土路面使用的粗集料级别应不低于2级，无抗（盐）冻要求的三、四级公路混凝土路面、碾压混凝土及贫混凝土基层可使用HI级粗集料。有抗（盐）冻要求时，1级集料吸水率不应大于1.0%；2级集料吸水率不应大于2.0%。

第二，用作路面和桥面混凝土的粗集料不得使用不分级的统料，应按最大公称粒径的不同采用2~4个粒级的集料进行掺配，并应符合合成级配的要求。卵石最大公称粒径不宜大于19.0 mm；碎卵石最大公称粒径不宜大于26.5mm；碎石最大公称粒径不应大于31.5 mm；贫混凝土基层粗集料最大公称粒径不应小于31.5 mm；钢纤维混凝土与碾压混凝土粗集料最大公称粒径不宜大于19.0mm。碎卵石或碎石中粒径小于75μm，石粉含量不宜大于1%。

（4）细集料

第一，细集料应采用质地坚硬、耐久、洁净的天然砂、机制砂或混合砂，并应符合规定。

高速公路、一级公路、二级公路及有抗（盐）冻要求的三、四级公路混凝土路面使用的砂应不低于 2 级，无抗（盐）冻要求的三、四级公路混凝土路面、碾压混凝土及贫混凝土基层可使用 3 级砂。特重、重交通混凝土路面宜使用河砂，砂的硅质含量不应低于 25%。

第二，细集料的级配要求应符合规定，路面和桥面用天然砂宜为中砂，也可使用细度模数在 2.0 ~ 3.5 的砂。同一配合比用砂的细度模数变化范围不应超过 0.3，否则应分别堆放，并调整配合比中的砂率后使用。

第三，路面和桥面混凝土所使用的机制砂还应检验砂浆磨光值，其值宜大于 35，不宜使用抗磨性较差的泥岩、页岩、板岩等水成岩类母岩生产机制砂。配制机制砂混凝土应同时掺入高效减水剂。

第四，在河砂资源紧缺的沿海地区，二级及二级以下公路混凝土路面和基层可使用淡化海砂，缩缝设传力杆混凝土路面不宜使用淡化海砂，钢筋混凝土及钢纤维混凝土路面和桥面不得使用淡化海砂。淡化海砂带入每立方米混凝土中的含盐量不应大于 1.0 kg，碎贝壳等甲壳类动物残留物含量不应大于 1.0 kg。

（5）水

饮用水可直接用作混凝土搅拌和养护用水。如果有质疑，检验硫酸盐含量小于 0.0027 mg/m 立方米，含盐量不得超过 0.005 mg/m 立方米，pH 值不得小于 4，合格后方可使用。

（6）外加剂

第一，外加剂的产品质量应符合各项技术指标。供应商应提供有相应资质外加剂检测机构的品质检测报告，检验报告应说明外加剂的主要化学成分，认定对人员无毒副作用。

第二，引气剂应选用表面张力降低值大、水泥稀浆中起泡容量多而细密、泡沫稳定时间长、不溶残渣少的产品。有抗冰（盐）冻要求地区，各交通等级路面、桥面、路缘石、路肩及贫混凝土基层必须使用引气剂；无抗冰（盐）冻要求地区，二级及二级以上公路路面混凝土中应使用引气剂。

第三，各交通等级路面、桥面混凝土宜选用减水率大、坍落度损失小、可调控凝结时间的复合型减水剂。高温施工宜使用引气缓凝（保塑）（高效）减水剂；低温施工宜使用引气早强（高效）减水剂。选定减水剂品种前，必须与所用的水泥进行适应性检验。

第四，处在海水、海风、氯离子、硫酸根离子环境或冬期洒除冰盐的路面或桥面钢筋混凝土、钢纤维混凝土中宜掺阻锈剂。

（7）钢筋

各交通等级混凝土路面、桥面和搭板所用钢筋网、传力杆、拉杆等钢筋应符合国家有关标准的技术要求。所用钢筋应顺直，不得有裂纹、断伤、刻痕、表面油污和锈蚀。传力杆钢筋加工应锯断，不得挤压切断；断口应垂直、光圆，用砂轮打磨掉毛刺，并加工成 2 ~ 3 mm 圆倒角。

（8）钢纤维

用于公路混凝土路面和桥面的钢纤维应满足《混凝土用钢纤维》的规定，单丝钢纤维抗拉强度不宜小于 600 MPa。钢纤维长度应与混凝土粗集料最大公称粒径相匹配,最短长度宜大于粗集料最大公称粒径的 1/3；最大长度不宜大于粗集料最大公称粒径的 2 倍；钢纤维长度与标称值的偏差不应超过 ±10%。

路面和桥面混凝土中,宜使用防锈蚀处理的钢纤维和有锚固端的钢纤维,不得使用表面磨损前后裸露尖端导致行车不安全的钢纤维和搅拌易成团的钢纤维。

（9）接缝材料

①胀缝板

宜选用适应混凝土面板膨胀和收缩、施工时不变形、弹性复原率高、耐久性好的产品。高速公路、一级公路宜采用塑胶、橡胶泡沫板或沥青纤维板,其他公路可采用各种胀缝板。

②填缝材料

填缝材料应具有与混凝土板壁黏结牢固、回弹性好、不溶于水、不渗水,高温时不挤出、不流淌、抗嵌入能力强、耐老化龟裂、负温拉伸量大、低温时不脆裂、耐久性好等性能。

四、路面施工的基本方法

路面工程是层状结构,路面工程施工的共同点是几乎所有的路面结构（手摆拳石和条石路面等结构除外）都需要拌和混合料、摊铺和压实三道工序,路面工程施工主要有三种方法：人工搅拌法、机械搅拌法、厂拌机铺法。

（一）人工搅拌法

20 世纪 80 年代以前路面工程施工主要采取这种方法,人工摊土（石料）、人工拌和、简易机械压实,基层施工主要有人工翻拌法、人工筛拌法等,沥青面层施工主要有沥青灌入式和人工冷拌沥青混合料、使用炒盘人工拌和沥青混合料等。其主要的特点是：用工数量大,劳动强度大,工作效率低,工程质量受人为因素影响大,且质量不稳定,安全生产和防护措施比较严格,安全生产难度大。

（二）机械搅拌法

20 世纪 80 年代以后,我国开始引进德国生产的宝马牌搅拌机,路面基层施工开始机械搅拌法为主的施工方法,其操作是以人工或机械分层摊铺各种路用材料,然后用搅拌机械拌和,整形后碾压成形,也是目前路面底基层和二级以下公路路面基层常用的施工方法。其主要特点是：用人工数量大大减少,混合料拌和质量较好,但如不严控拌和深度,易出现素土夹层。对于高速公路和一级公路除直接和土基相邻的路面底基层外,不宜采用机械搅拌法施工,而应采取厂拌机铺法施工。

（三）厂拌机铺法

随着高速公路的快速发展,无机结合料稳定粒料路面基层得到广泛的应用,这种结构多使用厂拌机铺法,此外,沥青碎石和沥青混凝土路面的施工,水泥混凝土路面的施工,也采用厂拌机铺法,即用专门的厂拌机械拌制混合料,用专门的摊铺机械摊铺路面的施工方法。其主要特点是:机械化程度高,混合料配比准确,厚度控制、高程控制比较直观,但需要大量的自卸运输车辆。

五、路面工程试验路段

在进行大面积施工之前,修筑一定长度的试验路段是很必要的,在高速公路与一级公路的工程实践中,施工单位通过修筑试验路段,进行施工优化组合,把施工中存在的问题找出来,并采取措施予以克服,提出标准的施工方法和施工组合用来指导大面积施工,从而使整个工程施工质量高、进度快。

修筑试验路段的任务是:检验拌和、运输、摊铺、碾压、养生等拟投入设备的可靠性;检验混合料的组成设计是否符合质量要求及各道工序的质量控制措施;提出用于大面积施工的材料配比和松铺系数;确定每一作业段的合适长度和一次铺筑的合理厚度;对于沥青混合料还应提出施工温度的保障措施,水泥稳定类混合料还应提出在延迟时间内完成碾压的保证措施等;最后确定标准施工方法。标准施工方法主要内容应包括:集料与结合料数量的控制与计量方法;摊铺方法;合适的拌和方法:拌和深度、拌和速度、拌和遍数;混合料最佳水量控制方法;沥青混合料油石比的控制方法;整平和整形的合适机具与方法;平整度及厚度的控制方法;压实机械的组合、压实顺序、速度和遍数;压实度的检查方法和对比试验,机械的选型与配套,自卸车辆与摊铺机械的配合等。

第二节 路面基层施工技术

路面基层可以分为无机结合料稳定类、粒料类和沥青碎石类。无机结合料稳定类又称为半刚性基层,包括水泥稳定类、石灰稳定类和石灰工业废渣稳定类等;粒料类常分为嵌锁型和级配型等,如填隙碎石、级配碎石、级配砾石等;沥青碎石类分为骨架密实型和骨架空隙型,如 ATB 和 LSPM 等。

一、无机结合料稳定类路面基层施工技术

(一)概述

在粉碎的或原状松散的土中掺入一定数量的无机结合料(包括水泥、石灰和工业废渣)和水,经拌和得到的混合料在压实与养生后,其抗压强度指标符合规定要求的路面结构层称为无机结合料稳定类基层。无机结合料稳定类基层具有稳定性好、抗渗性能强、结构层

自身成板体等特点，但其抗裂性能差。无机结合料稳定细料土广泛用于修筑高等级公路路面底基层和其他等级公路的路面基层，无机结合料稳定粒料被用于高等级路面的基层结构，无机结合料稳定类材料的刚度介于柔性路面材料和刚性路面材料之间，常被称为半刚性材料，以该种材料修筑的基层称为半刚性路面基层。

无机结合料一般采用水泥、石灰和工业废渣（如粉煤灰）等，采用水泥稳定的称为水泥稳定土，采用石灰稳定的称为石灰稳定土，采用石灰和工业废渣综合稳定的称为石灰工业废渣稳定土。各种不同的稳定材料有不同的强度要求，各稳定混合料的配合比应通过组成设计及相关试验确定。

无机结合料稳定类基层可以采取搅拌法，也可以采取厂拌法，一般规定：对于二级以下的公路，无机结合稳定类基层和底基层可以采用搅拌法施工；对于二级公路应采用专门的稳定土拌和机或使用集中厂拌法制备混合料；对于高速公路和一级公路直接铺筑在土基上的底基层下层，可以使用稳定土拌和机进行搅拌法施工，当土基上层已用石灰或固化剂处理时，底基层的下层也宜用集中厂拌法拌制混合料，其上的各稳定土层都应采取集中厂拌法拌制混合料，并用摊铺机摊铺基层混合料。

（二）半刚性路面基层混合料组成设计

施工时应根据每个结构层的特点，选用符合规范的优质材料。配合比设计所使用的材料和路面基层施工所用材料必须一致。

1. 无机结合料稳定类基层混合料组成设计的一般原则

混合料组成设计所要达到的目标是：碎石级配合理，胶结料含量合适，混合料的强度符合设计要求，有良好的抗裂、抗水害、抗疲劳、耐冻性能，同时能够进行准确的生产控制，易于铺筑和压实，而且比较经济。结合料的剂量较低，不能达到设计强度时，规范称之为改善土，集料应有较好的级配，传统习惯认为，集料数量以达到靠拢而不紧密为原则，其空隙让无机结合料填充，形成各自发挥优势的稳定结构。最近的一些省市研究和试验，将骨架密实型结构引入半刚性基层混合料，取得了减少裂缝、提高强度的良好效果。半刚性路面基层材料结合料和集料种类繁多，应以就地取材、节约工程成本为前提，并根据混合料组成设计，求得组成合理、经济实用的效果。

2. 无机结合料稳定类混合料规定的抗压强度

现行混合料组成设计的主要内容是：通过试验选取适宜于半刚性基层的材料，确定满足强度要求的集料和其他材料的配比，确定混合料的最大干密度和最佳含水量。

3. 无机结合料稳定类混合料组成设计方法步骤

（1）从沿线料场或计划使用的远运料场选取有代表性的试样，并进行原材料试验，以判定这种材料可否使用于该工程。试验项目包括：颗粒分析；液限和塑性指数；相对密度；击实试验；碎石或砾石的压碎值；石灰的有效钙和氧化镁含量；水泥的标号和初、终凝时间；粉煤灰的化学成分、细度和烧失量；必要时要对土样的有机质含量和硫酸盐含量进行检测。

（2）根据强度标准和以往的工程经验选择无机结合料的剂量范围，并通过上述原材料的试验，级配差的碎石、碎石土、沙砾、沙砾土等宜首先考虑改善其级配。

（3）《公路路面基层施工技术规范》对各种无机结合料稳定类的颗粒组成范围有细致的规定，在进行混合料组成设计和施工中应遵守这一规定。

（三）搅拌法施工工艺

在路面基层稳定土混合料的搅拌和摊铺施工中，广泛采用搅拌法和厂拌法施工工艺，选用哪种方法，应根据公路施工技术规范要求及施工单位拥有的机械设备来决定。搅拌法施工仅适用于二级及以下公路以及高速公路、一级公路直接铺筑在土基上的底基层。这里叙述其施工工艺流程时，以水泥石灰综合稳定类为例，其工艺流程为：

1. 准备下承层

下承层的表面应平整、坚实，具有规定的路拱，下承层的平整度、压实度、标高、横坡、弯沉（如为路基顶面）等应符合《公路工程质量检验评定标准》和招标文件相应条款的规定。下承层如出现表层过于现象，应适当洒水，如土过湿，应采取挖开晾晒、换土、掺石灰或水泥等措施进行处理。下承层出现的表层松散和局部松散，如下承层为土基，可直接洒水压实；如下承层为底基层，应开挖掺拌新结合料后夯实或压实。下承层出现的低洼和坑洞，应仔细填压并压实，下承层出现的搓板和辙槽应刮除。槽式断面的路段应在两侧路肩上每隔一定距离（5~10m）交错开挖泄水沟，以便及时排除雨季降水。

2. 施工放样

在下承层上恢复中线、直线段每15~20 m设一桩，曲线段每10~15 m设一桩，并在两侧路肩边缘外设指示桩。在中桩和两侧指示桩标记出运输摊铺路用材料的松铺标高。

3. 备素土、集料

第一，采用老路面或土基上部材料做铺筑材料时，应首先清出垃圾、石块等杂物，翻松老路面或土基上部，至路基顶面标高，并使土块破碎到要求粒径，初步按设计路拱和预计的松铺厚度整形。

第二，采用料场的土（含细粒土和中、粗粒土）时，应首先将料场的草皮、树木和杂土清理干净，筛除超粒径的颗粒，使之满足最大颗粒要求，塑性指数大于15的黏性土，可视土质和机械性能确定是否需要过筛。在料场预定的深度挖土的，不应分层开挖，尽可能一次开挖土层全厚，如果夹有不合格材料应将不合格材料弃用。

第三，计算土或集料用量，根据稳定土的设计厚度、宽度及预定的干密度计算干燥土或集料用量，根据料场的含水量和运料车辆的吨位，计算每车料对应的卸料距离或卸料面积，在同一料场供料的路段内，由远到近将料按上述计算距离或面积卸置于下承层表面的中间或两侧。

第四，当集料采用多种不同规格的碎石需按比例掺配时，上述备料方法不易控制级配，可计算出不同规格的碎石在每延米的体积，备料时各规格碎石分别运铺，运到后首先码成一个三角形断面或梯形断面的料带，断面尺寸根据该规格材料用量、该材料之松方干密度及材料堆自然休止角（决定三角形断面的坡度）计算求得，然后机械或人工摊铺在道路的全断面上，铺完一种规格，用小型压路机或链轨车稳定1~2遍，再运另一种规格的碎石，直至全部材料运铺完成。上述方式称为层铺法。二灰稳定类搅拌法施工时，除集料外还有粉煤灰和石灰，也采取这种方法运铺各种路用材料。

第五，摊铺土或集料的注意事项：

①应事先通过试验确定土和集料的松铺系数，可用人工或摊土机配合平地机进行摊铺，不论采用人工或是机械摊铺，都应将土或集料均匀地摊铺在预定的宽度上，表面力求平整，并有规定的路拱。

②摊铺过程中，应将大的土块、石块和超尺寸颗粒的杂物拣除，检验松铺层的厚度，应符合预计要求，除洒水车辆外应禁止其他车辆在土层上通行，洒水车亦尽可能在便道上通行，使用侧喷法洒水。

4. 洒水闷料

如已整平的土含水量过小，应在土层上洒水闷料，洒水应均匀，防止出现局部水分过多的现象，细粒土应经一夜闷料，中、粗粒土视其中细料含量的多少，可缩短闷料时间，综合稳定土和二灰稳定土也可在拌和后再行闷料，水泥稳定土应预先闷料。

5. 整平和轻压

土层经整形后，使用轻型压路机或链轨车稳压1~2遍，使其表面平整，并有一定的压实度。

6. 消解石灰

石灰应在临时料场集中堆放，临时料场应选择在公路两侧，临近水源且地势较高的地方。生石灰应在使用前7~10天充分消解，对于氧化镁含量比较高的镁质石灰，应在使用前10~15天消解。每吨石灰消解用水一般在500~800 kg，消解后的石灰应保持一定湿度，以免过湿成团，更应避免过干飞扬，消解时应注意加水的均匀性，消解石灰应注意以下两个问题：

第一，料堆不宜太高，宜在0.8~1.2 m，太高的料堆底部进水困难，消解不完全，消解湿胀后，料堆太高，影响使用安全。

第二，消解时为消解充分，在加水的同时使用机械翻倒，消解后的石灰应过10mm筛，并尽快使用，减少消石灰的有效转镁含量损失。

7. 运输和摊铺石灰

根据稳定土的设计厚度和混合料组成设计确定的石灰剂量以及击实试验确定的最大干密度，计算出该稳定土基层每1m²所需的石灰用量，进而计算出每车石灰对应的摊铺面积，使用袋装生石灰粉时则可计算出每袋石灰的摊铺面积，计算出每车或每袋石灰对应的纵横间距，并确定卸放位置。在规定卸放位置做卸放石灰的标记，并划出摊铺每车或每袋石灰的边线。按规定位置卸放石灰，用刮板将石灰均匀摊开，并量测石灰的松铺厚度，根据石灰的松方密度，校核石灰用量是否合适。

在具体操作中，将每车石灰的装载质量控制得完全一致十分困难，小型机动农用三轮自卸车在某些地区因方便灵活，价格便宜，在运铺石灰环节得到了大量应用，石灰的用量采取体积法来控制。根据稳定土基层的厚度、宽度、石灰剂量计算每延米石灰质量，并根据试验的松方干密度计算出每延米的石灰体积，根据路面宽度采取三角形断面沿中线或两侧，卸成 1~3 条不间断的石灰料带，然后人工或使用平地机摊铺。石灰也可使用粉料撒布机直接撒布。

8. 拌和（第一次）

对于二级及以上公路应使用专用的稳定土拌和机进行拌和，并设专人跟机检查拌和深度及拌和质量，并配合拌和操作手调整拌和深度，拌和深度检查宜开挖检查，每 5~10 m 应挖一检查坑，有些单位使用钢杆插检拌和深度，不能发现素土夹层，是不可取的。拌和深度应达到稳定层底并宜超拌下承层 5~10 mm，以利于上下层的黏结，严禁在拌和层底部留有素土夹层。通常拌和应在 2 遍以上，对发现素土夹层的部位，可使用多铧犁紧贴下承层表面翻拌一遍，然后使用专用拌和机复拌。直接铺在土基上的拌和层也应避免素土夹层。

对于三级及以下公路，也应尽量使用专用拌和机械拌和，在没有专用拌和机械的前提下，可使用农用旋耕机和多铧犁或平地机相配合拌和，但应特别注意拌和质量，包括拌和的均匀程度，土颗粒的最小粒径等，拌和过程中，应及时检查混合料的含水量，含水量应当均匀，并宜控制在略大于最佳含水量，拌和时，还应安排人工配合拣出超尺寸的颗粒，消除粗细颗粒"窝"及局部过分潮湿或过分干燥之处。拌和完成后，混合料应色泽一致，没有灰条、灰团和花面，没有明显粗细集料离析现象。

9. 稳压、洒水、整形

混合料拌和均匀后，应立即用平地机初步整形，在直线段和不设超高的平曲线段，平地机由道路两侧向路中心进行刮平；在设有超高的平曲线段，由内侧向外刮平，然后使用链轨拖拉机或轮胎压路机在初平的路段上快速碾压一遍，以暴露出潜在的不平整，再用平地机按上述方法进行整形，整形前使用齿耙将轨迹低洼处表层 5 cm 以上耙松、整形后再使用前述方法再次碾压，对于局部低洼处，应先耙松表层 5 cm 以上，再用新混合料找平，之后再次稳压找平。每次整形都应达到规定的坡度和路拱。也可采取人工挂线的方法整形，再使用路拱板来回拖拉几趟，整形并稳压后，如含水量低于最佳含水量范围，可再次洒水。

10. 运铺水泥

搅拌法施工时，宜使用袋装水泥。首先根据路面基层的设计厚度及通过试验求得的最大干密度和水泥剂量，计算出每平方米需要的水泥剂量，然后计算出每袋水泥对应的摊铺面积，确定水泥摆放的纵横间距，并用石灰粉划格，每格内摆放一袋水泥，方格应呈矩形，长宽比应接近于 1∶1，以利于摊铺。水泥宜当日直接运送到摊铺路段，当天摆放，摆放完成破袋摊铺，摊铺时应使用刮板将水泥均匀摊开，每袋水泥正好铺满各自对应的方格，做到厚度均匀，没有空白位置，也没有过分集中的部位。水泥摊铺也可使用粉料撒布机进行撒布摊铺，使用粉料撒布机撒布时应使用散装水泥，并应注意在大风季节采取措施防止污染周边的植被。

11. 拌和（第二次）

与上述工序 8 拌和要求相同，注意与上次拌和基本等厚，以使水泥均匀地掺拌到混合料中。

12. 整形

与上述工序 9 要求相同，此时含水量应已经两次调整，已基本在最佳含水量范围，故一般不需再次洒水。

13. 碾压

整形后，即可组织碾压机械进行碾压，碾压时混合料的含水量应略大于最佳含水量 1%～2%。碾压应遵循先轻后重，先慢后快，先两边后中间（直线段和不设超高的曲线段，设超高的曲线段，曲线内侧向曲线外侧）先静压后振压的原则进行碾压。碾压时，每次重轮应重叠 1/2 轮宽，重轮压完路面全宽即为一遍，一般需碾压 6～8 遍，压路机的碾压速度，头两遍宜采用 1.5～1.7 km/h，以后可加快至 2.0～2.5 km/h，应禁止压路机在正在碾压或已完成的路段调头或急刹车。

碾压过程中，应保持表面湿润，如水分蒸发过快时，可及时补洒少量的水，使表面潮湿，但禁止出现水流。碾压过程中，如遇有"弹簧"、起皮、松散等现象，应及时翻松并重新添加适当的稳定材料，重新拌和，然后一起压实。碾压完成前，应迅速地检测标高和横坡，对于高出设计标高的部位，可用平地机刮除，并扫出路外，对于局部低洼处，不再进行找补，留待铺筑其上层次时处理。

水泥稳定类混合料从掺拌水泥到碾压完成的时间，称为延迟时间，虽然在配合比设计和施工时选用了终凝时间较长的水泥，但是水泥是一种速凝性材料，施工时应在试验确定的延迟时间内完成碾压。碾压完成后，混合料基层应达到要求的压实度，且在表面没有明显的轨迹。

14. 接缝和调头处的处理

（1）横向接缝

同日施工的两工作段的衔接处应采用搭接，即前一段拌和整形后，留 5～8m 不进行碾压，后一段施工时，前段留下的未碾压部分再加部分水泥重新拌和，并与后一段一起碾压。

第二天摊铺并完成拌和作业之后，移去方木，用人工补充拌和靠近方木未能拌和的一小段，并用混合料回填不足的部分，和正常施工段一起整形，新整形的接缝处应高出已完成断面 3～5 cm，以利于形成一个平顺的接缝，碾压时应将接缝修整平顺。

（2）纵向接缝

稳定土基层施工时，应该避免纵向施工，确因无法封闭交通等原因，必须分两幅施工时，纵缝必须垂直相接，禁止斜接。纵向接缝可按下述方法处理：在前一幅施工时，在靠近中央一侧用方木和钢模板支撑，方木或钢模板的高度与稳定土层的压实厚度相同。然后进行摊铺拌和等作业，拌和结合后，靠近支撑模板（木）的部位，人工补充拌和，然后整形碾压。养生结束后，拆除支撑模板，在后一幅施工时，结束后，靠近第一幅的部分，应人工进行补充拌和，然后整形碾压。

15. 养生

稳定土养生应保持一定的湿度，不得忽干忽湿，养生期不得少于7天，养生宜采取覆盖措施。可使用草帘、麦草或湿砂进行覆盖，并经常性洒水，使之保持湿润，不得采用湿黏土覆盖，避免形成素土夹层。上下两层采用相同的稳定材料时，也可在下层完成后的第二天即着手进行上层的摊铺，利用上层对下层养生，但应注意在运铺材料过程中对下层进行保护，防止运输机械破坏下层。

养生结束后，必须将覆盖物清除干净，虽然养生达到7天，但如果不能及时进行其上层次的施工，仍应保持基层的湿润状态，以减少干裂，并进一步促使基层强度的增长。

二、级配碎石基层施工

（一）材料要求

第一，轧制碎石的材料可以是各种类型的岩石（软质岩石除外）、圆石或矿渣。圆石的粒径应是碎石最大粒径的3倍以上；矿渣应是已崩解稳定的，其干密度和质量应比较均匀，干密度不小于960 kg/立方米。

第二，碎石中针片状颗粒的总含量应不超过20%，碎石中不应有黏土块、植物等有害物质。

第三，石屑或其他细集料可以使用一般碎石场的细筛余料，也可以利用乳制沥青表面处置和灌入式用石料时的细筛余料，或专门乳制的细碎石集料。也可以用天然沙砾或粗砂代替石屑。天然沙砾的颗粒尺寸应该合适，必要时应筛除其中的超尺寸颗粒。天然沙砾或粗砂应有较好的级配。

第四，级配碎石或级配碎砾石用作一级和二级以下公路的基层时，其颗粒组成和塑性指数应满足级配的规定。级配碎石用作高速公路和一级公路的基层时，其颗粒组成和塑性指数应满足级配的规定。同时，级配曲线宜为圆滑曲线。

第五，在塑性指数偏小的情况下，塑性指数与0.5 mm以下细土含量的乘积应符合下列规定：①在年降雨量小于600 mm的地区，地下水位对土基没有影响时，乘积不应大于120。②在潮湿多雨地区，乘积不应大于100。

（二）级配碎石搅拌法施工

1. 备料

根据各路段基层或底基层的宽度、厚度及规定的压实度，并按确定的配合比分别计算各段需要的未筛分碎石和石屑的数量，或不同粒级碎石和石屑的数量，计算每车料的堆放距离。未筛分碎石和石屑可按预定比例在料场混合，同时洒水加湿，使混合料的含水量超过最佳含水量约 1%。未筛分碎石的含水量较最佳含水量宜大 1% 左右。

2. 运输和摊铺集料

集料装车时，应控制每车料的数量基本相等。在同一料场供料的路段内，宜由远到近卸置集料。卸料距离应严格掌握，避免料不够或过多。未筛分碎石和石屑分别运送时，应先运送碎石。料堆每隔一定距离应留一缺口。集料在下承层上的堆置时间不应过长。

集料摊铺前先通过试验确定集料的松铺系数并确定松铺厚度。人工摊铺混合料时，其松铺系数为 1.40 ~ 1.50；平地机摊铺混合料时，其松铺系数为 1.25 ~ 1.35。

未筛分碎石摊铺平整后，在其较潮湿的情况下，将石屑按计算的距离卸置其上。用平地机辅以人工将石屑均匀摊铺在碎石层上，并摊铺均匀。用平地机或其他合适的机具将料均匀地摊铺在预定的宽度上，表面应力求平整，并具有规定的路拱，同时摊铺路肩用料。用不同粒级的碎石和石屑时，应将小碎石铺在下层，中碎石铺在中层，小碎石铺在上层。洒水使碎石湿润后，再摊铺石屑。

3. 拌和及整形

第一，用稳定土拌和机应拌和两遍以上。拌和深度应直到级配碎石层底，在进行最后一遍拌和之前，必要时先用多铧犁紧贴底面翻拌一遍。

第二，用平地机进行拌和，宜翻拌 5 ~ 6 遍，使石屑均匀分布于碎石料中。平地机拌和的作业长度，每段宜为 300 ~ 500 m。平地机刀片的安装角度宜符合要求。拌和结束时，混合料的含水量应均匀，并较最佳含水量大 1% 左右，同时应没有粗细颗粒离析现象。

第三，用缺口圆盘耙与多铧犁相配合拌和级配碎石时，用多铧犁在前面翻拌，圆盘耙紧跟在后面拌和，即采用边翻边耙的方法，共翻耙 4 ~ 6 遍。应随时检查调整翻耙的深度。用多铧犁翻拌时，第一遍由路中心开始，将混合料向中间翻，同时机械应慢速前进。第二遍从两边开始，将混合料向外翻。拌和过程中，应保持足够的水分。拌和结束时，混合料的含水量和均匀性应符合要求。

使用在料场已拌和的级配碎石混合料时，摊铺后混合料如有粗细颗粒离析现象，应用平地机进行补充拌和。用平地机将拌和均匀的混合料按规定的路拱进行整平和整形，在整形过程中，应注意消除粗细集料离析现象。用拖拉机、平地机或轮胎压路机在已初平的路段上快速碾压一遍，以暴露潜在的不平整，再用平地机进行整平和整形。

4. 碾压

经过整形后，当混合料的含水量等于或略大于最佳含水量时，立即用 12t 以上三轮压路机、振动压路机或轮胎压路机进行碾压。直线和不设超高的平曲线段，由两侧路肩开始向路中心碾压；设超高的平曲线段，由内侧路肩向外侧路肩进行碾压。碾压时，后轮应重叠 1/2 轮宽且后轮必须超过两段的接缝处。后轮压完路面全宽时即为一遍，碾压一直进行到要求的密实度为止。一般需碾压 6 ~ 8 遍，应使表面无明显轨迹，路面的两侧应多压 2 ~ 3 遍。压路机的碾压速度，头两遍以米用 1.5 ~ 1.7 km/h 为宜，以后用 2.0 ~ 2.5 km/h。

严禁压路机在已完成的或正在碾压的路段上调头或急刹车,凡含土的级配碎石层,都应进行滚浆碾压,一直压到碎石层中无多余细土泛到表面为止。滚到表面的浆(或事后变干的薄土层)应清除干净。

5. 横缝处理

两作业段的衔接处应搭接拌和。第一段拌和后,留 5～8m 不进行碾压,第二段施工时,前段留下未压部分与第二段一起拌和整平后进行碾压。

6. 纵缝处理

应避免纵向接缝。在必须分两幅铺筑时,纵缝应搭接拌和,前一幅全宽碾压密实,在后一幅拌和时,应将相邻的前幅边部约 30cm 搭接拌和,整平后一起碾压密实。

(三)级配碎石厂拌法施工

1. 拌和

级配碎石混合料可以在拌和站用多种机械进行集中拌和,如强制式拌和机、卧式双转轴桨叶式拌和机、普通水泥混凝土拌和机等。对用于高速公路和一级公路的级配碎石基层和底基层,宜采用不同粒级的单一尺寸碎石和石屑,按预定配合比在拌和机内拌制级配碎石混合料。不同粒级的碎石和石屑等细集料应隔离,分别堆放。细集料应有覆盖,防止雨淋。在正式拌制级配碎石混合料之前,必须先调试所用的厂拌设备,使混合料的颗粒组成和含水量都能达到规定的要求。在采用未筛分碎石和石屑时,如未筛分碎石或石屑的颗粒组成发生明显变化,应重新调试设备。

将级配碎石用于高速公路和一级公路时,应用沥青混凝土摊铺机或其他碎石摊铺机摊铺碎石混合料。摊铺机后面应设专人消除粗细集料离析现象。级配碎石用于二级和二级以下公路时,如没有摊铺机,也可用自动平地机(或摊铺箱)摊铺混合料。

2. 整形和碾压

用平地机摊铺混合料后的整形和碾压均与搅拌法施工相同。

3. 接缝处理

①横向接缝处理

用摊铺机摊铺混合料时,靠近摊铺机当天未压实的混合料,可与第二天摊铺的混合料一起碾压,但应注意此部分混合料的含水量。必要时,应人工洒水补充,使其含水量达到规定的要求。

②纵向接缝处理

应避免纵向接缝。如摊铺机的摊铺宽度不够,必须分两幅摊铺时,宜采用两台摊铺机一前一后相隔 5～8m 同步向前摊铺混合料。在仅有一台摊铺机的情况下,可先在一条摊铺带上摊铺一定长度后,再开到另一条摊铺带上摊铺,然后一起进行碾压。

在不能避免纵向接缝的情况下,纵缝必须垂直相接,不应斜接。在前一幅摊铺时,靠后一幅的一侧应用方木或钢模板做支承,方木或钢模板的高度与级配砾石层的压实厚度相同；在摊铺后一幅之前，将方木或钢模板除去。如在摊铺前一幅时未用方木或钢模板支承，靠边缘的 30cm 左右难以压实，而且形成一个斜坡，在摊铺后一幅时，应先将未完全压实部分和不符合路拱要求部分挖松并补充洒水，待后一幅混合料摊铺后一起进行整平和碾压。

三、级配砾石基层施工

（一）材料要求

第一，级配砾石用作基层时，砾石的最大粒径不应超过 37.5 mm；用作底基层时，砾石的最大粒径不应超过 53 mm。

第二，砾石颗粒中细长及扁平颗粒的含量不应超过 20%。

第三，级配砾石基层的颗粒组成和塑性指数应满足规定，同时级配曲线应为圆滑曲线在塑性指数偏大的情况下，塑性指数与 0.5 mm 以下细土含量的乘积应符合下列规定：①在年降雨量小于 600 mm 的中干旱和干旱地区，地下水位对路基没有影响时，乘积不应大于 120。②在潮湿多雨地区，乘积不应大于 100。

第四，当用于基层的在最佳含水量下制备的级配砾石试件的干密度与工地规定达到的压实干密度相同时，浸水 4 天的承载比值应不小于 160%。

第五，用作底基层的沙砾、沙砾土或其他粒状材料的级配，应位于范围内，液限应小于 28%，塑性指数应小于 9。

第六，当用作底基层的在最佳含水量下制备的级配砾石试件的干密度与工地规定达到的压实干密度相同时，浸水 4 天的承载比值在轻交通道路上应不小于 40%，在中等交通道路上应不小于 60%。

（二）级配砾石施工工艺

1. 级配砾石施工工艺流程为

准备下承层—施工放样—运输和摊铺集料—洒水拌和—整形—碾压。

2. 准备下承层和施工放样的有关要求

同半刚性搅拌法施工中的准备下承层和施工放样。

3. 运输和摊铺集料

集料装车时，应控制每车料的数量基本相等。同一料场供料的路段内，由远到近将料按计算的距离卸置于下承层上。材料用量应根据各路段基层或底基层的宽度、厚度及预定的干密度，计算各段需要的集料数量。如级配砾石用两种集料合成时，分别计算两种集料的数量；根据料场集料的含水量以及所用运料车辆的吨位，计算每车材料的堆放距离。卸料距离应严格掌握，避免料不够或过多。采用两种集料时，应先将主要集料运到路上，待主要集料摊铺后，再运另一种集料并摊铺。如粗细两种集料的最大粒径相差很多，应在粗集料处于潮湿状态下摊铺细集料。料堆每隔一定距离应留一缺口。集料在下承层上的堆置时间不宜过长。运送集料较摊铺集料工序宜只提前数天。

集料摊铺前,应通过试验确定集料的松铺系数,并确定松铺厚度。人工摊铺混合料时,其松铺系数为1.40~1.50;平地机摊铺混合料时,其松铺系数为1.25~1.35。用平地机或其他合适的机具将料均匀地摊铺在预定的宽度上,表面应力求平整,并有规定的路拱。应同时摊铺路肩用料。检查松铺材料层的厚度是否符合预计要求,必要时应进行减料或补料工作。

4. 拌和及整形

用平地机拌和时,每一作业段的长度宜为300~500 m。刀片的安装角度同级配碎石的要求。一般需拌和5~6遍。拌和过程中,用洒水车洒足所需的水分。使用符合级配要求的天然沙砾时,如摊铺后混合料有粗细颗粒离析现象,应用平地机进行补充拌和。用平地机将拌和均匀的混合料按规定的路拱进行整平和整形。用拖拉机、平地机或轮胎压路机在已初平的路段上快速碾压一遍,以暴露潜在的不平整。再用平地机进行整平和整形。拌和结束时,混合料的含水量应均匀,不超过最佳含水量1%。应无粗细颗粒离析现象。

用拖拉机牵引四铧犁或五铧犁进行拌和时,每一作业段的长度宜为100~150m。第一遍由路中心开始,将混合料向中间翻,同时机械应慢速前进。第二遍则应从两边开始,将混合料向外翻。拌和过程中,用洒水车洒足所需的水分。拌和遍数以双数为宜,一般需拌6遍。

第三节 路面工程施工质量监督

路面工程直接承受行车荷载,且暴露在大气之中,受风吹、日晒、雨淋和冻融等诸多自然条件的影响较大,强化路面施工质量管理是保证工程优质的最重要环节。只有强化施工过程中的质量管理,尤其是重点质量监控点的施工控制,才能更好地保证工程质量。

一、路面工程施工质量重点监控点

(一)路面基层(底基层)施工质量重点监控点

1. 搅拌法施工时,路面基层(底基层)应着重监控以下要点

①原材料的松铺厚度和摊铺的均匀程度。原材料包括土、碎石以及水泥、石灰、粉煤灰等结合料剂量的控制方法,保证配合比准确性的措施,EDTA滴定试验。②原材料的含水量检验。③拌和深度的控制方法,防止出现夹层的措施,拌和均匀性的检查。④高程与横坡度的施工控制。⑤压实机械的组合形式、碾压方法、碾压遍数和压实度的质量检验。⑥接头部位的处理,保证前后施工段的平整。⑦保湿养生。⑧水泥稳定类延迟时间的控制。⑨未成型基层的交通管制。

2. 厂拌法施工时，路面基层（底基层）应着重监控以下要点

①原材料质量，料场硬化，不同规格的石料隔离措施。②拌和机配合比的准确性，尤其是防止易结块的粉状料堵塞喂料斗的筛孔。③各种原材料的含水量检测和拌和加水量的调整，使混合料处于最佳含水量范围。④装运和卸料、摊铺过程中防止混合料离析。⑤摊铺过程中平整度控制，纵横向接缝的施工方法，联机摊铺时的相互配合。⑥碾压与养生。⑦施工便道畅通，保护未成型路段。

（二）沥青类路面施工质量重点监控点

①沥青的标号和质量指标及其适用的环境；乳化沥青的质量指标和其基质沥青的质量状况。②石料的强度，石料与沥青的黏附性，粗集料的颗粒形状、耐磨性能、压碎值等。③拌和机的结构与性能，与工程要求的适应程度。④配合比的检查与监控，沥青用量的检测。⑤温度监控包括沥青加热温度、石料加热温度、混合料出厂温度、摊铺温度、初压和终压温度的监控。⑥防止混合料离析的措施。⑦摊铺机与自卸汽车的配合，保证摊铺机均匀不间断地摊铺。⑧厚度的施工控制。⑨纵横向接缝的处理。⑩未冷却路面禁止通行，沥青灌入式或沥青表处的交通管制。

（三）水泥类路面施工质量重点监控点

①水泥、石料、砂的质量指标满足要求。②搅拌机的性能，包括产量、搅拌均匀性、配合比的准确性满足要求。③配合比的准确性检查、和易性检查，试件制作和强度试验。④摊铺、振捣、饰面等的控制，拉杆、传力杆的设置。⑤防止和避免混凝土离析的措施。⑥模板架设的顺直度、相邻模板的高差，模板架设的牢固程度，拆模时对路面板的保护。⑦胀缝制作。⑧切缝方法、切缝时间和填缝。⑨养生和交通管制。

二、安全施工

路面工程材料用量大，动用机械多，需要多个施工现场，且用水、用电、用油，安全生产存在的隐患点比较多，必须高度重视安全生产。

（一）料场、拌和场安全生产要点

①料场、拌和场的生产区和生活区要分开，整个场地有排污和排水设施。②电力线路要规范，临时用电线路应使用电缆线，并按规定架设或埋设。③油库、仓库应符合消防要求，配备必要的消防设施。④办公区如使用煤炉取暖，应有防止煤气中毒的措施。⑤施工管理人员应戴安全帽，吊臂下、传送带下禁止站人、禁止有人作业。⑥建立夜间值班制度，防火防盗。⑦进出口道路和场内运输设备运行线路减少相互干扰。⑧拌和设备检修或清理，必要时（如清理搅拌仓等）应切断电源。

（二）施工现场安全要点

①根据工程具体情况，设立施工标志、限速标志或禁行标志。②遵守机械操作规程，合理安排机械作业运行线路。③定期对设备进行保养和小修，保持机械的良好状态。④自卸卡车向前进的摊铺机械倒料时，应专人指挥、密切配合，禁止撞击摊铺机，运行过程中应轻踩自卸卡车的刹车，防止卡车滑溜。⑤热铺沥青混合料或洒布沥青时，操作人员配备必要的防护用品，防止烫伤。⑥消解和摊铺石灰、摊铺水泥，配备防护眼镜。大风天气，禁止摊铺石灰、水泥等易扬尘易污染环境的粉状物。⑦运输车辆应避免在陡坡停止、调头，运输车辆禁止急转弯、急刹车。

（三）消解石灰安全要点

消解石灰时，石灰体积膨胀2倍以上，并且散发大量热量，遇大风天气，尘粒飞扬，对周边环境和操作人员有较大影响。消解石灰时应注意以下几点：①生石灰不应堆得太高，宜保持在1.0m左右的高度。②尽可能使用石灰粉碎消解机进行消解。③人工消解时，操作人员应配备防护眼镜、防护手套、防护靴等。④操作人员应处在上风口，边翻拌边加水，尽可能使用挖掘机或装载机翻拌，人工翻拌，劳动强度大且易出现烫伤和眼角膜炎症。⑤加水量宜略大于化学反应计算所需水量的1.3~1.8倍，以消解充分、保持水分和防止扬尘。

（四）沥青洒布作业安全施工要点

①检查洒布车辆、洒布装置、防护、防火设施是否齐全有效。②沥青罐如果装运过乳化沥青，再次装运热沥青时，应缓慢小心加注，防止沥青泡沫对人身造成伤害。③使用加热喷灯、加热管线和沥青泵前，应首先封闭吸油管和进料口。④洒布车应中速行驶，弯道应提前减速，行驶时禁止使用加热系统。⑤喷洒作业前，应对路缘石、桥栏杆等进行遮挡，避免污染其他构筑物。⑥操作人员需配备安全防护设施，施工中注意自身安全。⑦质量检测和施工监理人员应站在上风口，喷洒方向10 m以内不得有人停留。

（五）沥青拌和站操作安全要点

①沥青拌和站应在燃料（燃油、煤）储存处设置必需的消防器材和消防设施，如灭火器、砂、铁锹等。

②用泵抽送热沥青进出油罐时，操作人员应远离，无关人员应避让，注入沥青的总数量应和油罐的设计容量相对应，不得超量注入。

③使用导热油加热时，加热炉应在加热前进行耐压试验，水压力不低于额定工作压力的2倍，导热油加热系统的泵、阀门系统和安全附件应符合安全要求，超压、超温报警系统应灵敏可靠。

④拌和站的各种设备，在运转前均应由机电和电脑操作人员仔细检查，确认正常后，开始按顺序启动。

⑤点火后，观察除尘器是否工作正常，必须保证烘干滚筒在正常负压下燃烧。

⑥拌和站启动后，各岗位操作人员要随时检查监督各部位运转情况，发现异常，及时报告机长，并及时排除故障。

⑦料斗下禁止站人，从料斗下经过或检修料斗时，必须将保险链挂好。

⑧滚筒或拌和仓清理检修时，必须切断电源，且在筒（仓）外始终有人监护。

⑨停机前，应首先停止进料，等各部位卸料完毕后才可以停机，再次启动时，不得带荷启动。

⑩紧急停车按钮，只能在涉及人员安全的紧急情况下使用，一旦使用后再次启动时，注意启动顺序。

第四章 桥梁下部结构施工技术

桥梁下部结构施工质量直接关系到桥梁的质量、工期等。桥梁下部结构施工技术主要包括模板配置、钢筋质量控制、混凝土质量控制等整体质量安全措施，对整个桥梁工程质量控制具有重要意义。只有控制好了桥梁下部结构的施工质量，才能为桥梁上部工程乃至整个桥梁工程施工打下好的基础。

第一节 桥梁基础施工技术

一、桥梁基础概述

（一）桥梁基础的概念

桥梁基础是桥梁结构物直接与地基接触的最下部分，是桥梁下部结构的重要组成部分。它直接坐落在岩石或土地基上，其顶端连接桥墩或桥台，合称为桥梁下部结构。

（二）桥梁基础的作用

桥梁基础的作用是承受上部结构传来的全部荷载，并把它们和下部结构荷载传递给地基。因此，为了全桥的安全和正常使用，要求地基和基础有足够的强度、刚度和整体稳定性，使其不产生过大的水平变位或不均匀沉降。

与一般建筑物基础相比，桥梁基础埋置较深，其原因是：①由于作用在基础上的荷载集中而强大，加之浅层土一般比较松软，很难承受住这种荷载，故有必要把基础向下延伸，使置于承载力较高的地基上；②对于水中墩台基础，由于河床受到水流的冲刷，桥梁基础必须有足够的埋深，以防冲刷基础底面（简称基底）而造成桥梁沉陷或倾覆事故。一般规定桥梁的明挖、沉井、沉箱等基础的基底按其重要性和维修加固难易，应埋置在河床最低冲刷线以下至少 2 ~ 5 米。对于冻胀土地基，基底应在冻结线以下至少 0.25 米。对于陆地墩台基础，除考虑地基冻胀要求外，还要考虑生物和人类活动及其他自然因素对表土的破坏，基底应在地面以下不小于 1.0 米。对于城市桥梁，常把基础顶置于最低水位或地面以下，以免影响市容。基顶平面尺寸应较墩台底的截面尺寸大，以利施工。

(三) 桥梁基础的分类

地基可分为天然地基和人工地基。可直接在其上修筑基础的地层称为天然地基；如天然地层土质过于软弱或有不良工程地质问题时，则需要经过人工加固或处理后才能修筑基础，这种地基称为人工地基。在一般情况下，应尽量采用天然地基。基础的类型，可按基础的刚度、埋置深度、构造形式及施工方法来分类。分类目的在于了解各种类型基础的特点，以便在设计时，根据具体情况合理地加以选用。

1. 按基础的刚度划分

按基础的刚度分类根据基础受力后的变形情况，可分为刚性和柔性基础。

受力后，不发生挠曲变形的基础称为刚性基础，一般可用抗弯拉强度较差的圬工材料（如浆砌块石、片石混凝土等）做成；这种基础不需要钢材，造价较低，但圬工体积较大，且支承面积受一定的限制。

受力后，容许发生较大挠曲变形的基础称为柔性基础或弹性基础，其通常须用钢筋混凝土做成。由于钢筋可以承受较大的弯拉应力和剪应力，所以当地基承载力较小时，采用这种基础可以有较大的支承面积。在桥梁工程中，一般情况下，多数采用刚性基础。

2. 按基础埋置深度划分

按基础埋置深度不同，可分为浅基础（5m 以内）和深基础两种。当浅层地基承载力较大时，可采用埋深较小的浅基础。浅基础施工方便，通常用明挖法从地面开挖基坑后，直接在基坑底面砌筑、浇筑基础，是桥梁基础首选方案。如果浅层土质不良，需将基础埋置于较深的良好土层中，这种基础称为深基础。深基础设计和施工较复杂，但具有良好的适应性和抗震性。因此，目前高等级公路普遍应用，常见的形式有桩基础、沉井等基础形式。

3. 按构造形式划分

对桥梁基础来说，可归纳为实体式和桩柱式两类。当整个基础都由圬工材料筑成时称为实体式基础。其特点是基础整体性好，自重较大，所以对地基承载力要求也较高。实体式基础由多根基桩或小型管桩组成，并用承台连接成为整体的基础，称为桩柱式基础。这种基础较实体式基础圬工体积小，自重较轻，对地基强度的要求相对较低，桩柱本身一般要用钢筋混凝土制成。

4. 按施工方法划分

按施工方法不同，可分为明挖法、沉井、沉箱、沉桩、沉管灌注桩、就地钻（挖）孔灌注桩等。明挖法最为简单，但只适用于浅基础，其他方法均用于深基础。

5. 按基础的材料划分

目前，我国公路构造物基础大多采用混凝土或钢筋混凝土结构，少部分采用钢结构。在石料丰富的地区，按照因地制宜、就地取材的原则，也常用砌石基础。只有在特殊情况下（如抢修、林区便桥），才采用临时的木结构。

二、桥梁浅基础施工

（一）桥梁浅基础概述

浅基础一般指基础埋深3~5m，或者基础埋深小于基础宽度的基础，且只需排水、挖槽等普通施工即可建造的基础。

（二）浅基础的类型

其基础竖向尺寸与其平面尺寸相当，侧面摩擦力对基础承载力的影响可忽略不计。浅基础根据结构形式可分为扩展基础、联合基础、柱下条形基础、柱下交叉条形基础、筏形基础、箱形基础和壳体基础。

1. 扩展基础

墙下条形基础和柱下独立基础统称为扩展基础。扩展基础的作用是把墙或柱下的荷载侧向扩展到土中，使之满足地基承载力的要求，包括无筋扩展基础和钢筋混凝土扩展基础。

（1）墙下条形基础

①刚性条形基础

刚性条形基础是墙基础中常见的形式，通常用砖或毛石砌筑。为保证基础的耐久性，砖的强度等级不能太低，在严寒地区宜用毛石；毛石需用未风化的硬质岩石。砌筑的砂浆，当土质潮湿或有地下水时要用水泥砂浆。刚性基础台阶宽高比及基础砌体材料最低强度等级的要求，有规范规定。

②墙下钢筋混凝土条形基础

当基础宽度较大，若再用刚性基础，则其用料多、自重大，有时还需要增加基础埋深，此时可采用柔性钢筋混凝土条形基础，使宽基浅埋。如果地基不均匀，为增强基础的整体性和抗弯能力，可采用有肋梁的钢筋混凝土条形基础，肋梁内配纵向钢筋和箍筋，以承受由不均匀沉降引起的弯曲应力。

（2）柱下独立基础

独立基础是柱基础中最常用和最经济的形式。也可分为刚性基础和钢筋混凝土基础两大类。刚性基础可用砖、毛石或素混凝土，基础台阶高宽比（刚性角）要满足规范规定。一般钢筋混凝土柱下宜用钢筋混凝土基础，以符合柱与基础刚接的假定。

2. 联合基础

联合基础主要指同列相邻两柱公共的钢筋混凝土基础，即双柱联合基础。在为相邻两柱分别配置独立基础时，常因其中一柱靠近建筑界限，或因两柱间距较小，而出现基地面积不足或者荷载偏心过大等的情况，此时可考虑采用联合基础。联合基础也可用于调整相邻两柱的沉降差或防止两者之间的相向倾斜等。

3. 柱下条形基础

当地基较为软弱、柱荷载或地基压缩性分布不均匀，以至于采用扩展基础可能产生较大的不均匀沉降时，常将同一方向上若干柱子的基础练成一体而形成柱下条形基础。这种基础抗弯刚度大，因而具有调整不均匀沉降的能力。

4. 条形基础

如果地基软弱且在两个方向上分布不均，需要基础在两个方向都具有一定的刚度来调整不均匀沉降，则可在柱网下纵横两向分别设置钢筋混凝土条形基础，从而形成柱下交叉条形基础。

5. 筏型基础

当柱下交叉条形基础底面积占建筑物平面面积的比例较大，或者建筑物在使用上有要求时，可以再建筑物的柱、墙下做成一块满堂的基础，就是筏型基础。此基础用于多层与高层建筑，分平板式和梁板式。由于其整体刚度相当大，能将各个柱子的沉降调整得比较均匀。此外还具有跨越地下浅层小洞穴、增强建筑物的整体抗震性能，作为地下室、油库、水池等的防渗地板等的功能。

6. 箱形基础

箱型基础是由钢筋混凝土底板、顶板和纵横墙体组成的整体结构，其抗弯刚度非常大，只能发生大致均匀的下沉，但要严格避免倾斜。箱形基础是高层建筑广泛采用的基础形式。但其材料用量较大，且为保证箱基刚度要求设置较多的内墙，墙的开洞率也有限制，故箱基作为地下室时，对使用带来一些不便。因此要根据使用要求比较确定。

7. 壳体基础

为了充分发挥混凝土抗压性能好的优点，可将基础的形式做成壳体。常见的形式有：正圆锥壳、M型组合壳和内球外锥壳。其优点是材料省、造价低。但是施工工期长、工作量大且技术要求高。

（三）桥梁浅基础的基坑开挖

1. 基坑定位放样

在桥梁施工过程中，首先要建立施工控制网，其次进行桥梁轴线标定和墩台中心定位，最后进行墩台施工放样，定出基础和基坑的各部分尺寸。桥梁的施工控制网除了用来测定桥梁长度外，还要用于各个位置控制，保证上部结构的正确连接。施工控制网常用三角控制网，其布设应根据总平面图设计和施工地区的地形条件来确定，并作为整个工程施工设计的一部分。布网时要考虑施工程序、方法以及施工场地的布置情况，可以用桥址地形图拟定布网方案。

桥梁轴线的位置是在桥梁勘测设计中根据路线的总走向、地形、地质、河床情况等选定的，在施工时必须现场恢复桥梁轴线位置，并进行墩台中心定位。中小桥梁一般采用直接丈量法标定桥轴线长度并定出墩台的中心位置，有条件的可以用测距仪或全站仪直接确定。

施工放样贯穿于整个施工过程，是质量保证的一个方面。施工放样的目的是将设计图上的结构物位置、形状、大小和高低在实地标定出来，以作为施工的依据。桥梁施工放样的主要内容是：①墩台纵横向轴线的确定；②基坑开挖及墩台扩大基础的放样；③桩基础的桩位放样；④承台及墩身结构尺寸、位置放样；⑤墩帽和支座垫石的结构尺寸、位置放样；⑥各种桥型的上部结构中线及细部尺寸放样；⑦桥面系结构的位置、尺寸放样。⑧各阶段的高程放样。

基础放样是根据实地标定的墩台中心位置为依据来进行的，在无水地点可直接将经纬仪安置在中心位置，用木桩准确固定基础纵横轴线和基础边缘。由于定位桩随着基坑开挖必将被挖去，所以必须在基坑开挖范围以外设置定位桩的保护桩，以备施工中随时检查基坑位置或基础位置是否正确，基坑外围通常用龙门板固定或在地上用石灰线标出。对于建筑物标高的控制，常将拟建建筑物区域附近设置的水准点引测到施工现场附近不受施工影响的地方，设置临时水准点。

2．陆上基坑开挖

（1）浅基坑无水开挖

浅基坑无水开挖指的是在陆地深水位地层中的开挖工作。由于这种类型的基坑很浅，而水位又很深，因此，整个开挖过程都是在无水或者渗水很小的情况下进行的。基坑壁的稳定性不会受到的水的影响，开挖工作可以比较简单地进行。坑壁形态可根据土质情况灵活选择，可选择竖直状、斜坡状、阶梯状。

（2）深基坑无水开挖

深基坑无水开挖是指开挖较深的基坑，但是地下水依旧位于基坑地面以下，坑内有较少的渗水，一般情况下只需在坑底设置几个集水坑进行抽水即可。少量的渗水不会影响基坑壁的稳定性。此时，若条件允许，可以采用坑壁放坡或修筑台阶的方式进行开挖；若条件不允许全方位大尺度扩口，则应当采取适当的护壁措施进行开挖，以防止坑壁发生坍塌。通常采用的护壁措施有插打钢板桩围堰、钢轨、木桩，也可以采用挂网喷射混凝土、地下连续墙、钻孔搅拌桩连续墙等防护措施。

（3）浅基坑渗水开挖

如果桥梁施工位置的地下水位很浅，会出现严重渗水甚至涌水的情况。在这样的状态下，如果不消除水的影响，那么后续的工作将无法正常开展。目前使用较多的排水方法主要有以下三种：①降水井抽水排水法；②钢板桩围堰封闭排水法；③地下连续墙封闭排水法。其中，降水井抽水排水法适用于陆地高水位环境；钢板桩围堰封闭排水法既适用于水中基坑开挖，又适用于陆地高水位环境；地下连续墙封闭排水法适用于陆地高水位环境。在水中环境和陆地高水位环境中，采用集水坑抽水排水的方法是难以奏效的。

（4）深基坑渗水开挖

在水中开挖深基坑是浅基础施工中难度最大的。根据长期的工程实践经验，利用钢板桩围堰封闭开挖空间，使之与外围水源隔绝，在无渗水、无坑壁坍塌的环境中进行水中深基坑的开挖是值得推荐的方法。

3. 水中基坑开挖

桥梁墩台基础大多位于地表水位以下，有时水流较大，施工时都希望在无水或静止水条件下进行。桥梁水中基础最常用的施工方法是围堰法。围堰的作用主要是防水和围水，有时还起着支撑施工平台和基坑坑壁的作用。围堰的结构形式和材料要根据水深、流速、地质情况、基础形式以及通航要求等条件进行选择。任何形式和材料的围堰，均必须满足下列要求：

①围堰顶高宜高出施工期间最高水位70cm，最低不应小于50cm，用于防御地下水的围堰宜高出水位或地面20~40cm；②围堰外形应适应水流排泄，大小不应过多压缩流水断面，以免壅水过高危害围堰安全，以及影响通航、导流等，围堰堰内的平面尺寸应满足基础施工的要求，并留有适当的工作面积；③围堰的填筑应分层进行，减少渗漏，并应满足堰身强度和稳定性的要求，使基坑开挖后，围堰不致发生破裂、滑动或倾覆；④围堰要求防水严密，应尽量采取措施防止或减少渗漏，以减轻排水工作；⑤围堰施工一般安排在枯水期进行。

4. 地基处理

（1）多年冻土地基的处理

①基础不应置于季节冻融土层上，并不得直接与冻土接触；②基础的基底修筑于多年冻土层（即永冻土）上时，基底之上应设置隔温层或保温层材料，且铺筑宽度应在基础外缘加宽1m；③按保持冻结原则设计的明挖基础，其多年平均地温等于或高于3℃时，应于冬期施工；多年平均地温低于-3℃时，可在其他季节施工，但应避开高温季节；④施工前做好充分准备，组织快速施工，做好的基础应立即回填封闭，不宜间歇，必须间歇时，应以草袋、棉絮等加以覆盖，防止热量侵入；⑤施工过程中，严禁地表水流入基坑。明水应在距坑顶10m之外修排水沟。水沟之水，应远离坑顶排放并及时排除融化水；⑥施工时，必须搭设遮阳棚和防雨篷，并及时排除季节冻层内的地下水和冻土本身的融化水。

（2）岩层基底的处理

①风化的岩层，应挖至满足地基承载力要求或其他方面的要求为止；②在未风化的岩层上修建基础前，应先将淤泥、苔藓、松动的石块清除干净，并洗净岩石；③坚硬的倾斜岩层，应将岩层面凿平。倾斜度较大，无法凿平时，则应凿成多级台阶。台阶的宽度宜不小于0.3m。

（3）溶洞地基的处理

①影响基底稳定的溶洞，不得堵塞溶洞水路；②干溶洞可用沙砾石、碎石、干砌或浆砌片石及灰土等回填密实；③基底干溶洞较大，回填处理有困难时，可采用桩基处理，桩基应进行设计，并经有关单位批准。

（4）泉眼地基的处理

可将有螺口的钢管紧紧打入泉眼，盖上螺帽并拧紧，阻止泉水流出，或向泉眼内压注速凝的水泥砂浆，再打入木塞堵眼。堵眼有困难时，可采用管子塞入泉眼，将水引流至集水坑排出或在基底下设盲沟引流至集水坑排出，待基础圬工完成后，向盲沟压注水泥浆堵塞。采用引流排水时，应注意防止砂土流失，引起基底沉陷。

5. 基坑施工过程中注意要点

①在基坑顶缘四周适当距离处设置截水沟，并防止水沟渗水，以避免地表水冲刷坑壁，影响坑壁稳定性；②坑壁边缘应留有护道，静荷载距坑边缘不小于0.5m，动荷载距坑边缘不小于1.0m，垂直坑壁边缘的护道还应适当增宽，水文地质条件欠佳时应有加固措施；③应经常注意观察基坑边缘顶面土有无裂缝，坑壁有无松散塌落现象发生；④基坑施工不可延续时间过长，自开挖至基础完成，应抓紧时间连续施工；⑤如用机械开挖基坑，挖至坑底时，应保留不小于30cm厚度的底层，在基础浇筑圬工前用人工挖至基底标高；⑥基坑应尽量在少雨季节施工；⑦基坑宜用原土及时回填，对桥台及有河床铺砌的桥墩基坑，则应分层夯实。

三、桥梁桩基础施工

（一）桩基础概述

桩基础是一种承载能力高、适用范围广、历史久远的基础形式。随着生产水平的提高和科学技术的发展，桩基的类型、工艺、设计理论、计算方法和应用范围都有了很大的发展，被广泛应用于高层建筑、港口、桥梁等工程中。

桩是将建筑物的全部或部分荷载传递给地基土并具有一定刚度和抗弯能力的传力构件，其横截面尺寸远小于其长度。而桩基础是由埋设在地基中的多根桩（称为桩群）和把桩群联合起来共同工作的桩台（称为承台）两部分组成。

桩基础的作用是将荷载传至地下较深处承载性能好的土层，以满足承载力和沉降的要求。桩基础的承载能力高，能承受竖直荷载，也能承受水平荷载，能抵抗上拔荷载也能承受振动荷载，是应用最广泛的深基础形式。

（二）桩基础的分类

桩基按照基础的受力原理大致可分为摩擦桩和端承桩。摩擦桩是利用地层与基桩的摩擦力来承载构造物并可分为压力桩及拉力桩，大致用于地层无坚硬之承载层或承载层较深；端承桩是使基桩坐落于承载层上（岩盘上）使可以承载构造物。

按照施工方式可分为预制桩和灌注桩。预制桩是通过打桩机将预制的钢筋混凝土桩打入地下。优点是材料省，强度高，适用于较高要求的建筑，缺点是施工难度高，受机械数量限制施工时间长。灌注桩是首先在施工场地上钻孔，当达到所需深度后将钢筋放入浇灌混凝土。优点是施工难度低,尤其是人工挖孔桩,可以不受机械数量的限制,所有桩基同时进行施工,大大节省时间,缺点是承载力低,费材料。

(三) 桩基础施工

1. 沉入桩基础施工

（1）沉桩施工前的准备工作

试桩数量：沉桩工程在正式开工前应先进行试桩。试桩采用冲击试验及静压试验,有要求时再做静拔试验和静推试验。冲击试验的桩数一般不少于桩总数的2%,静压试验的桩数,按设计规定处理。在相同地质情况下,按桩总数的1%计,并不得少于2根。位于深水处的试桩,应根据具体情况,由有关部门决定。

沉桩顺序：在一个基础沉入较多的桩时,会把基底以下的土挤密或隆起,如果采用从基础四周向内沉桩的办法,则越往中间沉,基底以下的土挤得越密,导致后续各桩无法下沉,甚至已下沉的基桩被土挤出,因此沉桩次序是一个很重要的问题,必须慎重考虑。沉桩一般由一端向另一端连续进行,当桩基平面尺寸较大或桩距较小时,宜由中间向两端或四周进行；如桩埋置有深浅,宜先沉深的,后沉浅的；在斜坡地带,应先沉坡顶的,后沉坡脚的。

吊桩及插桩：吊桩时根据桩长可采用一个吊点、两个吊点、三个吊点或四个吊点,预制桩吊立时一般多采用一个吊点,较长的桩可采用三个吊点或四个吊点。各种吊点的位置是根据吊运、吊立过程中产生的最大正负弯矩绝对值相等的条件来确定的,由于各种桩的体型不一样,其吊点的位置有时要作相应的变更。起吊前应检查桩上的配件是否齐全。吊桩前应作好桩的吊点位置记号,捆好吊索,并标好检查桩下沉的尺寸。吊点应符合设计规定,不得任意变动。采用一个吊点吊立就位时,当桩吊到一定高度,即相当于1/2桩长加0.5m后,逐渐地放松溜绳直至桩身完全垂直为止,然后把桩纳入龙门框内。吊插大口径的长钢管桩,如直径1.2m、长度40m钢管桩,采用两个吊点吊立就位时,由于桩身偏移量过大、桩质量过大,难以纳入龙门框内,可在上吊点的对称面上增加一个吊点,校正桩身偏移量后,使其易于纳入龙门框内。长桩用单点悬挂时,不得使用吊环；纳入龙门框时,应将标好尺寸的一面向外。桩架就位前,应对桩架本身的水平及龙门框的正直情况进行详细的检查校正。在松软土中插桩时,桩位容易向前走动,应向后移一些插入。在斜坡上插桩,如斜桩与斜坡同一方向时,应向坡上方移动一些。在施工群桩基础时,先沉入的桩已将土挤密,继续插桩时,桩位应略移向先沉好的桩。在深水急流中插桩时,应考虑水流及浮力作用,宜向迎水方向移动一些,必要时可在上游加设临时挡流设施,或用导向框架插桩。插桩时桩位移动距离的大小,应根据试桩情况考虑。插好桩后,应立即将桩头用锤压住,检查锤、桩帽和桩的中心是否在一条竖直线上,并检查桩位有无移动及桩的垂直度或倾斜度是否符合规范要求。

（2）沉桩施工工艺控制措施

锤击沉桩：预制钢筋混凝土桩和预应力混凝土桩在锤击沉桩前桩身混凝土强度应达到

设计要求，桩锤的选择应根据地质条件、桩形、土的密实程度、单桩轴向承载力及现有的施工条件等确定。沉桩前应对桩架、桩锤、动力机械、射水管路、蒸汽管路、电缆等主要设备部件进行检查，开始沉桩时，宜采用较低落距。桩锤、击打、送桩和桩宜保持在同一轴线上。锤击沉桩时，桩帽与桩之间的垫层（包括锤垫和桩垫）要仔细安放，要有适当的厚度，在锤击过程中须及时修理锤垫和更换桩垫，避免桩头引起过高的压应力。桩帽要夹着垫层，减少锤击时产生振动，使锤击力能均匀地分布在桩头上，当沉桩的桩顶标高低于落锤的最低标高时，应设送桩，其强度不得小于桩的设计强度。送桩应与桩锤、桩身在同一轴线上，开锤以后，坠锤或单动汽锤的落锤高度不宜超过 0.5m；双动汽锤应降低汽压，减少每分钟的锤击数；柴油锤应控制供油量，减少锤击能量。以后视桩的入土情况，逐渐加大冲击动能，直至桩的入土深度和贯入度都符合设计要求为止，锤击沉桩的最后贯入度，不宜定得太小，对于柴油锤沉桩的贯入度不宜小于 1～2mm/击，蒸汽锤不宜小于 2～3mm/击，以免损坏桩锤。斜坡上沉桩时，桩架应符合斜桩的坡度。根据桩的外移规律及土质、坡度、水深、水流等情况，斜桩尚应考虑自重的影响，结合施工实践经验，桩身宜向岸移一定距离下桩，以使沉桩后桩位符合设计要求。锤击沉桩应考虑锤击振动和挤土等对岸坡稳定或邻近建筑物的影响，可根据具体情况采取措施并对岸坡和邻近建筑物位移和沉降等进行观察，及时记录，如有异常变化，应停止沉桩并研究处理。沉桩时，以控制桩尖设计标高为主。当桩尖已达设计标高，而贯入度仍较大时，应继续锤击，使贯入度接近控制贯入度。当贯入度已达控制贯入度，桩尖标高未达设计标高时，应继续锤击 100mm 左右，如无异常变化时，即可停锤。沉桩工作应一次沉到设计标高，不得中途停顿。若停顿过久，由于土的恢复将难以下沉。沉好的桩在未经验收以前，不得截锯桩头。截锯桩头时不要用大锤硬砸，以免振出裂缝，可先用钢抱箍或木抱箍将桩身截锯处下面箍紧，用小锤沿箍处凿开一条沟槽，然后再进行扩大截断。

锤击沉桩复打：对发生"假极限""吸入"现象的桩和射水沉桩及上浮、下沉现象的桩都应进行复打。"假极限"是指桩在饱和的细、中、粗砂中连续锤击下沉时，使流动的休止时间按土质不同而异。

静力压桩：压桩前应在桩身做出明显的深度标志，以便压桩时记录压入深度和压力的数值。压桩机在进入现场前，工作场地应先平整，并根据现场条件，预先确定压桩机压桩顺序，尽量减少压桩机行走距离。根据地质钻探，静力触探或试桩资料估算压桩阻力，以选用适当的压桩设备，其重力宜大于压桩阻力的 40%。压入桩过程中，应防止一棵桩压入时中断工作，以免间歇后桩阻力增大。采用接桩时应尽量缩短接桩时间，以减少压桩阻力。压桩机的安装与拆卸应根据厂方产品说明书规定执行。吊装前应清理桩身，并检查桩身有无明显碰损处，以免影响夹持下压。如影响则不得使用。吊桩进入压桩机夹具后，应对准桩位。开始压桩时，应使较低的压力徐徐压入，确定无异常情况后，再开始正常工作。压桩过程中应严格控制桩身与地面的垂直度，不允许倾斜压入。如需接送桩时，应保证送桩的中心轴线与桩身的中心轴线上下一致。压桩过程中，应随时注意桩下沉有无变化，如有水平方向位移时，则可能桩尖遇到障碍，当移动量较大时，应将桩拔出，清除障碍或与设计单位研究后改变位置。

射水沉桩：在砂质或砾石土壤中打桩，可采用射水打桩法，随射随打。待桩尖距设计高程 1m 左右时，应停止射水，完全锤击，以增加桩的承载能力。若随射随打仍不能穿过坚实土层时，可利用旧钢轨作引桩先打成导眼，然后将桩插入继续下沉。射水管的直径根据水压和水量决定。射水沉桩应根据土层情况，选择高压泵压力和排水量。一般宜采用多级离心泵，在进水口处应装置真空计，出水口处应装置压力计。起动水泵时，应注满接引水。采用活塞式水泵时，应在压力管中安设气罩。在供水高压管路上，必须设有逆止阀和溢水阀，防止喷嘴堵塞时破坏水泵和管路。为减少水压力损失，水泵应尽量靠近沉桩地点，管路宜顺直，不得拐死弯。在宽水面深水中沉桩时，宜采用浮动水泵站。在沉桩过程中，应及时检查桩的入土深度和桩位，特别是斜桩更应注意。将近停止射水前，必须再检查一次桩位，最后校正。

2．钻孔灌注桩施工

（1）关于桥梁钻孔灌注桩施工设备与钻具的选择

混凝土是桥梁钻孔灌注桩施工的主要原材料，因此，需要有完整的设备进行配套。要注重以下这些施工步骤：一是发电机数量要根据实际施工情况进行配置，要保障电力够用，并要求其发电机设备性能属于较高的水准，事例告诉我们，在具体施工工程中一旦出现断电的情况，备用发电机要及时启动，才能确保桥梁关注施工稳定运行，能有效避免断电等带来的事故与经济损失；二是桥梁施工混凝土所需要的拌和机类型选择非常重要，原则上是需要则容量大的拌和机，还要在施工之前做好检查方能投入施工；三是桥梁灌注水下施工需要导管，因此，选择适宜的管径导管很重要，导管的强度与刚度要符合相关标准，密封度要高，同时还要注意管壁要光滑，导管要平直，接口处需要用弹性垫圈进行密封。

（2）钻孔灌注桩施工准备工作

①施工准备

第一，测量放样。测量人员负责根据图纸桩位坐标放样，以确定桩位。测量人员必须对所放桩位换手复测、复算，两次测量检查无误后，由施工单位报送有关资料至监理工程师处审核。经监理工程师审核无误后方可施工。

第二，钻孔场地准备。场地为旱地时，应清除杂物，换除软土，整平夯实；场地为陡坡时，可用枕木、型钢等搭设工作平台；场地为浅水时，宜筑岛施工，筑岛面积应根据做空方法、设备大小等要求，确定高度应高于施工水位 0.5～1 米；场地为深水或淤泥层较厚时，可搭设工作平台，平台需牢固稳定，能承受工作时所有静、动荷载，并考虑施工机械能安全进出。

第三，护筒的埋设。为固定桩位，保护孔口不坍塌，隔离地面水和保持孔内水位高出施工水位以维护孔壁及钻孔导向等目的，在钻孔前需按要求制作、埋设护筒。采用刚护筒，筒壁厚度为 4～8cm，护筒内径大于钻头直径。护筒顶面宜高出施工水位或地下水位

2m，并高出施工场地面 0.3m，并满足对泥浆的要求。护筒制作应坚实，不漏水，接头处内部要无突出物，能耐拉、耐压。

②桥梁钻孔灌注桩施工

第一，钻孔施工。进行钻机安装，保证低架堑平，保持稳定，不得产生位移和沉陷，开孔的孔位必须对准，钻头和钻杆中心与护筒中心偏差不得大于 5cm，钻头的直径小于孔径 4～5cm，孔内水位宜高于护筒底脚 0.5m 以上或地上水位以上 1.5～2m，并随时向孔内补水和泥浆，起、落钻头速度宜均匀，不得过猛或骤然变速，在钻孔作业应连续进行，因故停钻时，有钻杆的钻机应将钻头提离孔底 5m 以上，其他钻机应将钻头提出孔外，孔口应加护盖。

第二，清孔及检孔。钻孔至设计标高后，采用监理工程师指定的方法检测孔深、孔径和垂直度等几何尺寸，待检测合格后，采用换浆法清孔，抽渣或吸泥时应及时向孔内注入清水或新鲜泥浆，保持孔内水位，避免坍孔。允许沉渣厚度应符合设计要求，当设计未做规定时，支承桩不大于 5cm，摩擦桩直径 ≤ 1.5 米的桩不大于 20cm，直径 > 1.5m 或桩长 > 40m 或土质较差的桩不大于 30cm。

第三，钢筋笼加工及安装。钢筋的材料、加工、接头和安装，应符合相关施工技术标准的有关规定，分段入孔，上下两段应保持顺直，钢筋笼入孔后，应牢固定位。钢筋笼主筋笼与加强必须全部焊接。骨架的焊接拼装应在坚固的工作台上进行，操作时应符合下列要求：钢筋拼装前，对有焊接接头的钢筋应检查每根接头是否符合焊接要求；骨架焊接时，不同直径的钢筋的中心线应在同一平面上；施焊顺序宜由中到边对称地向两端进行，先焊骨架下部，后焊骨架上部，相邻的焊缝采用分区对称跳焊，不得顺序方向一次焊成；长桩骨架宜分段制作，分段长度应根据吊装条件确定，应确保不变形，接头应错开；现场拼装接头宜采用机械连接。

第四，二次清孔。由于钢筋笼安装完后，泥浆沉淀于孔底。因此需应用射水或射风冲射孔底 3-5min，翻动沉淀物，然后立即浇筑水下混凝土，射水或射风压力应比孔底压力大 0.05MPa。二次清孔后重新检测泥浆的各项指标，各项指标均达到规范标准后停止清孔。

第五，混凝土浇筑。导管采用壁厚 3mm 无缝钢板制作，导管内径 200～300cm，直径制作偏差不超过 2mm。导管中间节长 2.0m，底管节长 4.0m，漏斗下配节长 1.0m、0.5m 导管，在第一次使用前进行试拼试压。试压好的导管表面用磁漆标出 0.5m 一格的连续标尺，并注明导管全长尺寸，以便灌注混凝土时掌握提升高度和埋入深度。安放导管时，导管下口距孔底为 30～40cm。

灌注混凝土时，拆除导管时速度要快，拆下的导管立即冲洗干净。在水下混凝土灌注过程中，专人测量导管埋深，填写好水下混凝土记录表。水下混凝土的灌注采用提升导管法，按 1～2m 分节。灌注前对导管进行水密承压和接头抗拉试验，试验合格后方可使用。开导管方法采用降落式隔水硬球塞，塞顶先用 8 号铁丝悬吊在混凝土漏斗下口，当混凝土装满漏斗后剪断铁丝，混凝土即下落到孔底。在灌注水下混凝土过程中，孔内混凝土体积逐渐增加，孔内原有泥浆会逐渐从护筒溢出，在灌注过程中，应将井孔内溢出的泥浆引流至适当地点处理，防止污染环境及河流。

导管上设置封底漏斗，漏斗容积（即首批混凝土方量）应满足封底时导管埋深，灌注过程中导管埋深大于 1 米、小于 3 米，且导管底距孔底不得大于 40cm。在灌注过程中，经常测探孔内混凝土面的位置，及时地调整导管埋深。为防止钢筋骨架上浮，当灌注的混凝土顶面距钢筋骨架底部 1m 左右时，应降低混凝土的灌注速度。当混凝土上升到骨架底口 4m 以上时，提升导管，使其底口高于骨架底部 2m 以上，即可恢复正常灌注速度，除采取以上措施外还应在筒孔对钢筋笼予以固定。灌注混凝土应连续进行，混凝土的灌注时间不得长于首批混凝土初凝时间。当灌注混凝土接近设计标高时，应减缓灌注速度，反复测量混凝土的标高。桩顶的灌注标高比设计标高高出 0.5~1m。灌注桩的桩顶是首批混凝土组成的，它从开始灌注完成，始终与泥浆接触，易受到浸蚀；在灌注过程中还难免有泥浆、钻渣等杂物混入，质量较差。灌注完毕后，待进行下道工序时将桩头破除。在混凝土初凝前，将护筒拔出。灌注中拆除导管时速度要快，时间不宜超过 15min，拆下的导管立即冲洗干净。在水下混凝土灌注过程中，专人测量导管埋深，填写好水下混凝土记录表。

（四）挖孔灌注桩施工

1. 施工准备

施工前，应根据建筑物场地工程地质和必要的水位地质资料、桩基施工图及图纸会审纪要、建筑场地和邻近区域的地下管线（管道、电缆）资料、主要施工机械及其配套设备的技术性能资料、桩基的施工组织设计或施工方案、桩基钢筋混凝土所用建材（水泥、砂、石、钢筋）的质检报告等有关资料制定可行的施工方案。施工前，应对施工场地地下管线、地下构造物、危房、精密仪器车间等进行详细检查，并对一些原有特殊裂缝情况做好记录，对在挖孔和抽水有可能危及的邻房应提前做好加固措施。

开挖前，应将场地"三通一平"，场地的所有障碍物都需处理完毕。施工前应准备好供水、供电、道路、排水、临设房屋等设施。施工前应按基础平面图设置好桩位轴线、定位点，测定高程水准点，经复核后应妥善保护，施工中应经常复测。

人工挖孔操作的安全很重要，开挖前应对施工人员进行安全技术交底，操作前应对施工器具进行安全可靠性检查和试验，以确保施工安全。

2. 施工方法

（1）挖孔及护壁

挖孔前，应按建设单位的测量基准点和测量基线放样定位，按施工图纸中桩芯坐标、管线的位置及现场摸查管线的位置，确定挖孔桩的范围；人工挖孔桩施工放线时，要考虑各种施工误差，施工桩位偏移不大于 50mm，桩孔的中轴线偏斜率不大于 0.5%；经有关部门办理签证手续，才能开挖桩身土。

挖孔桩第一米开挖、护壁、锁口混凝土是整根挖孔桩的开始，也是护壁混凝土成功的关键。因此，开挖到位后，应立即埋设锁口钢筋，在每节护壁与下一节护壁之间埋，要埋设连接钢筋（间距20cm）；为保证挖孔的可操作性，挖孔、护壁节与节之间采用锯齿形（锯齿形也能增加桩的摩擦力）；在开挖过程中应经常检查挖孔桩尺寸和垂直度，发现偏差，应及时纠正；孔内排水一般采用明排，如渗水量过大，准备好手动葫芦、铅桶、手推运渣车及抽水泵（如地下水位高时要在桩周围打井点降水）。

根据设计规范要求，挖孔桩的安全距离为4.5m或2.5D（D为桩径）中的最大值，为了提高工作效率与工程进度，可采用循环换孔施工；为了成孔安全，一般地层，每层开挖深度为1m；砂层和淤泥质土层，每节开挖深度不得超过0.5m，挖好后要及时浇筑混凝土护壁，并于当天浇筑好混凝土（夜晚是护壁混凝土最好的养护时间）；护壁时，第一节孔圈护壁应高出地面50cm，以防地面水漫入孔内；在放线定位后，应在桩周围设80cm左右高的防护栏，防止行人进入，确保施工安全。

在挖孔达到一定深度时，会碰到坚硬的岩石，可采用风镐掘进或用小药量爆破方法进行施工；如开挖至设计标高仍未碰到岩层，则要根据实际情况超挖。

浇灌护壁混凝土时，应采用钢筋插实法浇灌，并用镐击模板或用插入式振捣器振捣；当桩孔水淹没模板的情况下，不得灌注混凝土；每一节护壁高度控制在100cm，对不利土层（淤泥、砂层等），应加厚护壁，加大、加密护壁钢筋，并将每一节的护壁高度调整为50cm；护壁混凝土浇筑尽量采用速凝剂。

护壁的厚度、配筋、混凝土强度要符合设计要求，护壁强度达到安全要求后方可进行下一节施工；当护壁混凝土强度达到4Mpa以上时方可拆模；当发现护壁有蜂窝、漏水现象时，应及时补强以防造成事故。

（2）成孔、浇筑桩身混凝土

①成孔施工

挖孔达到设计标高后，要及时对成孔的各项数据（桩径、偏差、桩底渗水量）进行分析，以便及时采取补救措施；成孔时不能超挖，每挖一米即及时浇筑挖孔桩的护壁；孔口周围2m内不得堆放土石方及杂物，要保持壁面高出地面30cm，挖出的土石方应及时运力孔口；孔内设软梯上落，并设置与孔壁锚固的半圆形网作遮拦，上落吊桶时工人只允许在网下操作；每次下井施工前均进行抽水、通风和毒气等检测工作，如发现异常，应返回井面报告，待查明情况、采取有效措施后，方可继续作业；挖到设计要求深度后，会同业主、质检站、设计院、监理单位等部门进行成孔验收，成孔的允许偏差应满足：桩径 ±50mm，垂直度0.5%，桩位 ±50mm，合格后进行混凝土封底。

②浇筑桩身混凝土

当每个桩孔成孔后，应及时会同设计、甲方、监理和质检部门进行成孔验收和隐蔽工程验收，当验收合格后，应彻底清理沉渣，然后立即封底和灌注桩身混凝土；在浇注混凝土前，要安放好导筒，要再次检查做孔底渗水测定，渗水量0.3公升/s时，要采用水下混凝土浇筑；如检测需要，可埋设声测管。

(五)桥梁桩基础施工的常见问题及措施

1. 钻孔过程中容易出现的问题及处理措施

（1）坍孔

坍孔的特征是孔内水位突然下降又回升，孔口冒出细密的水泡，出渣量明显增加而不见进尺，钻机负荷显著增加等。坍孔的原因大多数是泥浆性能不符合要求、孔内水头未能保证、机具碰撞孔壁等。发生坍孔后，应查明坍孔的位置再进行处理。坍孔位置较深且不是很严重时，采用黏土回填至坍孔位置以上2m～3m，并采取加大泥浆比重、改善泥浆性能、加高水头等措施，继续慢慢钻进；坍孔严重时，应立即将钻孔全部用砂类土或砾石土回填，如果无砂类土和砾石土，可采用黏质土掺入5%～8%的水泥进行回填，待孔内回填土稳定后重新开钻；坍孔位置不深时，可采用加深护筒的方法，将护筒内的填土夯实，重新开钻。

（2）斜孔

斜孔一般多发生在采用冲击钻成孔上。造成斜孔的原因通常是地质松软不均、岩面倾斜、钻架移位、钻架不平或钻头遇到探头石等原因造成的。钻孔时，要经常检查钻盘是否水平或钢丝绳是否垂直，孔口位置的钻杆或钢丝绳的平面位置是否正确，一旦发现偏差应及时调整。当出现斜孔时，一般可在偏斜处吊住钻头反复扫孔，使钻孔正直。偏斜严重时，应回填黏质土（采用回旋钻成孔）或片石（采用冲击钻成孔）到偏斜处顶面，待沉积密实、稳定后重新开钻。

（3）扩孔

扩孔大多数是由于孔壁坍塌或钻杆摆动过大造成的。对于扩孔的处理，目前没有更好的处理措施，一般是采用失水率小的优质泥浆护壁，改善钻机的机械性能（减小钻摆动）来控制扩孔率。

（4）缩孔

缩孔通常是由于地层中含有膨胀土、软塑土、泥质页岩等不良地质造成的，钻头磨损过大亦能使孔径稍小。缩孔发生后，应立即查明原因，如因钻头磨损过大造成的缩孔现象，应及时补焊并加大钻头。如因以上不良地质条件造成的，当缩孔不严重时，可采用钻头上下反复扫孔来扩大孔径；当缩孔严重时，采取钢护筒防护，一般情况下钢护筒的长度要根据不良地质的厚度情况来确定，最好是不良地质部分全部下钢护筒。

（5）孔内漏浆

孔内漏浆一般是钻孔钻至透水层时由于泥浆的性能较差，或护筒周围透水，或钻孔遇到小溶洞时发生的。当遇护筒内水头不能保持时，一般采取护筒周围回填土夯实、增加护筒埋置深度、适当减小护筒内水头高度、增加泥浆相对密度和黏度、倒入黏土使钻头慢速转动等措施。当用冲击钻冲孔时，可往孔内回填片石、卵石及适当投入一定数量的水泥，反复冲击，增加护壁。

（6）卡钻

卡钻常发生冲击钻冲孔时，因先形成了梅花孔、十字孔、冲锤磨损未及时补焊、钻孔直径变小而新钻又过大、冲锤倾倒、遇到探头石或孔内掉入物件卡住等原因造成的。卡钻锤后不宜强提，可用小锤冲击或用边冲边吸的办法将卡锤周围的钻渣松动后再提出。

（7）掉钻

掉钻一般是由于钻杆磨损过甚、钻锤的钢丝绳磨损过甚或钢丝绳的卡口螺丝松动造成的。掉钻后应马上用打捞叉、打捞钩、绳套等工具打捞。如果由于打捞时间过长造成钻头被埋，应先清理泥沙，然后再使用打捞工具进行打捞。特别强调指出：初次掉钻头时，钻头在孔内一般是正立的，如果一次打捞不成功造成第二次或者多次掉钻，那么钻头掉在孔内就不一定是正立的，给打捞造成更大的困难。

2. 清孔过程中容易出现的问题及处理措施

桩基在清孔过程中容易出现的问题有：塌孔、泥浆含砂率过大、沉渣过大等。清孔造成塌孔时，要根据塌孔的严重程度采取不同的处理方法。塌孔不严重时，可采用加大泥浆相对密度等改善泥浆性能的措施后继续清孔。塌孔严重时，该孔需要回填重新钻孔；泥浆含砂率过大及沉渣过大都是由于清孔时加水过快、过多、换浆时不及时捞渣或捞渣不干净、没有使用二级以上沉渣池等原因造成的。泥浆含砂率及沉渣过大时都应加大泥浆相对密度继续清孔，边清边捞渣，等泥浆的含砂率符合要求后再把泥浆的相对密度降低至符合要求。

3. 灌注混凝土过程中容易出现的问题及处理措施

（1）导管进水

首批混凝土下落后导管进水，应将已灌注的混凝土用吸泥机全部吸出，再针对导管进水的原因改正操作工艺或增加首批混凝土储量重新灌注；在混凝土灌注的中期，导管进水是由于多提升导管且管口超出已灌混凝土表面时发生的。遇到这种情况时，可依次将导管拔出，用吸泥机或潜水泥浆泵将原灌注混凝土表面的沉淀物全部吸出，将装有底塞的导管重压插入原混凝土表面 2m 以下，然后在无水导管中继续灌注，将导管适当提升，继续灌注的混凝土可冲开导管底塞流出。

（2）导管堵管

初灌导管堵管大多数是由于隔水硬球栓或硬柱塞被卡住而造成的。发生初灌堵管时，可用长杆往管内冲捣，或用振动器振动、硬物敲打导管外侧，或提升导管迅速下落振冲，或用钻杆加配重冲击导管内混凝土。如果这些方法都无效，应将导管拔出，取出导管内物质，重新下导管灌注混凝土。当发生中期导管堵塞时，处理的方法是将导管连同堵塞物一起拔出，疏通导管。若原灌注的混凝土表层尚未初凝，可用新导管插入原灌混凝土的表面 2m 以下深度，用潜水泥浆泵下入导管底将管内的泥浆抽干净，再用圆杆接长的小掏渣桶将管内表面混有泥浆的混凝土掏干净后继续灌注混凝土。

（3）灌注坍孔

大的坍孔特征与钻孔期间比较相似，可用测探仪或测锤探测，如探头达不到混凝土面高程时即可证实发生坍孔。发生灌注坍孔有以下几种原因：护筒脚漏水；潮汐区未保持所需的水头；地下水压超过孔内水压；孔内泥浆相对密度、黏度过低；孔口周围堆放重物或机械振动。发生灌注坍塌时，如坍塌数量不大，可采用吸泥机吸出混凝土表面坍塌的泥土，如不继续坍孔，可恢复正常灌注。如坍孔仍在继续且有扩大之势，应将导管及钢筋骨架一起拔出，用黏土或掺入5%～8%的水泥将孔填满，待孔位周围地层稳定后再重新钻孔施工。

（4）钢筋笼上升

灌注混凝土时钢筋笼上升的主要原因是混凝土冲出导管底口后向上的顶托力把钢筋笼上浮。为防止混凝土灌注过程中钢筋笼上浮，灌注混凝土前，应将钢筋笼的顶端焊接在护筒或其他牢固的物体上。在灌注混凝土过程中，当灌注混凝土顶面距钢筋笼底部约1m时，应降低混凝土的灌注速度；当混凝土面上升到钢筋笼底4m以上时，应提升导管，使导管底口高出钢筋笼底2m以上后即可恢复正常速度灌注混凝土。

（5）埋管

埋管一般是由于导管埋置深度过大所造成的。为了避免造成埋管事故，在混凝土灌注过程中应严格控制埋管深度在2～6m之间；若已造成埋管事故，即要对该桩基进行处理。

四、沉井基础施工

（一）沉井基础概述

沉井基础是一个井筒状的结构物，它是从井内挖土、依靠自身重力克服井壁摩阻力后下沉到设计标高，然后采用混凝土封底并填塞井孔，使其成为桥梁墩台或其他结构物的基础。沉井基础的特点是埋置深度可以很大，整体性强、稳定性好，有较大的承载面积，能承受较大的垂直荷载和水平荷载；沉井既是基础，又是施工时的挡土和挡水的围堰结构物，施工工艺并不复杂。

（二）沉井基础的分类

按下沉环境可分为陆地沉井和浮土沉井；按沉井构造形式可分为独立沉井（多用于独立深基础或独立深井构筑物）和连续沉井（多用于隧道工程）；按沉井平面形式可分为圆形、圆端形、正方形、矩形和多边形等，也可分为单孔沉井和多孔沉井；按沉井制作材料可分为混凝土、钢筋混凝土、钢、砖、石以及组合式沉井等。

（三）沉井的构造

就沉井而言，其主要由刃脚、井壁、内隔墙、取土井、凹槽、封底、顶板组成。

1. 刃脚

刃脚是井壁下端一般做成刀刃形状的部分，其作用在于减小沉井的下沉阻力，使之能在自重作用下切土下沉。一般采用不低于C20的钢筋混凝土制成。当沉井下沉较深且土质较坚硬时，刃脚面应以型钢（角钢或槽钢）加强。刃脚的地面宽度可为100～200mm。在坚硬地基上也可做成尖角。脚刃斜面与水平面的交角一般应不小于45度。刃脚的高度应视井壁的厚度确定，并应考虑便于拔出垫木和挖土。

2. 井壁

井壁主要承担井外水土压力和自重部分，设计时通常先假定井壁厚度再进行承载力验算，井壁厚度一般为0.8～1.5m。

3. 内隔墙

内隔墙的设置加强了沉井刚度、缩小外壁计算跨度，同时又将沉井分成多个取土井，便于掌握挖土位置以控制下沉的方向。内隔墙的间距一般不大于5～6m，厚度一般为0.5～1.0m。考虑内隔墙既要对刃脚悬臂起支撑作用，又不宜受到土的支撑，妨碍沉井下沉，因此，一般要求内隔墙底面高出刃脚地面0.5～1.0m。但当沉井穿越极软弱的土层时，为防止沉井"突沉"，也可将内隔墙底面做成与刃脚地面平齐。

4. 取土井

取土井的平面布置应与中轴线对称，以利于沉井均匀下沉。取土井大小由取土方法而定，采用挖土斗取土时，应能使挖土斗自由升降，最小边长不宜小于2.5m。通常情况下，以素混凝土、片石混凝土或砌片填充处理。

5. 凹槽

为了封底混凝土嵌入井壁，形成整体，使传至沉井壁上的力能更好地传递给封底混凝土底面。遇到意外困难时，还可在凹槽处浇筑钢筋混凝土盖板，将沉井改成沉箱。凹槽深约0.15～0.25m，高约1.0m，其距刃脚地面一般在1.5m以上。

6. 射水管组、探测管

射水管组：压入高压水把井壁四周的土冲松，以减少摩擦力和端部阻力。高压水水压一般不小于0.6MPa，每一水管的排水量不小于200L/min。探测管时探测刃脚和隔墙底面下的泥面标高，清基射水或破坏沉井正面土层以利下沉。

7. 封底

渗水率小于6mm/min时，排干水后用C15或C20普通混凝土浇筑；当井中的渗水率大于6mm/min时，宜采用导管法浇筑C20级水下混凝土封底。厚度按其承载力条件计算确定，一般其顶面应高出凹槽0.5m。

8. 顶板

以混凝土填心的沉井可用素混凝土顶板；空心或以其他松散料填心的沉井需用钢筋混凝土顶板，厚度一般为1.0～2.0m。

（四）水中沉井的施工

1. 筑岛法

水流速不大，水深在3m或4m以内，可用水中筑岛的方法。筑岛材料为砂或砾石，周围用草袋围护，如水较深可作围堰防护。岛面应比沉井周围宽出 2m 以上，作为护道，并应高出施工最高水位 0.5m 以上。砂岛地基强度应符合要求，然后在岛上浇筑沉井。如筑岛压缩水面较大，可采用钢板桩围堰筑岛。

2. 浮运法

水深较大，如超过 10m 时，筑岛法很不经济，且施工也困难，可改用浮运法施工。沉井在岸边做成，利用在岸边铺成的滑道滑入水中，然后用绳索引到设计墩位。沉井井壁可做成空体形式或采用其他措施（如带木底或装上钢气筒）使沉井浮于水上，也可以在船坞内制成用浮船定位和吊放下沉或利用潮汐，水位上涨浮起，再浮运至设计位置沉井就位后，用水或混凝土灌入空怀、徐徐下沉直至河底。或依靠在悬浮状态下接长沉井及填充混凝土使它逐步下沉，这时每个步骤均需保证沉井本身足够的稳定性。沉井刃脚切入河床一定深度后，可按前述下沉方法施工。

（五）陆地沉井施工

陆地上的沉井采用在墩台位置处就地制造，然后取土下沉的施工方法。因这种施工方法是在原地制作的，故不需大型设备，且施工方便，成本低。通常情况下，沉井比较高，故可以分段制造、分段下沉。其中，第一节沉井的制作和下沉尤为重要。

1. 第一节沉井的制作

第一节沉井应建造在较好的土质上。当土质强度不能满足第一节沉井制作的质量要求时，可对地基进行处理或减小沉井节段的高度。由于沉井自重较大，刃脚底部窄，应力集中，所以应在沉井刃脚下对称的位置铺垫枕木，再立模，绑扎钢筋，浇筑第一节沉井混凝土，下沉时，应按顺序对称地抽出枕木，以防止沉井出现倾斜和开裂。

2. 沉井下沉

在沉井仓室内不断取土可使沉井下沉。下沉方法可分为排水下沉和不排水下沉两种，两种方法对沉井下沉过程中井壁外侧的摩擦力有较大影响。对于水位以上部分或渗水量小的土层，可采取人工和机械挖土；当井内水位上升时，可采用抓土斗或水力吸泥机取土，待沉井顶面高出地面 1～2m 时应停止挖土，接高沉井。

3. 封底，填充填料及浇筑盖板

封底之前应对基底进行检验和处理，一般情况下采用不排水封底，封底厚度应满足沉井底部不渗水的要求。封底施工完毕后再填充填料，浇筑盖板。

第二节　桥梁墩台的施工技术

一、桥墩

(一)桥墩的概念及组成

桥墩是支撑桥跨结构并将恒载和车辆活载传至地基的建筑物,一般在两桥台之间。桥墩主要由顶帽、墩身组成。顶帽的作用是把桥跨支座传来的较大而集中的力,分散而匀称地传给墩身和台身。因此顶帽应采用强度较高的材料建筑,一般用不低于200级钢筋混凝土建筑,且厚度不小于40厘米。此外,顶帽还须有较大的平面尺寸,为施工架梁及养护维修提供必要的工作面。墩身和台身是支撑桥跨的主体结构,不仅承受桥跨结构传来的全部荷载,而且还直接承受土压力、水流冲击力、冰压力、船舶撞击力等多种荷载,所以墩身和台身都具有足够的强度、刚度和稳定性。

(二)桥墩的分类

按照不同的标准,可以对桥墩进行不同的分类。按构造特征分,可分为重力式(实心)桥墩、薄壁空心桥墩、多柱式柔性桥墩、V形桥墩等;按变形能力分,可分为刚性桥墩、柔性桥墩;按截面形状分,可分为矩形墩、圆形墩、圆端形墩、尖端形墩、组合截面墩。

1. 重力式桥墩

重力式桥墩一般为采用混凝土或石砌的实体结构。墩身上设墩帽,下接基础。其具有以下特点:充分利用圬工材料的抗压性能,借自身的较大截面尺寸和重量承受竖直方向和水平方向的外力;具有坚固耐久、施工简易、取材方便、节约钢材等优点。缺点是圬工量大,外形粗大笨重,减少桥下有效孔径,增大地基负荷;当桥墩较高,地基承载力较低时尤为不利。

重力式桥墩的适用条件为:一是大、中型桥梁(跨度大、受支座反力大、增加自重和稳定性);二是流冰、漂流物较多的河流中,因体积大不怕碰撞;三是砂石料方便地区,可就地取材,节约成本。

2. 空心墩

空心墩可采用钢筋混凝土或混凝土。其是由横隔板、检查口、通风口构成,其中横隔板具有增加整体刚度的作用,检查口是为了便于检查,而通风口具有减少温差的影响。优点是节省材料,减轻桥墩的自重,施工速度快,质量好,节省模板支架;缺点是,抵抗流水冲击和水中夹带的泥沙或冰块冲击力的能力差。应用范围为高桥墩圬工量减少的较多,特别是跨山谷的(下面无水)桥梁,不宜在流速大并夹有大量泥沙和可能有船舶、冰、漂流物撞击的河流中应用。

3. 柱式墩

一般由基础上的承台、柱式墩身和盖梁组成。优点是能减轻墩身自重，节约圬工材料，比较美观，刚度和强度都较大，在有漂流物和流冰的河流中可以使用。适用条件为桥跨不大于 30m，墩高不高于 10m 的情况。

4. 柔性桥墩

一般多跨桥的两端设置刚性较大的桥台，中墩均为柔性墩。即墩体的整体刚度很小，在墩顶水平推力的作用下发生较大的水平位移。优点是由于桥墩的水平推力是按各墩的刚度分配的，故分配到每个柔性墩上的水平推力很小。

5. 薄壁墩

薄壁墩主要分为钢筋混凝土薄壁墩和双壁墩以及 V 形墩三类。其共同特点是在横桥向的长度基本和其他形式的墩相同，但是在纵桥向的长度很小。其优点是可以节省材料，减轻桥墩的自重，同时双壁墩可以增加桥墩的刚度，减小主梁支点负弯矩，增加桥梁美观。V 形墩可以间接地减小主梁的跨度，使跨中弯矩减小，同时兼具拱桥的一些特点，更适合大跨度桥的建造。

二、桥台

（一）桥台的概念及组成

桥台，位于桥梁两端，支承桥梁上部结构并和路堤相衔接的建筑物。其功能除传递桥梁上部结构的荷载到基础外，还具有抵挡台后的填土压力、稳定桥头路基、使桥头线路和桥上线路可靠而平稳地连接的作用。桥台是由台帽、台身和基础组成的。桥台的常用高度不超过 10 米，少数高达 20 米左右。一般以桥头路基填土高度确定桥台的高度。桥梁全长在满足桥孔排洪或桥下交通要求的前提下，可在桥头修筑高桥台、高路堤，也可用引桥取代高路堤，延长桥梁长度，这主要取决于桥位附近地形、地质、土石方调配、合理使用土地及环境美化等方面的条件。

（二）桥台的分类

桥台具有多种形式，主要分为重力式桥台、轻型桥台、框架式桥台、组合式桥台、承拉桥台等。

1. 重力式桥台

重力式桥台的类型：重力式桥台依据桥梁跨径、桥台高度及地形条件的不同，有多种形式。常用的类型有 U 形桥台，埋置式桥台，八字式和一字式桥台等。重力式桥台在铁路桥上还有 T 形桥台，十字形桥台等其他形式。

2.U形桥台

U形桥台由台身（前墙）台帽、基础与两侧的翼墙组成，在平面上呈U字形。U形桥台构造简单，基础底承压面大，应力较小，但圬工体积大，桥台内的填土容易积水，结冰后冻胀，使桥台结构产生裂缝。

3. 埋置式桥台

桥台台身埋置于台前溜坡内，不需另设翼墙，仅由台帽两端的耳墙与路堤衔接。埋置式桥台，台身为圬工实体，台帽及耳墙采用钢筋混凝土，当台前溜坡有适当保护不被冲毁时，可考虑溜坡填土的主动土压力。因此，埋置式桥台圬工数量较省，但由于溜坡伸入桥孔，压缩了河道，有时需要增加桥长。它适用于桥头为浅滩，溜坡受冲刷较小，填土高度在10m以下的中等跨径的多跨桥中使用。当地质情况较好时，可将台身挖空成拱形，以节省圬工，减轻自重。

4．轻型桥台

薄壁轻型桥台常用的型式有悬臂式、扶壁式、撑墙式及箱式等。在一般情况下，悬臂式桥台的混凝土数量和用钢量较高、撑墙式与箱式的模板用量较高。薄壁桥台的优点与薄壁墩类同，可依据桥台高度，地基强度和土质等因素选定。支撑梁轻型桥台单跨或少跨的小跨径桥，在条件许可的情况下，可在轻型桥台之间或台与墩间，设置3~5根支撑梁。支撑梁设在冲刷线或河床铺砌线以下。梁与桥台设置锚固栓钉，使上部结构与支撑梁共同支撑桥台承受台后土压力。此时桥台与支撑梁及上部结构形成四铰框架来受力。轻型桥台可采用八字式和一字式翼墙挡土，如地形许可，也可做成耳墙，形成埋置式轻型桥台并设置溜坡

5. 框架式桥台

框架式桥台一般为双柱式桥台，当桥较宽时，为减少台帽跨度，可采用多柱式，或直接在桩上面建造台帽。框架式桥台均采用埋置式，台前设置溜坡。为满足桥台与路堤的连接，在台帽上部设置耳墙，必要时在台帽前方两侧设置挡板。

6. 组合桥台

为使桥台轻型化，桥台本身主要承受桥跨结构传来的竖向力和水平力，而台后的土压力由其他结构来承受，形成组合式的桥台。常见的有锚定板式、过梁式、框架式以及桥台与挡土墙的组合等形式。比如，锚定板式桥台有分离式和结合式两种形式。分离式是台身与锚定板、挡土结构分开，台身主要承受上部结构传来的竖向力和水平力，锚定板设施承受土压力。结合式的锚定板结构与台身结合在一起，台身兼做立柱和挡土板。

三、桥梁墩台施工

(一) 钢筋混凝土墩台施工

1. 钢筋混凝土墩台的施工工艺

(1) 技术准备

①认真审核设计图纸，编制分相工程施工方案，进行模板设计并经审批；②已进行钢筋的取样实验、钢筋翻样及配料单编制工作；③组织有关方面对模板进行进场验收；④进行混凝土各种原材料的取样试验工作，设计混凝土配合比；⑤对操作人员进行培训，向有关人员进行安全技术交底。

(2) 测量放线

墩柱和台身施工前应按图纸测量定线。检查基础平面位置、高程及墩台预埋钢筋位置。放线时依据基准控制桩放出墩台中心点或纵横轴线及高程控制点，并用墨线弹出墩柱、台身结构线、平面位置控制线。测放的各种桩都应标注编号。涂上各色油漆，醒目、牢固，经复核无误后进行下道工序施工。

(3) 搭设脚手架

脚手架安装前应对地基进行处理，地基应平整坚实，排水顺畅。脚手架应搭设在墩台四周环形闭合，以增加稳定性。脚手架除应满足使用功能外，还应具有足够的强度、刚度及稳定性。

(4) 钢筋加工及绑扎

①墩、台身钢筋加工应符合一般钢筋混凝土构筑物的基本要求。

②基础（承台或扩大基础）施工时，应根据墩住、台身高度预留插筋。若墩、台身不高，基础施工时可将墩、台身钢筋按全高一次预理到位；若墩、台身太高，钢筋可分段施工。预埋钢筋长度宜高出基础顶面 1.5m 左右。按 50% 截面错开配置，错开长度应符合规范规定和设计要求，一般不小于钢筋直径的 35 倍且不小于 500mm。连接时宜采用帮条焊或直螺纹连接技术。预埋位置应准确，满足钢筋保护层要求。

③钢筋安装前应用钢丝刷对预埋钢筋进行调直和除锈除污处理。对基础混凝土顶面应凿去浮浆，清洗干净。

④钢筋需接长且采用焊接搭接时，可将钢筋先临时固定在脚手架上，然后再进行焊接。采用直螺纹连接时，将钢筋连接后再与脚手架临时固定。在箍筋绑扎完毕即钢筋已形成整体骨架后，即可解除脚手架对钢筋的约束。

⑤所有钢筋交叉点均应进行绑扎，绑丝扣应朝向混凝土内侧。

⑥钢筋骨架在不同高度处绑扎适量的垫块，以保持钢筋在模板中的准确位置和保护层厚度。保护层垫块应有足够的强度及刚度，宜使用塑料垫块。使用混凝土预制垫块时，必须严格控制其配合比，保证垫块强度，垫块设置宜按照梅花形均匀布置，相邻垫块距离以

750mm左右为宜，矩形柱的四面均应设置垫块。

（5）模板加工及安装

①圆形或矩形截面墩柱宜采用定型钢模板，薄壁墩台、肋板桥台及重力式桥台视情况可使用木模、钢模和钢木混合模板。

②采用定型钢模板时，钢模板应由专业生产厂家设计及生产，拼缝以企口为宜。

③圆形或矩形截面墩柱模板安装前应进行试拼装，合格后安装。安装宜现场整体拼装后用汽车吊就位。每次吊装长度视模板刚度而定，一般为4～8m。

④采用木质模板时，应按结构尺寸和形状进行模板设计，设计时应考虑模板有足够的强度、刚度和稳定性，保证模板受力后不变形，不位移，成型墩台的尺寸准确。墩台圆弧或拐角处，应设计制作异形模板。

⑤墩台模板应有足够的强度、刚度和稳定性。模板拼缝应严密不漏浆，表面平整不错台。模板的变形应符合模板计算规定及验收标准对平整度控制的要求。

⑥薄壁墩台、肋板墩台及重力式墩台宜设拉杆。拉杆及垫板应具有足够的强度及刚度。拉杆两端应设置软木锥形垫块，以便拆模后去除拉杆。

⑦墩台模板，宜在全桥使用同一种材质、同一种类型的模板，钢模板应涂刷色泽均匀的脱模剂，确保混凝土外观色泽均匀一致。

⑧混凝土浇筑时应设专人维护模板和支架，如有变形、移位或沉陷，应立即校正并加固。预埋件、保护层等，发现问题时，应及时采取措施纠正。

（6）混凝土浇筑

①浇筑混凝土前，应检查混凝土的均匀性和坍落度，并按规定留取试件。应根据墩、台所处位置、混凝土用量、拌合设备等情况合理选用运输和浇筑方法。

②采用商品混凝土时，应选择合格供应商，并提供商品混凝土合格证和混凝土配合比通知单。混凝土浇筑前应将模内的杂物、积水和钢筋上的污垢彻底清理干净，并办理隐、预检手续。

③大截面墩台结构，混凝土宜采用水平分层连续浇筑或倾斜分层连续浇筑，并应在下层混凝土初凝前浇完上层混凝土。水平分层连续浇筑上下层前后距离应保持1.5m以上。倾斜分层坡度不宜过陡。浇筑面与水平夹角不得大于25°。

④墩柱因截面小，浇筑时应控制浇筑速度。首层混凝土浇筑时，应铺垫50～100mm厚与混凝土同配比的减石子水泥砂浆一层。混凝土应在整截面内水平分层，连续浇筑，每层厚度不宜大于0.3m。如因故中断，间歇时间超过规定则应按施工缝处理。

⑤柱身高度内如有系梁连接，则系梁应与墩柱同时浇筑，当浇筑至系梁上方时，浇筑速度应适当放缓，以免混凝土从系梁顶涌出。V形墩柱混凝土应对称浇筑。墩柱混凝土施工缝应留在结构受剪力较小。且宜于施工部位。如基础顶面、梁的承托下面。

⑥在基础上以预制混凝土管等作墩柱外模时，预制管节安装应符合下列要求：第一，基础面宜采用凹槽接头，四槽深度不应小于50mm；第二，上下管节安装就位后，用四根

竖方木对称设置在管柱四周并绑扎牢固防止撞击错位;第三,混凝土管柱外模应加斜撑以保证浇筑时的稳定性;第四,管口应用水泥砂浆填严抹平。

⑦钢板箍钢筋混凝土墩柱施工,应符合下列要求:

钢板箍、法兰盘及预埋螺栓等均应由具有相应资质的厂家生产,进场前应进行检验并出具合格证。厂内制作及现场安装应满足钢结构施工的有关规定。

在基础施工时应依据施工图纸将螺栓及法兰盘进行预埋,钢板箍安装前,应对基础、预埋件及墩柱钢筋进行全面检查,并进行彻底除锈除污处理,合格后施工。

钢板箍出厂前在其顶部对称位置焊吊耳各一个,安装时由吊车将其吊起后垂直下放到法兰盘上方对应位置,人工配合调整钢板箍位置及垂直度,合格后由专业工人用电焊将其固定,稳固后摘下吊钩。

钢板箍与法兰盘的焊接由专业工人完成,为减小焊接变形的影响,焊接时应对称进行,以便更好地控制垂直度与轴线偏位。混凝土浇筑前按钢结构验收规范对其进行验收。钢板箍墩柱宜灌注补偿收缩混凝土。对钢板箍应进行防腐处理。

⑧浇筑混凝土一般应采用振捣器振实。使用插入式振捣器时,移动间距不应超过振捣器作用半径的1.5倍;与侧模应保持50~100mm的距离;插入下层混凝土50~100mm;必须振捣密实,直至混凝土表面停止下沉、不再冒出气泡、表面平坦、泛浆为止。

(7)混凝土成型养护

混凝土浇筑完毕,应用塑料布将顶面覆盖,凝固后及时洒水养护。模板拆除后,及时用塑料布及阻燃保水材料将其包裹或覆盖,并洒水湿润养生。养生期一般不少于7d。也可根据水泥、外加剂种类和气温情况而确定养生时间。

(8)模板及脚手架拆除

侧模在混凝土强度能够保证结构表面及棱角不因拆模被损坏时进行,上系梁底模的拆除应在混凝土强度达到设计值的75天后进行。

桥梁墩台施工方法通常分为两大类:一类是现场就地浇筑与砌筑;一类是拼装预制的混凝土砌块、钢筋混凝土或预应力混凝土构件。前者工序简便,机具较少,技术操作难度较小;但是施工期限较长,需消耗较多的劳力和物力。后者的特点是可确保施工质量、减轻工人劳动的强度,又可加快工程进度,提高经济效益,对施工场地狭窄,尤其是缺少砂石地区或干旱缺水地区建造桥墩有着更重要的意义。钢筋混凝土墩台施工的每一工艺过程应严格按照相应的工艺标准进行。

2. 钢筋混凝土墩身的施工关键技术及质量控制

(1)墩台模版

在墩台施工时,往往应根据桥址处的场地条件、墩台的结构形状以及模板周转使用的经济性来选择墩台施工的模板组合方式。墩台模板的类型主要可分为拼装式模板和滑升模板两大类。拼装模板是根据墩台所需要的形状由各种尺寸的标准模板利用销钉连接,并与拉杆和加劲构件等组成墩台所需形状的模板。

墩台模板应具有较好的强度、刚度和稳定性，必须保证浇筑混凝土前后模板表面的平整度，不出现跑模、漏浆等弊病。如果墩台模板较高，必须设置撑木或抗风拉索等稳定设施。墩台模板选择应考虑周转使用，宜采用标准规格的组合式模板或适合大量同类型桥墩的拼装式模板。平面模板的尺寸应尽可能选择大面积的，以使墩台表面减少接缝。在浇筑混凝土前，应在模板内侧涂刷脱模剂，不得使用会使混凝土表面变色或变质的脱模剂。墩台预埋件或孔洞必须预先考虑，并准确牢固地和模板相固定，以防振捣混凝土或其他外力使之变位。侧模上的拉杆一般均埋于墩台混凝土中。拆模后，墩台表面留下的无用孔洞，必须及时用砂浆或细石混凝土抹平。模板安装完毕后，需在检查其平面位置、顶面标高、节点连接及其他稳定性问题后，方可浇筑混凝土。墩台模板宜在上部结构施工前拆除。拆除模板时，不允许粗暴地敲打和甩掷模板，更要注意拆除的顺序，以防出现事故。

模板的设计、制作、安装和拆卸应符合《公路桥涵施工技术规范》（JTJ041-89）的有关规定：①具有必需的强度、刚度和稳定性，能可靠地承受施工过程中可能产生的各项荷载，保证结构物各部分形状、尺寸的准确；②尽可能采用组合钢模板或大模板，以节约木材、并提高模板的适应性和周转率；③模板平面平整，接缝严密不漏浆；④拆装容易，施工时操作方便，保证安全。

（2）混凝土工程

桥梁墩台具有垂直高度较高、平面尺寸相对较小的特点，因此，其混凝土的浇筑方法有别于梁或承台等构件的混凝土浇筑方法。墩台混凝土施工前，应将基础顶面冲洗干净，凿除表面浮浆，整修连接钢筋。灌筑混凝土时，应经常检查模板、钢筋及预埋件的位置和保护层的尺寸，确保位置正确，不发生变形。混凝土施工中，应切实保证混凝土的配合比、水灰比和坍落度等技术性能指标达到规范要求。

墩台混凝土运输不仅有水平运输，而且存在施工较为困难的垂直运输。墩台混凝土的水平与垂直运输要相互配合方式。如混凝土数量大，浇筑捣固速度快时，可采用混凝土皮带运输机或混凝土输送泵。在混凝土运输过程中，应有足够的初凝时间，以保证混凝土的浇筑质量。为保证灌注质量，混凝土的配制、输送及浇筑的速度不得小于混凝土配料、输送及灌注的容许最小速度。混凝土的拌和、运输及浇筑的速度应大于墩台混凝土浇筑体积与配制混凝土的初凝时间之比。

墩台是大体积圬工，为避免水化热过高，导致混凝土因内外温差引起裂缝，应采取的措施有：用改善骨料级配、降低水灰比、掺加混合材料与外加剂、掺入片石等方法减少水泥用量；采用水化热低的水泥；减小浇筑层厚度，加快混凝土散热速度；混凝土用料应避免日光暴晒，以降低初始温度；在混凝土内埋设冷却管通水冷却。对于泵送混凝土，应防止堵管现象的发生。大体积墩台混凝土浇筑时应注意分层分块浇筑，同时应控制混凝土水化热。在一般情况下应符合《公路桥涵施工技术规范》的要求：当平截面过大，不能在前层混凝土初凝或被重塑前浇筑完成次层混凝土时，可分块进行浇筑。分块浇筑时应符合下列规定：分块宜合理布置，各分块平截面面积小于50m²；每块高度不宜超过2m；块与块间的竖向接缝面，应与基础平截面的短边平行，与截面长边垂直；上、下邻层混凝土间的竖向接缝，应错开位置做企口，并按施工缝处理。

墩台身钢筋的绑扎应和混凝土的灌注配合进行。在配置第一层垂直钢筋时，应有不同的长度，同一断面的钢筋接头应符合施工规范的规定，水平钢筋的接头，也应内外、上下互相错开。钢筋保护层的净厚度，应符合设计要求。如无设计要求时，则可取墩台身受力钢筋的净保护层不小于30mm，承台基础受力钢筋的净保护层不小于35mm。墩台身混凝土宜一次连续浇筑，否则应按桥涵施工规范的要求，处理好连接缝。墩台身混凝土未达到终凝前，不得泡水。

（3）镶面与钢筋骨架

随着混凝土作为墩台材料的普遍使用，浆砌片石和浆砌块石作为墩台的主体结构逐渐减少，而为了美化墩台、防止冰棱撞击，保护混凝土表面免受海水或其他化学腐蚀，采用如花岗岩、大理石等镶面材料装饰混凝土表面，也可以将这些材料作为模板，进行墩台混凝土浇筑。桥墩破冰体镶面的砌筑应符合下列要求：破冰棱与垂线夹角大于20°时，破冰体镶面横缝应垂直于破冰棱；夹角≤20°时，镶面横缝可成水平；破冰体镶面的砌筑层次应与墩身一致；砌缝宽度应为1~1.2cm；不得在破冰棱中线上及破冰棱与墩身相交线上设置砌缝。

墩台的钢筋骨架制作需经过调直除锈、下料、弯制、绑扎等工序。钢筋混凝土墩台的形式多样，造成了墩台中钢筋骨架形状的各异。预制成的墩台钢筋骨架，必须具有足够的刚度和稳定性，以利于吊装；尺寸要求准确，符合设计要求。墩台钢筋骨架通常体量较大，制作好后必须安放在平整、干燥的场地上，下部用方木垫平，并挂上标识牌，以防止混淆。钢筋骨架吊装时应注意轻起慢落，防止骨架变形。骨架进入模板前应保持顺直。安装后，保护层厚度要符合设计要求。

（二）砌筑墩台施工

石砌墩台具有就地取材和经久耐用等优点，在石料丰富地区建造墩台时，在施工期限许可的条件下，为节约水泥，应优先考虑石砌墩台方案。

1．石料、砂浆与脚手架

石砌墩台是用片石、块石及粗料石以水泥砂浆砌筑的，石料与砂浆的规格要符合有关规定。浆砌片石一般适用于高度小于6m的墩台身、基础、镶面以及各式墩台身填腹；浆砌粗料石则用于磨耗及冲击严重的分水体及破冰体的镶面工程以及有整齐美观要求的桥墩、台身等。

将石料吊运并安砌到正确位置是砌石工程中比较困难的工序。当重量小或距地面不高时，可用简单的马凳跳板直接运送；当重量较大或距地面较高时，可采用固定式动臂吊机或桅杆式吊机或井式吊机，将材料运到墩台上，然后在分运到安砌地点。用于砌石的脚手架应环绕墩台搭设，用以堆放材料，并支持施工人员砌筑镶面定位行列及勾缝。脚手架一般常用固定式轻型脚手架（适用于6m以下的墩台）、简易活动脚手架（能用在25m以下的墩台）以及悬吊式脚手架（用于较高的墩台）。

2. 墩台砌筑施工要点

在墩台砌筑前应按设计图放出实样，挂线砌筑。砌筑基础的第一层砌块时，如基底为土质，只在已砌石块的侧面铺上砂浆即可，不需坐浆；如基底为石质，应将其表面清洗、润湿后，先坐浆再砌石。砌筑斜面墩台时，斜面应逐层放坡，以保证规定的坡度。砌块间用砂浆黏结并保持一定的缝厚，所有砌缝要求砂浆饱满。形状比较复杂的工程，应先做出配料设计图，注明块石的尺寸；形状比较简单的，也要根据砌体高度、尺寸、错峰等，先行放样配好料石再砌。砌筑时，同一层石料及水平灰缝的厚度要均匀一致，每层按水平砌筑，丁顺相间，砌石灰缝互相垂直，灰缝宽度和错缝按规定办理。砌石顺序为先角石，再镶面，后填腹。填腹石的分层厚度应与镶面相同；圆端、尖端及转角形砌体的砌石顺序，应自顶点开始，按丁顺排列接砌镶面石。圆端形桥墩的圆端顶点不得有垂直灰缝，砌石应从顶端开始，按丁顺相间排列，安砌四周镶面石；尖端桥墩的尖端及转角处不得有垂直灰缝，砌石应从两端开始，先砌石块，再砌侧面转角，然后按丁顺相间排列，安砌四周的镶面石。

3. 墩（台）顶帽施工

墩（台）顶帽是用来支承桥跨结构的，其位置、高程及垫石表面平整度等，均应符合设计要求，以避免桥跨结构安装困难，或使顶帽、垫石等出现破裂或裂缝，影响墩台的正常使用功能和耐久性。墩台混凝土（或砌石）灌筑至离墩、台帽底下30~50cm高度时，即需测出墩台纵横中心线，并开始竖立墩、台帽模板，安装锚栓孔或安装顶埋支座垫板、绑扎钢筋等。台帽放样时，应注意不要以基础中心线作为台帽背墙线，浇筑前应反复核实，以确保墩（台）帽中心、支座垫石等位置方向与水平标高等不出差错。墩台帽系支撑上部结构的重要部分，其尺寸位置和水平标高的准确度要求较严，浇筑混凝土应从墩（台）帽下30~50cm处至墩（台）帽顶面一次浇筑，以保证墩（台）帽底有足够厚度的紧密混凝土。台帽背墙模板应特别注意纵向支撑或拉条的刚度，防止浇筑混凝土时发生鼓肚，侵占梁端空隙。

墩（台）帽上的支座垫板的安设一般采用预埋支座垫板和预留锚栓孔的方法。前者须在绑扎墩台帽和支座垫石钢筋时将焊有锚固钢筋的钢垫板安设在支座的准确位置上，即将锚固钢筋和墩（台）帽骨架钢筋焊接固定，同时用木架将钢垫板固定在墩（台）帽模板上。此法在施工时垫板位置不易准确，应经常校正。后者须在安装墩（台）帽模板时，安装好预留孔模板，在绑扎钢筋时注意将锚栓孔位置留出。此法安装支座施工方便，支座垫板位置准确。

（三）装配式墩台施工

1. 装配式墩台的概述

装配式墩台常被应用到山谷架桥以及超过平缓没有漂流物的河沟以及河滩等公路桥梁

工程中，尤其是一些容易受到干扰且施工场地比较狭窄、砂石和水供应非常困难的地区，它的施工效果非常显著。对于装配式墩台施工方法来说，它的优势在于结构形式非常轻便，施工速度比较快，施工工序简单，而且预制构件的质量具备可靠的保证。装配式墩又可以分成柱式墩、后张法预应力墩、浇筑墩台等。

（1）装配式墩台的分类

下面对这几种墩台分别进行介绍：①装配式柱式墩，这种墩台是把桥墩分成几个轻型部件，先在工厂或者工地里面集中进行预制，然后运送到施工现场按照桥梁装配规范进行装配，完成后还要及时进行检查；②后张法预应力墩，由墩台基础、实体墩身以及装配墩身组成，在这里面装配墩身常由基本构件、隔板、顶帽以及顶板等四种形状不同的构件组成，之后将高强钢丝穿入提前预留的孔道（这种孔道是上下贯通的）里面，张拉锚固便完成了；③现场浇筑墩台又叫V形墩，它的施工工序分为两种，一种属于制作和安装的墩台模板，另一种则是混凝土浇筑。

2.拼装接头

（1）钢筋锚固接头

钢筋铺固接头连接是使构件上的预留钢筋形成钢筋骨架，插入另一构件的预留槽内，或将钢筋互相焊接后再浇筑混凝土，这种方法多用于立柱与墩帽处的连接。

（2）承插式接头

承插式接头连接是将预制构件插入相应的承台预留孔内，插入长度一般为1.2～1.5倍的构件宽度，底部铺设2cm厚的砂浆，四周以半干硬性混凝土填充，这种方法常用于立柱与基础的接头连接。

（3）焊接接头

焊接接头连接是将预埋在构件中的钢板与另一构件的预埋钢板用电焊连接，外部再用混凝土封闭。这种方法易于调整误差，多用于水平连接杆与立柱间的连接。

（4）扣环式接头

扣环式接头连接即相互连接的构件按预定位置预埋环式钢筋，安装时柱脚先安置在承台的柱心上，上、下环式钢筋互相错接，扣环间插入U形钢筋焊接，之后立模浇筑外侧接头混凝土。

（5）法兰盘接头

采用法兰盘接头时，在连接构件两端安装法兰盘，连接时要求法兰盘预埋件的位置必须与构件垂直，接头处可以不采用混凝土封闭。

3.砌块式墩台施工

砌块式墩台安装前的准备工作与石砌墩台相同，只是预制砌块的形式因墩台形状不同而有很多变化。基坑坑底整平后，经检验合格后铺设砂、砾石或碎石垫层并夯实整平，铺好坐浆后安装墩台。其施工方法和注意事项为：

①预制砌块时，吊环宜设于凹窝内，使其不突出顶面，以免妨碍拼装，同时也省去切

除吊环工序；②吊运安装机具可采用各种自行式吊车、龙门架、简易缆索吊机设备或各种扒杆；③砌块安装时应对准位置安放平稳，若位置不准确时，应吊起重放，不得用撬棍拔移；④安砌时，平缝用较干砂浆。砌缝宽度应不大于1cm，为防止水平缝砂浆全被上层砌块挤出，可在水平缝中垫以铁片，其厚度需小于铺筑的砂浆。竖向砌缝中砂浆应插捣密实，砌筑上篇路桥工程施工技术外露面时应预留2cm的空缝备作勾缝之用，隐蔽面砌缝可随砌随刮平。竖向砌缝错缝应不小于20cm；⑤每安装高1m左右的砌块应进行找平，控制灰缝厚度和标高。

4. 柱式墩施工

装配式柱式墩系将桥墩分解成若干轻型部件，在工厂或工地集中预制，再运送到现场装配桥梁。其形式有双柱式、排架式、板凳式和刚架式等。装配式柱式墩台应注意以下几个问题：

①墩台柱构件与基础顶面预留环形基座应编号，并检查各个墩、台高度是否符合设计要求；基杯口四周与柱边的空隙不得小于2cm；②墩台柱吊入基坑内就位时，应在纵横方向测量，使柱身垂直度或倾斜度以及平面位置均符合设计要求；对重大、细长的墩柱，需用风缆或撑木固定，方可摘除吊钩；③在墩台柱顶安装盖梁前，应先检查盖梁口预留槽眼位置是否符合设计要求，否则应先修凿；④柱身与盖梁（顶帽）安装完毕并检查符合要求后，可在基坑空隙与盖梁槽眼处灌注稀砂浆，待其硬化后，撤除楔子、支撑或风缆，再在楔子孔中灌填砂浆。

在基础或承台上安装预制混凝土管节、环圈做墩台的外模时，为使混凝土基础与墩台连接牢固，应由基础或承台中伸出钢筋插入管节、环圈中间的现浇混凝土内，插入钢筋的数量和锚固长度应按设计规定或通过计算决定。管节或环圈的安装、管节或环圈内的钢筋绑扎和混凝土浇筑，应按《公路桥涵施工技术规范》（JTG/TF50-2011）有关章节的规定。

5. 后张法预应力钢筋混凝土装配式墩台施工

后张法预应力钢筋混凝土装配式墩台采用的预应力钢材主要有高强度低松弛率钢丝和冷拉Ⅳ级粗筋两种。高强度低松弛率钢丝的强度高，张拉力大，因此所需预应力束的数量较少，施工时穿束较容易。在预应力钢束连接处，受预应力钢束连接器的影响，需要局部加厚构件的混凝土壁。对于冷拉Ⅳ级粗钢筋，要求混凝土预制构件中的预留孔道精度高，以利于冷拉Ⅳ级粗钢筋的连接。后张法预应力钢筋混凝土装配式墩台的预应力张拉方式有两种，即在墩帽顶上张拉预应力钢束和在墩台底的实体部位张拉预应力钢束，一般在墩帽顶上张拉预应力钢束。

（1）在墩帽顶上张拉预应力钢束

在墩帽顶上张拉预应力钢束的主要特点是：①张拉作业为高空作业，虽然张拉操作方便，但安全性较差；②预应力钢束锚固端可以直接埋入承台，而不需要设置过渡段；③在墩台底截面受力最大的位置可以发挥预应力钢束抗弯能力强的特点。

（2）在墩台底的实体部位张拉预应力钢束

在墩台底的实体部位张拉预应力钢束的主要特点是：①张拉作业为地面作业，施工安全且方便；②在墩台底要设置过渡段，既要满足预应力钢束张拉千斤顶的安放要求，又要布置较多的受力钢筋，以满足截面在运营阶段的受力要求；③过渡段构件中预应力钢束的张拉位置与竖向受力钢筋间的相互关系较为复杂。

应特别注意的是，压浆时最好由下而上压注，构件装配的水平拼装缝采用35号水泥砂浆，砂浆厚度为15mm，一方面可以起到调节水平的作用，另一方面可避免因渗水而影响预制构件的连接质量。

6. 装配式墩台施工时应注意以下几个问题

①预制的构件必须达到满足的强度后才能转场，接头处预埋的钢筋或型钢的位置要足够精确，以免给施工带来难度；②构件在转场途中，需对接头进行保护，如果接头损坏将影响到拼接施工，如果损坏严重时必须重新预制构件；③施工前检查各个墩台或基础的标高是否符合设计要求；④墩台拼装就位时，应在纵向、横向测量，使墩身竖直度或倾斜度以及墩台平面位置符合设计要求，对重大、高度较高的墩进行风缆固定，然后摘除吊钩；⑤构件接头处的混凝土需进行充分的养护，保证整体墩台的连续强度与稳定。

（四）滑模施工

1. 工艺原理及特点

滑升模板主要由模板、围圈、提升架、操作平台吊脚手架、支承杆及千斤顶等其基本构件组成。滑升模板是现浇混凝土工程中的一种活动成型胎模，主要由工具模板和提升机具两部分组成。工具式模板由定型组合钢模板按设计的截面尺寸组装而成，即在两侧模板之间形成一个上下贯通的活动套槽。主要适用于公路与铁路的圆形、圆端形及矩形空心、实心桥墩施工，也可用于倒锥壳水塔有筒身及混凝土料仓施工。对以上结构尺寸的适用范围是：墩（筒）面尺寸与高度均不受限制，壁厚要求不得小于18cm，并适用于台阶式墩帽施工。

2. 滑模施工

滑模施工的工序：施工前的准备→钢筋的安装→滑模组装→混凝土的浇筑→模板的滑升→混凝土的表面处理→滑模的拆除。

（1）施工前准备

为了保障后续施工的顺利展开，做好施工前的准备工作对于保障工程质量具有重要的意义。施工前的准备主要包括以下多个方面：

①图纸。图纸是整个桥梁墩台滑模施工的参考依据，其完整性将直接影响到施工质量。作为设计人员，应该出具一套统一的、清晰的图纸；作为施工者，需要严格按照图纸进行施工；②滑升方案。滑升方案的确定需要综合考虑各个因素，尤其是构造物的结构特点，此外，还需在反复试验的基础上确定最终方案；③爬杆。爬杆起到的是支架的作用，一方

面是为了节约施工材料，另一方面为了使得工程的结构达到最优化，在设计时，需要精确计算；④滑模内侧。为了进一步加固滑模质量，使得其在施工中具有足够的强度，需要在滑模内侧铺设一层由钢板制作的钢槽。

（2）滑模组装

滑模的组装需要按照一定的顺序来进行，以便控制整个桥梁墩台的施工。合理的顺序依次为：搭设临时平台→安装提升架→焊接支柱→安装围圈→安挂模板→组装操作平台→安装三角挑架→安装千斤顶→安装支承架→吊脚手架。在施工现场，由专人指挥，合理安排施工工序。

①滑模的组装。组装标高的确立以基础表面的最高点作为参考依据；②支架高度。低洼处的支架下面需垫上适当的填充物，以此来提升支架的高度；③焊接顺序。焊接时在总体上遵循"先上后下"的原则；④钢筋的绑扎。在横梁底部处，钢筋的绑扎应该形成固定的结构，在横梁以上时，随着模板的滑升高度来绑扎。

由于滑模的组装工艺复杂，在操作过程中难免会出现疏忽的地方，因此，在组装工序完成后，还需要由专业的人员仔细检查，直到质量合格时，方可进入下一施工流程。

（3）混凝土的浇筑

混凝土在浇筑的过程中对于和易性及坍落度落度都有具体要求。所以，混凝土在使用前应该做好相关的试验准备工作，根据实际情况调整坍落度。浇筑时主要对以下几个方面重点关注：和易性，混凝土的和易性随时都会发生变化，需要做反复的试验，不能产生离析和泌水现象；出模强度，混凝土的出模强度一般控制在 0.2MPa 左右；凝结时间，为了使得混凝土的强度达到最佳状态，还应该控制它的凝结时间，其中初凝时间在 2 小时以内，终凝时间在 5 小时左右。为了改善混凝土的质量，还可以通过加入早强剂、缓凝剂、减水剂等，来达到工程上的标准。同时，为保证滑模在提升中不至因为提升太快而出现混凝土坍塌或破坏，在施工中，在混凝土拌合物内加入了适量速凝剂，以提高早期强度。速凝剂按照产品说明增加。

滑模提升时间、高度。首批混凝土浇筑完成后，随即提升滑模，根据浇筑速度及混凝土凝结时间，滑模上升速度控制在 1.0m/h 以内，拉升高度每次 0.3m，约 1.5h 提升一次。同时为确保混凝土表面光滑、平整，在滑模下方设有吊篮进行人工收面，在混凝土浇筑完成后放下滑模时再进行一次压光。

当混凝土脱模以后，就需要对其养生喷洒保水剂。如果混凝土表面比较干燥，其内部的水分就会快速蒸发，这对于混凝土的养护是极为不利的，此时，可以向混凝土表面喷洒保水剂，以此来达到均衡水分的效果。也可采用湿布覆盖法，该方法适用于炎热的夏季，水分流失快，一般的保水剂难以保证混凝土内部的含水量，常用的方法是在土工布或塑料薄膜覆盖、包裹，洒水养生。

（4）模板的滑升

模板的滑升主要分三次进行：①初升。模板初升时，对于混凝土强度的要求并不高。

就严格的工程来说，其混凝土强度只要超过3MPa即可进行；②正常滑升。正常滑升时需要按照混凝土的厚度来进行，在此过程中，始终保持墩身中线不偏离中心。所以，为了保障滑升时千斤顶之间保持平衡，应该每滑升一段距离，就检测一次，在工程中，相邻的两个千斤顶之间的高度需保持在1cm的误差范围。此外，还需要对模板的水平状态等做间隔性的检查；③末升。随着模板的上升，最终到达顶端。其间还需要经历一个过程，就是末升。当模板上升到距离顶端1m时，接下来的上升阶段称之为末升。此时，应该减缓模板上升的速度，并且对平台的水平度、中心线的位置等做最后的检验，直到模板上升到底部为止。

（5）滑模的拆除

当滑模经过了初升、正常滑升以及末升之后，就可以将滑模拆除。原则上是将装置分解为片状后用塔吊吊运至地面再拆除。具体的拆除顺序为加固支撑杆→油路和千斤顶的拆除→内桁架的拆除→操作平台的拆除→内外模板的拆除→内外吊脚手的拆除→支撑、开字架的拆除→杆件塞头的拆除。拆除的工作危险系数较高，由于工作的疏忽等原因而导致工程安全事故的案例每年都有发生，为了安全起见，在拆除模板的时候应该服从指挥，服从管理，严格按照顺序来拆除。在作业中，作业人员必须系安全带，充分利用塔吊将滑模拆除，尽量减少人力的使用，因为这属于重型作业。

第三节　桥梁下部结构常见病害及预防措施

一、桥梁下部结构常见病害

（一）桥梁的盖梁部分

盖梁的主要作用就是支撑桥梁的上部结构重量并且能够将其荷载进行分布和传递，在桥梁的下部结构中扮演着荷载量分散的重要角色，通过盖梁的作用，支座上的荷载量能够与桥墩之间进行传递，将更多的重量转移到桥墩的支撑上去。而桥梁混凝土盖梁最常引起的病害主要是混凝土剥落、开裂以及漏筋等等。一旦桥梁的盖梁结构出现问题，桥梁的整体承载力就会大大降低，加重桥梁上部结构的承载，对桥面造成破坏。

（二）桥梁的墩台结构

墩台是支撑桥梁上部结构、承载桥梁上部重量的重要部分，在建设中，我们通常将桥墩和桥台统称为墩台，墩台上最为常见的病害就是基础冲刷，而造成基础冲刷的病害主要有两个方面的原因：首先在桥梁设计前的野外勘察工作不够充分，造成了桥位选择的错误，其次桥梁下方的河流流量超过我们的预期，没有对河流的流量进行充分的预测，从而造成我们在进行基础埋设的时候较浅，容易造成基础冲刷。

（三）桥梁的支座部分

支座的主要作用就是连接桥梁的上部结构和下部结构，与盖梁的作用相似，支座能够将桥梁的上部结构承载转移到盖梁或者桥墩构件，通过发挥在整个桥梁建设中的传力作用，使得桥梁整体结构的受力情况符合理论计算，避免出现桥梁承载力不够等情况。桥梁支座部分主要可能会发生的病害就是脱空、破裂等。

（四）桥梁下部结构中的桥墩

桥墩位于桥梁的中间结构，扮演着桥梁主要承重的角色，桥梁的上部结构就设置在桥墩之上，主要的病害情况是开裂、墩顶混凝土破损等。

二、减少桥梁常见病害的预防措施

（一）加强对桥梁设计施工过程的关注

桥梁下部结构在桥梁的整体建设中扮演着重要的角色，不仅能够承载桥梁的上部结构，更能够通过桥墩、支座、墩台以及盖梁的设计进行上部结构承载重量的分散和传递，并且对桥梁整体工程的造价以及工期、整体质量以及使用期限等有着重要的影响。为了实现高质量的桥梁建设，预防桥梁下部结构出现各种病害隐患，相关建设人员在进行桥梁下部结构设计的时候应当充分结合桥梁下部整体状况的特点，对各个部分的设计都进行细致的研究和规划，为预防病害做一个提前的准备工作。

在设计的过程中，设计者应当进行整体建设方案的设计，方案中必须要体现合理性以及整体结构的优化，对于整个结构体系进行细致的研究。同时，必须要对配套的施工方案进行安全系数以及可实施程度的评估，充分考虑施工过程中的材质、顺序、方法等对于桥梁结构性能的影响，尽可能地在评估中考虑有可能会出现的病害问题，并做好预防措施方案，最大限度上减少桥梁建成后可能出现的问题。施工过程是设计过程的延伸，我们应当加强对几个方面的关注，首先是建筑材料的选择，在水泥、沙子和砂子几种建筑材料中我们应当加以适当的选择，在选择的时候应当充分考虑该部分在桥梁中的作用，从稳固性等方面加以考虑。在使用混凝土的时候应当优化混凝土的比例，尽可能地提升混凝土的强度和耐久性。在施工队伍的选择方面更是要慎重，尽量选择经验比较丰富的专业团队。

（二）注重培养桥梁养护管理人员并进行检测设备的配备

为了能够最大限度地减少桥梁使用过程中的病害事故，相关管理部门应当为桥梁配备专业的养护管理专职工程师，进行定时专业的检查工作，主要目的在于对桥梁的结构状况和安全状况进行检测，并对桥梁的承载能力和车流量通行能力做简单分析。重要的是，专业的养护管理人员还应当指导相关人员进行桥梁的正确使用和养护，延长桥梁的使用期限，及早地发现桥梁下部结构中的隐患。

　　同时，相关部门还应当组织工程人员的技术培训，一方面要加强工程人员对于桥梁养护管理的技术，熟悉掌握桥梁养护维修检测的过程和方法，规范要求桥梁检查资料的编写和汇总，另一方面要加强工程人员对于桥梁养护管理的责任感，加深管理人员对于桥梁养护的认识，从而能够更加投入到桥梁的养护管理工作当中。为了更好地进行桥梁养护的管理工作，相关部门应当进行配套设备的配置。只有拥有精确的检查设备，技术人员才能够对桥梁的下部结构加以精确地测量和评估，才能够真正实现桥梁养护的目标。相关的检查设备也需要经过定期的检查，并且及时地进行更新，不断地追求精确度上的进步，推动检查设备及手段走向现代化和科学化。

（三）对桥梁的使用加以控制，实现定期检查养护

　　为了最大限度地延长桥梁的使用寿命，我们应当从两个方面着手。首先应当对桥梁的使用加以严格的控制，加强对车辆超载现象的处罚力度，从而能够避免桥梁承载重量过大造成的损坏。通过加强对货运的控制，各方的联动配合对超载等现象加以严格的处理，进一步加强对城市道路交通秩序的管理，对车流量加以控制，从而减轻桥梁的使用压力，减少对桥梁下部结构中桥墩等结构的损害。另外，我们应当进行桥梁的定期养护和检查，并且逐步形成完整的养护管理制度，确定检查的频率以及检查的方向，对相关人员以及设备进行周期性的配置，并按照这一完整的养护制度进行日常的定期管理。

第五章 桥梁上部结构施工技术

桥梁上部结构是在桥梁施工中最为重要的部分,它直接影响到施工时间和造价成本,也关系到桥梁作用效果的实现和桥梁结构的稳定性,与桥梁的安全性和美观性息息相关。桥梁上部结构的施工工序较多,因此,施工技术也就出现多样化的特点,主要有预制安装法、移动模架逐孔施工法、就地浇注法、顶推法施工法、转体施工法、悬臂施工法等。

第一节 混凝土简支梁施工技术

一、简支梁桥

(一)简支梁桥的概念

简支梁,即指梁的两端搁置在支座上,支座仅约束梁的垂直位移,梁端可自由转动。为使整个梁不产生水平移动,在一端加设水平约束,该处的支座称为铰支座,另一端不加水平约束的支座称为滚动支座。

简支梁桥是由一根两端分别支撑在一个活动支座和一个铰支座上的梁作为主要承重结构的梁桥。其属于静定结构。其是梁式桥中应用最早、使用最广泛的一种桥形。其构造简单,架设方便,结构内力不受地基变形,温度改变的影响。

(二)简支梁桥的分类

从梁的截面形式来区分,混凝土简支梁桥可以分为三种类型:板桥、肋板式桥和箱梁桥。其中肋板式桥的横截面形式又主要有 Π 形和 T 形两种基本形式。

1. 板桥

板桥的承重结构就是矩形截面的钢筋混凝土或预应力混凝土板,其主要特点是构造简单,施工方便,而且建筑高度较小。板桥通常有三种结构形式,即装配式板桥、整体式板桥、组合式板桥。这三种结构形式的板式梁因结构上的差异而导致使用中受力与变形方面的不同,从而导致承载能力的不同,因而适用的场合和跨径也不同。

(1)整体式板桥

整体式板桥是小跨径桥梁中常用的形式,因其具有结构整体性强、刚度大,成桥后桥面状况好的优势而得到广泛应用。

但整体式板桥的施工存在如下不便之处：需要现场浇筑，机械化程度低，施工速度慢，支架和模板使用量大，在架空太高或深水环境中难以施工等。

整体式板桥梁的截面形式主要有实心式、空心式、矮肋式。其通常在桥位处现场浇筑；当具有充分的吊装条件时，也可以先在桥下预制整体式板梁，然后吊装就位。整体式板桥在车辆等荷载的作用下，其变形和内力分布均表现为空间板结构的空间受力状态，受力时发现其不但绕受力方向产生双向弯矩，而且由于弯曲曲率逐点不同，还将导致围绕法线的扭矩产生。因此，整体式板桥的承载能力优于装配式板桥。

（2）装配式板桥

装配式板桥一般由数块一定宽度的实心或空心预制板组成。各板利用板间企口缝填充混凝土相连接。在荷载作用下，每块板相当于单向受力的梁式窄板，除在主跨径方向承受弯曲外，中心基还承受通过板间接缝（铰缝）传递剪力而引起的扭转。因此，每块预制板除承受本板内的荷载外，还承受相邻板块作用而引起的竖向剪力和其他内力作用。由于其他内力与竖向剪力相比对确定板的内力影响很小，所以设计中多采用铰接板（梁）法确定其板中内力。板中主要受力钢筋的数量由计算得到的内力确定，此外在板中布置适量的构造钢筋以承受计算时忽略的某些内力。装配式板桥的截面形式有实心板、空心板两种。

（3）组合式板梁

组合式板桥通常采用"装配＋整体现浇"的方式成型，因而也称为叠合桥。施工中，通常在桥下将组合式板梁的底层分片预制成构件，然后在墩顶进行装配，最后以装配构件为底模，整体浇筑梁体部，从而完成组合式板桥的施工。

组合式板桥在荷载作用下的变形和受力与整体式板桥类似，属于双向受力弹性薄板。其刚度介于整体式板桥和装配式板桥之间。从组合式板梁的施工过程和成桥后的受力特点中可以看出，组合式板梁在施工过程中可以充分利用装配式板梁成桥的优点，先将部分梁体在桥下预制成构件，然后将预制构件安装于墩顶，作为上部梁体浇筑时的底模，从而大大减少了施工时所需的支撑和模板数量。组合式板梁在成桥之后又具有整体式板梁的承载能力，因此，在小跨度简支梁桥的建设中得到了广泛应用。

2. 肋板式桥

肋板式梁桥在横截面内形成明显肋形结构的梁桥称为肋板式梁桥，或简称肋梁桥。在此种桥上，梁肋（或称腹板）与顶部的钢筋混凝土桥面板结合在一起作为承重结构。由于肋与肋之间处于受拉区域的混凝土得到很大程度的挖空，就显著减小了结构自重。特别对于仅承受正弯矩作用的简支梁来说，既充分利用了扩展的混凝土桥面板的抗压能力，又有效地发挥了集中布置在梁肋下部的受力钢筋的抗拉作用，从而使结构构造与受力性能达到理想的配合。与板桥相比，对于梁肋较高的肋梁桥来说，由于混凝土抗压和钢筋受拉所形成的力偶臂较大，因而肋梁桥也具有更大的抵抗荷载弯矩的能力。目前，中等跨径（20m~25m以上）的简支梁桥通常多采用肋板式梁桥。

肋板式梁桥的横截面又分为Π形和T形两种基本形式。

1. Π形截面

Π形截面的特点是：截面形状稳定，横向抗弯刚度大，梁的堆放、装卸和安装都方便，各Π形梁之间用穿过腹板的螺栓连接。但这种构件的制造较复杂；梁肋被分成两片薄的腹板，通常用钢筋网来配筋，难以做成刚度较大的钢筋骨架。设计经验证明，跨度较大时Π形梁桥的混凝土和钢筋用量都比下述的T形梁桥的大，而且构件也重。故Π形梁桥一般只用于6~12m的小跨径桥梁，应用有限。

2. T形截面

由若干个T形截面梁组成的桥，统称为T（形）梁桥。在设计整体式T梁桥时，鉴于梁肋尺寸不受起重安装机具的限制，故可以根据钢筋混凝土体积最小的经济原则来确定截面尺寸。对于桥面不宽的双车道的公路桥梁，只要建筑高度不受限制，往往以建造双主梁桥较为合理，主梁的间距可按桥梁全宽的0.55~0.60布置。有时为减小桥面板的跨径，还可在两主梁之间增设内小纵梁。

（三）箱形梁桥

箱形梁桥是指横截面形式为箱形的桥。由于箱形截面具有闭合性，当荷载作用于梁上任何位置时，箱形梁桥结构的所有组成部分（包括顶板、腹板、底板和翼板）将同时参与受力，使其具有较大的抗扭刚度和抗弯刚度，因而其可制作成薄壁结构，从而节省大量建造材料；同时，因为箱形梁桥顶、底板具有较大的面积，能有效地抵抗正、负弯矩的作用，所以满足较大跨度简支桥梁建设的需要。

此外，对于曲线半径较大的弯桥和变宽度的桥梁，采用小箱梁布置有较好的适应性。在设计中通常根据现场条件，经技术、经济等多种因素的方案比选来确定最适宜的梁型。一般地说，整体现浇的梁桥具有整体性好、刚度大、易于做成复杂形状（如曲线桥、斜交桥、宽度变化的异形桥）等优点，但其施工速度慢，工业化程度较低，又要耗费大量支架模板材料。

二、混凝土简支梁桥施工

（一）支架与模板

1. 支架

（1）支架的类型和结构

就地浇筑简支梁桥的上部结构时，应在桥孔位置搭设支架，以支承模板和钢筋混凝土以及其他施工荷载。支架的类型主要有：

满布式木支架：满布式木支架常用于陆地、不通航的河道、桥墩不高或桥位处水位不深的桥梁。其形式可采用排架式、人字撑式或八字撑式。排架式是最简单的满布式支架，主要由排架和纵梁等部件组成，纵梁为抗弯构件，跨径一般不大于 4m。人字撑式和八字撑式支架构造较复杂，纵梁需加设可变形的人字撑或八字撑。因此，在浇筑混凝土时应适当安排浇筑程序，均匀、对称地进行浇筑，以防发生较大变形此类支架的跨径可达 8m 左右。满布式木支架的排架，可设置在枕木或桩基上，基础需坚实可靠，以保证排架的沉陷值不超过规定要求。当排架较高时，为保证支架的横向稳定，除在排架上设置撑木外，还需在排架两端外侧设置斜撑木或斜立柱。满布式支架的卸落设备一般采用木楔、木马或砂筒等，可设置在纵梁支点处或桩顶帽木上面。

钢木混合支架：钢木混合支架为加大支架跨径、减少排架数量，支架的纵梁可采用工字钢，其跨径可达 10m。但在这种情况下，支架多采用木框架结构，以提高支架的承载力及稳定性，其各项参考数值可查看《五金手册》。

万能杆件拼装支架：用万能杆件可拼装成各种跨度和高度的支架，其跨度需与杆件本身长度成整数倍。用万能杆件拼装的架的高度，可达 2m、4m、6m 或 6m 以上。当高度为 2m 时，腹杆拼为三角形；高度为 4m 时，腹杆拼为菱形；高度超过 6m 时，则拼成多斜杆的型式。用万能杆件拼装墩架时，柱与柱之间的距离应与杆架之间的距离相同，根高除柱头及柱脚外应为 2m 的倍数。用万能杆件拼装的支架，在荷载作用下的变形较大，面且难以预计其数值，因此，必要时应考虑预压重，预压质量相当于浇筑的混凝土及其模板和支架上机具、人员的质量。

装配式公路钢桥架节拼装支架：用装配式公路钢桥桁架节可拼装成桁架梁和支架，为加大桁架梁孔径和利用墩台做支承，也可拼成八字斜撑以支撑桁架梁，桁架梁与桁架梁之间，应用抗风拉杆和木斜撑等进行横向联结，以保证桁架梁的稳定用装配式公路钢桥桁架节拼装的支架，在荷载作用下的变形很大，因此应进行预压。

轻型钢支架：桥下地面较平坦，有一定承载力的梁桥，为节省木料，宜采用轻型钢支架。轻型钢支架的梁和柱，是以工字钢、槽钢或钢管为主要材料的斜撑、联结系等可采用角钢。构件应制成统一规格和标准；排架应预先拼装成片或组，并以混凝土钢筋混凝土枕木或木板作为支承基底。为了防止冲刷，支承基底须埋入地面以下适当的深度。为适应桥下高度，排架下应垫以一定厚度的枕木或木楔等。为便于支架和模板的拆卸，纵梁支点处应设置木楔。

墩台自承式支架：在墩台上留下承台式预埋件，上面安装横梁及架设适宜长度的工字钢或槽钢，即构成模板的支架。这种支架适用于跨径不大的梁桥，但支立时仍须考虑梁的预拱度，支架梁的伸缩以及支架和模板的卸落等所需条件。

模板车式支架：这种支架适用于跨径不大、桥墩为立桩式的多跨梁桥的施工。在墩柱施工完毕后即可立即铺设轨道，拖进孔间，进行模板的安装，这种方法可简化安装工序和节省安装时间。当上部构造混凝土浇筑完毕，且强度达到要求后，模板车即可整体向前移动，但移动时须将斜撑取下，将插入式钢梁节段推入中间钢梁节段内，并将千斤顶放松。

（2）支架的制作要求

①支架宜采用标准化、系列化、通用化的钢构件制作拼装；②制作木支架时，两相邻立柱的连接接头宜分设在不同的水平面上，并应减少长杆件接头。主要压力杆的接长连接，宜使用对接法，并宜采用木夹板或铁夹板夹紧；③次要构件的连接可采用搭接法。

（3）支架的安装要求

①支架应按施工图设计的要求进行安装。立柱应垂直，节点连接应可靠；②支架在纵桥向和横桥向均应加强水平、斜向连接，增强整体稳定性。高支架应设置足够的斜向连接、扣件或缆风绳，横向稳定应有保证措施；③应通过预压的方式，消除支架地基的不均匀沉降和支架的非弹性变形，并获取弹性变形参数，或检验支架的安全性。预压荷载宜为支架需承受全部荷载的1.05～1.10倍，预压荷载的分布应模拟需承受的结构荷载及施工荷载；④支架在安装完成后，应对其平面位置、顶部高程、节点连接及纵横向稳定性进行全面检查，检查符合要求，方可进行下一工序。

（4）设置支架的预拱度和卸落装置

①设置的预拱度值，应包括结构本身需要的预拱度和施工需要的预拱度两部分；②施工预拱度应考虑下列因素：模板、支架承受施工荷载引起的弹性变形；受载后由于杆件接头的挤压和卸落装置压缩而产生的非弹性变形；支架地基在受载后的沉降变形；③专用支架应按其产品的要求进行模板的卸落；自行设计的普通支架应在适当部位设置相应的木楔、木马、砂筒或千斤顶等卸落装置，并应根据结构形式、承受的荷载大小确定卸落量。支架制作、安装质量应分别符合模板、支架的制作、安装质量标准。

2．模板

（1）模板的类型与结构

就地浇筑的桥梁模板主要有木模和钢模。模板型式的选择主要取决于同类桥跨结构的数量和模板材料的供应。当建造单跨或跨度不等的多跨桥梁结构时，一般采用木模；而对于多跨相同跨径的桥梁，可采用大型模板块件组装或采用钢模。模板制造宜选用机械化的方法，以保证模板形状的正确和尺寸的精度。模板制作尺寸、表面平整度和安装偏差均应符合有关规定，尤其要保证模板具有足够的强度、刚度和稳定性。

木模包括用胶合板制成的大型整体定型的块件模板，以及局部构造较复杂部位采用的模板。大型整体定型的块件模板可按结构要求预先制作，然后在支架上用连接件迅速拼装。钢模大多数做成块件，由钢板和加劲骨架焊接而成，钢板厚度通常为4～8mm。骨架由水平肋和竖向肋组成，肋由钢板或角钢做成。大型钢模块件用螺栓或销钉连接。对于多次周转使用的钢模，在使用前应用化学方法或机械方法清扫，在浇筑混凝土前，应在模板内壁涂脱模剂，以利脱模。

（2）模板的制作与使用要求

模板虽然是施工中的临时性结构，但对于梁体的制作十分重要。模板不仅控制着梁体尺寸的精度，直接影响施工进度和混凝土的灌筑质量，而且关系到施工安全。因此模板应符合下列要求：

①具有足够的强度、刚度和稳定性，能安全可靠地承担施工中可能出现的各种荷载；②保证结构的设计形状、尺寸及各部分相互之间位置的准确性；③模板的接缝必须密合，确保混凝土浇筑过程中不漏浆；④构造简单，拆装方便，便于周转使用，应尽量做成装配式组件或块件。

3．预拱度的设置与计算

（1）预拱度的设置

在简支梁就地浇筑施工过程中，模板和支架因承受巨大的混凝土荷载作用而产生弹性和非弹性变形。如果不加以控制，势必导致现浇梁成型后跨中起拱。为避免这种情况的发生，保证桥梁竣工后线形准确，在进行模板与支架安装时须设置一定的预拱度。设置预拱度时应考虑下列因素：

卸架后上部构造自重及 1/2 活荷载产生的竖向挠度 δ_1；支架在荷载作用下的弹性压缩量 δ_2；支架在荷载作用下的非弹性变形量 δ_3；支架基础在荷载作用下的非弹性沉陷量 δ_4；由混凝土收缩及温度变化引起的挠度 δ_5。

根据梁的挠度和支架变形所计算出来的变形值之和，为支架体系预拱度的最大值。预拱度设置的位置在梁的跨径中点，其余各点的预拱度以中间点为最高值，以梁的两端为 0，呈直线或二次抛物线形式分布。

（2）预拱度的计算

如上所述，上部构造和支架的各项变形值之和即为应设置的预拱度。各项变形值可按下列方法计算：

①针对恒荷载和活荷载设置预拱度，其值等于恒荷载加 1/2 静活荷载所产生的竖向挠度，当恒荷载和静活荷载产生的挠度不超过跨径的 1/1600 时，可不设置相应的预拱度。

②满布式支架的弹性变形量。当支架杆件的长度为 L，压力分布为 P 时，其弹性变形量 $\delta_2 = P/L$。当支架为桁架等形式时，应按具体情况计算其弹性变形量。

③支架在每个接缝处的非弹性变形量。在一般情况下，横纹木料与顺纹木料的非弹性变形量均为 3mm，木料与金属或木料与圬工接缝处的非弹性变形量为 1~2mm，顺纹与横纹料接处的非弹性变形量为 2.5mm。

④卸落设备的压缩量。砂筒内砂粒压缩量和金属筒变形的弹性压缩量应根据压力大小、砂子细度模量及筒径、筒高确定。一般情况下，20t 压力砂筒的压缩量为 4mm，10t 压力砂筒的压缩量为 6mm；砂子未预先压紧时的压缩量为 10mm。

⑤支架基底的沉陷量。支架基底的沉陷量可通过试验确定或参考表 5-1 估算。

表5-1 支架基底沉陷量估算表

土的类型	枕梁/mm	桩/mm	
		当桩上有极限载荷时	桩的支撑能力不允许利用时
砂土	0.5~10	0.5	0.5
黏土	1.5~2.0	1.0	0.3

（二）钢筋的制作与安装

1. 准备工作

（1）钢筋的检查与保管

①钢筋的外观检查和力学性能检查

进场钢筋应具有出厂质量证明书和试验报告单，进场时除应检查外观和标志外，还应按不同的钢种、等级、牌号、规格及生产厂家分批抽取试样进行力学性能检验，检验试验方法应符合现行国家标准的规定。钢筋经进场检验合格后方可使用。

②钢筋的保管

钢筋进场后，应妥善保管，具体应做到：钢筋堆放选择在地势较高处，上用料棚遮盖，下设垫块，不能直接置于地面；钢筋应按不同钢种、等级、牌号、规格及生产厂家等分类挂牌堆放，并标明数量；钢筋在运输过程中应避免锈蚀、污染或被压弯。

（2）钢筋的调直

直径10mm以下的细钢筋多卷成盘形，粗钢筋常弯成"发卡"形，以便运输和储存。因此，运到工地的钢筋应先调直。采用冷拉方法调直钢筋时，HPB235级钢筋的冷拉率不宜大于2%；HRB335级、HRB400级钢筋的冷拉率不宜大于1%。钢筋的形状、尺寸应按照设计的规定进行加工，加工后的钢筋，其表面不应有削弱钢筋截面的痕迹。

（3）钢筋的除锈

钢筋表面应洁净、无损伤，使用前应将表面的油渍、漆皮、鳞锈等清除干净，使钢筋与混凝土间的黏结力得以充分发挥。可用钢丝刷或喷砂枪喷砂进行除锈去污，也可将钢筋在砂堆中来回抽拉以除锈去污。带有颗粒状或片状老锈的钢筋不得使用；当除锈后钢筋表面有严重的麻坑、斑点，已伤蚀截面时，应降级使用或剔除不用。

2. 钢筋的连接

（1）焊接

钢筋的焊接接头宜采用闪光对焊，或采用电弧焊、电渣压力焊或气压焊，但电渣压力焊仅可用于竖向钢筋的连接，不得用作水平钢筋和斜筋的连接钢筋焊接的接头形式。焊接的方法和材料应符合现行行业标准《钢筋焊接及验收规程》（JGJ18-2012）的规定。

每批钢筋焊接前，应先选定焊接工艺和焊接参数，按实际条件进行试焊，并检验接头外观质量及规定的力学性能，试焊质量经检验合格后方可正式施焊。焊接时，对施焊场地应有适当的防风、防雨、防雪、防严寒的设施。

电弧焊宜采用双面焊缝，仅在双面焊无法施焊时，方可采用单面焊缝。采用搭接电弧焊时，两钢筋搭接端部应预先折向一侧，两接合钢筋的轴线应保持一致；采用帮条电弧焊时，帮条应采用与主筋相同的钢筋，其总截面面积不应小于被焊接钢筋的截面面积。电弧焊接头的焊缝长度，对双面焊缝不应小于5d，单面焊缝不应小于10d（d为钢筋直径），电弧焊接与钢筋弯曲处的距离不应小于10d，且不宜位于构件的最大弯矩处。

（2）机械连接

锥螺纹连接：钢筋锥螺纹连接是利用锥形螺纹套筒将两根钢筋端头对接在一起，利用螺纹的机械咬合力传递拉力或压力。锥螺纹连接套是在工厂专用机床上加工制成的，钢筋套丝的加工是在钢筋套丝机上进行的。

直螺纹连接：直螺纹连接是将钢筋待连接的端头滚扎成规整的直螺纹，再用相配套的直螺纹套筒将两钢筋相对拧紧，实现连接。该技术的优点在于无虚拟螺纹，力学性能好，连接安全可靠，接头强度能达到与钢筋母材同等强度。

套筒挤压连接：钢筋套筒挤压连接是一项新型钢筋连接工艺，它改变了电弧焊、电渣焊、闪光焊、气压焊等传统焊接工艺的热操作方法，是在常温下采用特别钢筋连接机，将钢套筒和两根待接钢筋压接成一体，使套筒塑性变形后与钢筋上的横肋纹紧密地咬合在一起，从而达到连接效果的一种机械接头方式。冷压接头具有性能可靠、操作简便、施工速度快、施工不受气候影响、省电等优点。两根钢筋插入钢套筒后，用带有梅花齿形内模的钢筋连接机对套筒外壁加压，螺纹钢筋的横肋间隙中，这时继续加压使钢套筒的金属冷塑性变形程度加剧，进一步加强硬化程度，其强度提高110～140MPa。

（3）绑扎

当没有焊接条件时，接头可用铁丝绑扎搭接，但钢筋直径不能超过25mm，其搭接长度见表5-2。但对轴心受拉和小偏心受拉构件中主钢筋均应焊接，不得采用绑扎接头。

表5-2 受拉钢筋绑扎接头的搭接长度

钢筋类型		混凝土强度等级		
		C20	C25	C30
Ⅰ级钢筋		35d	30d	25d
月牙纹	HRB335钢筋	45d	40d	35d
	HRB400钢筋	55d	50d	45d

注：①当钢筋直径d不大于25mm时，其受拉钢筋的搭接长度应按表中值减少5d采用；当带肋钢筋直径d大于25mm时，其受拉钢筋的搭接长度应按表中值增加5d采用；②当混凝土在凝固过程中受力钢筋易受扰动时，其搭接长度宜适当增加；③在任何情况下，纵向受拉钢筋的搭接长度不应小于300mm；受压钢筋的搭接长度不宜小于200mm；④当混凝土强度等级低于C20时，Ⅰ级、HRB335钢筋的搭接长度应按表中C20的数值相应增加10d；HRB500钢筋不宜采用绑扎接长；⑤对有抗震要求的受力钢筋的搭接长度，当抗

震烈度为7度（及以上）时，应增加5d；⑥两根不同直径的钢筋搭接长度，以较细的钢筋直径计算。

接头的绑扎要求如下：

①受拉区的I级钢筋绑扎接头的末端应做弯钩，HRB335、HRB4000钢筋的绑扎接头末端可不做弯钩；②直径等于和小于12mm的受压I级钢筋的末端，可不做弯钩，但搭接长度不应小于钢筋直径的30倍；③钢筋搭接处，应在中心和两端用铁丝扎牢。

3. 钢筋的安装

安装钢筋时应符合下列规定：钢筋的级别、直径和根数等应符合设计的规定；对于多层多排钢筋，宜根据安装需要在其间隔外设立一定数量的架立钢筋或短钢筋，但架立钢筋或短钢筋端头不得伸入混凝土的保护层内；当钢筋过密影响到混凝土质量时，应及时与设计人员协商解决。

钢筋与模板之间应设置垫块，垫块应与钢筋绑扎牢固，且其绑丝的丝头不应进入混凝土保护层内。混凝土浇筑前，应对垫块的位置、数量和紧固程度进行检查，不符合要求时应及时处理，保证钢筋混凝土保护层的厚度应满足设计要求和规范的规定。

钢筋骨架的焊接拼装应在坚固的工作台上进行。拼装前应按设计图纸放样，放样时应考虑焊接变形的预留。拱度拼装时，在需要焊接的位置宜采用楔形卡卡紧，防止焊接时局部变形。骨架焊接时，不同直径钢筋的中心线应在同平面上，较小直径的钢筋在焊接时，下面宜垫以厚度适当的钢板，施焊顺序宜由中间对称地向两端进行，先焊骨架下部，后焊管架上部、相邻的焊缝应采用分区对称跳焊，不得顺方向一次焊成。

绑扎或焊接的钢筋网和钢筋骨架不得有变形、松脱和开焊。

（三）混凝土工程

1. 混凝土的配合

试验室配合比计算是以干燥材料为基准的，而施工现场存放的砂石材料都含有一定水分，所以要将试验室配合比换算为施工配合比，下面介绍混凝土施工配合比的确定。

施工时，每立方米混凝土水、砂和石的实际称量为：

水的称量＝用水量－砂、石材料中含水的质量

砂的称量＝砂的用量＋砂中含水的质量

石的称量＝石的用量＋石料中含水的质量

水泥称量不变。

2. 混凝土拌制

混凝土应采用机械拌制，人工拌制仅用于小量的辅助或修补工程。混凝土的配料宜采用自动计量装置，各种衡器的精度应符合要求，计量应准确。计量器具应定期标定，迁移后应重新进行标定。拌制混凝土所用的各项材料应按质量投料，材料数量的允许质量偏差应符合表5-3的规定。

表5-3 材料数量允许质量偏差

材料类别	允许偏差/%	
	现场拌制	预制场或集中搅拌站的拌制
水泥、干燥状态的掺合料	±2	±1
粗、细集料	±3	±2
水、外加剂	±2	±1

混凝土拌制时，自全部材料加入搅拌筒开始搅拌至开始出料的最短拌制时间，应按搅拌机产品说明书的要求并经试验确定。混凝土拌和物应搅拌均匀，颜色一致，不得有离析和泌水现象。混凝土搅拌完毕后，应检测混凝土拌和物的坍落度及损失。必要时，尚宜对工作性能泌水率及含气量等混凝土拌和物的其他指标进行检测。

3．混凝土的运输

运输能力应与混凝土的凝结速度和浇筑速度相适应，应使浇筑工作不间断且混凝土运到浇筑地点时仍能保持其均匀性和规定的坍落度。混凝土的运输宜采用搅拌运输车，或在条件允许时采用泵送方式输送；采用吊斗或其他方式运输时，运距不宜超过100m且不得使混凝土产生离析。

采用搅拌运输车运输混凝土时，途中应以2～4r/min的慢速进行搅动，卸料前应以常速再次搅拌。混凝土运至浇筑地点后发生离析、泌水或坍落度不符合要求时，应进行第二次搅拌，二次搅拌时不宜任意加水，确有必要时，可同时加水、相应的胶凝材料和外加剂，并保持其原水胶比不变；二次搅拌仍不符合要求时，则不得使用。

混凝土采用泵送方式时，混凝土的供应宜使输送混凝土的泵能连续工作，泵送的间歇时间不宜超过15min。在泵送过程中，受料斗内应具有足够的混凝土，应防止吸入空气产生阻塞；输送管应顺直，转弯处应圆缓，接头应严密不漏气；向低处泵送混凝土时，应采取必要的措施，防止混凝土离析或堵塞输送管。

4．混凝土的浇筑

（1）混凝土的浇筑速度

为了保证浇筑混凝土的整体性，防止混凝土在浇筑过程中出现破坏性扰动，浇筑混凝土时于必须具有一定的速度，上层混凝土应当在下层已浇筑混凝土开始初凝之前完成浇筑。因此，混凝土浇筑层的最小增长速度为h≥s/t。其中，h为混凝土浇筑面的上升速度，s为振捣棒的振捣深度，t为混凝土的初凝时间。

（2）混凝土的浇筑顺序

水平分层浇筑：对于跨径不大的简支梁，可以采用该方法。具体操作时，可以从梁体两端向跨中水平分层浇筑并在跨中合龙，然后掉头再向梁端浇筑。分层厚度视振捣器的能力而定，一般采用15～30cm；当采用人工捣实时，分层厚度可采用15～20cm。为避免振捣导致支架产生不均匀的沉降，浇筑时应保持合理的速度，以便在混凝土失去塑性之前完成浇筑工作。

斜层浇筑：采用此法时，简支梁的混凝土应从主梁两端斜向跨中浇筑并在跨中合龙。因为箱形梁底板顶面没有模板，所以 T 梁和箱形梁所采用的斜层浇筑法在细节上是有些差异的，当梁的跨度较大而采用梁式支架且在内部设置支点时，应在支架下沉量最大的部位先浇筑混凝土，使应该发生的支架变形及早完成，以保护先期浇筑的混凝土初凝后不再发生更大的变形，避免混凝土内部微裂隙的产生。

单元浇筑：当桥面较宽且混凝土数量较大时，可分成若干纵向单元分别浇筑，每个单元可沿其长度分层浇筑，在纵梁间的横梁上设置连接缝，并在纵横梁浇筑完成后填缝连接，之后桥面板可沿桥全宽一次浇筑完成，桥面与纵横梁间设置水平工作缝。

5. 混凝土的养护

对新浇筑混凝土的养护，应满足其对温度、湿度和时间的要求。应根据施工对象、环境条件、水泥品种、外加剂或掺合料以及混凝土性能等因素，制订具体的养护方案，并严格实施混凝土浇筑完成后，应在其收浆后尽快予以覆盖并洒水保湿养护。对于硬性混凝土、高强度和高性能混凝土、炎热天气浇筑的混凝土以及桥面等大面积裸露的混凝土，应加强初始保湿养护，具备条件的可在浇筑完成后立即加设棚罩，待收浆后再予以覆盖量和洒水养护，覆盖时不得损伤或污染混凝土的表面。混凝土面有模板覆盖时，应在养护期间使模板保持湿润。

混凝土的养护不得采用海水或含有害物质的水。混凝土的洒水保湿养护时间应不少于7d。对重要工程或有特殊要求的混凝土，应根据环境的湿度、温度、水泥品种以及掺用的外加剂和掺合料等情况，酌情延长养护时间，并应使混凝土表面始终保持湿润状态。当气温低于5℃时，应采取保温养护的措施，不得向混凝土的表面洒水。当采用喷洒养护剂对混凝土进行养护时，所使用的养护剂应不会对混凝土产生不利影响，且应通过试验验证其养护效果。

新浇筑的混凝土与流动的地表水或地下水接触时，应采取临时防护措施，保证混凝土在7d以内且强度达到设计强度的50%以前，不受水的冲刷侵袭；当环境水具有侵蚀作用时，应保证混凝土在10d以内且强度达到设计强度的70%以前，不受水的侵袭。混凝土处于冻融循环作用的环境时，宜在结冰期到来4周前完成浇筑施工，且在混凝土强度未达到设计强度等级的80%前不得受冻，否则应采取技术措施，防止发生冻害。

（四）构建的安装

1. 陆地架梁法

（1）自行式吊车架梁

在桥不高，场内又可设置行车便道的情况下，用自行式吊车（汽车吊车或履带吊车）架设中、小跨径的桥梁十分方便。大型的自行式吊机逐渐普及，且自行式吊机本身有动力，架设迅速、可缩短工期，不需要架设桥梁用的临时动力设备，不必进行任何架设设备的准备工作，不需要如其他方法架梁时所具备的技术工种，因此，一般中小跨径的预制梁（板）的架设安装越来越多地采用自行式吊机。此法视吊装重量不同，可以采用一台吊机架设、二台吊机架设、吊机和绞车配合架设等方法。

当预制梁重量不大，而吊机又有相当的起重能力，河床坚实无水或少水，允许吊机行驶、停搁时，可用一台吊机架设安装。

用二台吊机架梁，是用二台自行式吊机各吊住梁（板）的一端，将梁（板）吊起并架设安装。此法应注意两吊机的互相配合。

吊机和绞车配合架梁时，预制梁一端用拖履、滚筒支垫，另一端用吊机吊起，前方用绞车或绞盘牵引预制梁前进。梁前进时，吊机起重臂随之转动。梁前端就位后，吊机行驶到后端，提起后端取出拖履、滚筒，再将梁放下就位。

（2）移动式支架架梁法

移动式支架架梁法是在架设孔的地面上，顺桥轴线方向铺设轨道，其上设置可移动支架，预制梁的前端搭在支架上，通过移动支架将梁移运到要求的位置后，再用龙门架或人字扒杆吊装；或者在桥墩上设枕木垛，用千斤顶卸下，再将梁横移就位。

（3）摆动式支架架梁法

摆动式支架架梁法通常是将预制梁（板）沿路基牵引到桥台上并稍悬出一段（悬出距离根据梁的截面尺寸和配筋确定），然后从桥孔中心河床上悬出的梁（板）端底下设置人字扒杆或木支架示。

（4）跨墩或墩侧龙门架架梁法

对于桥不太高，架桥孔数又多，沿桥墩两侧铺设轨道不困难的情况下，可以采用跨墩或墩侧龙门吊车来架梁，通过运梁轨道或者用拖车将梁运到后，就用门式吊车起吊、横移，并安装在预定位置。当一孔架完后，吊车前移，再架设下一孔。用本方法的优点是架设安装速度较快，河滩无水时也较经济，而且架设时不需要特别复杂的技术工艺，作业人员较少。但龙门吊机的设备费用一般较高，尤其在高桥墩的情况。

2. 浮吊架设法

（1）浮吊船架梁

在海上和深水大河上修建桥梁时，用可回转的伸臂式浮吊架梁比较方便。这种架梁方法高空作业少，施工比较安全，吊装能力也大，工效也高，但需要大型浮吊。鉴于浮吊船来回运梁航行时间长，要增加费用，故一般采取用装梁船储梁后成批一起架设的方法。浮吊架梁时需在岸边设置临时码头移运预制梁。架梁时，浮吊要认真锚固。如流速不大则可用预先抛入河中的混凝土锚作为锚固点。

（2）固定式悬臂浮吊架梁

在缺乏大型伸臂式浮吊时，也可用钢制万能杆件或贝雷钢架拼装固定式的悬臂浮吊进行架梁。

3．高空架梁法

（1）联合架桥机架梁

此法适用于架设安装 30m 以下的多孔桥梁，其优点是完全不设桥下支架，不受水深流急影响，架设过程中不影响桥下通航、通车。预制梁的纵移、起吊、横移、就位都较方便。其缺点是架设设备用钢量较多但可周转使用。

联合架桥机由两套门式吊机、一个托架、一根两跨长的钢导梁三部分组成。钢导梁由贝雷装配、梁顶面铺设的运梁平车、托架行走的轨道、门式吊机和工字梁组成，并在上下翼缘处及接头的地方用钢板加固，门式吊机顶横梁上设有吊梁用的行走小车。为了不影响架梁的净空位置，其立柱做成拐脚式（俗称拐脚龙门架）。门式吊机的横梁高程，由两根预制梁叠起的高度加平车及起吊设备高确定。蝴蝶架是专门用来托运门式吊机转移的，它由角钢组成，整个蝴蝶架放在平车上，可沿导梁顶面轨道行走。

联合架桥机架梁顺序如下：①在桥头拼装钢导梁，梁顶铺设钢轨并用绞车纵向拖拉导梁就位；②拼装蝴蝶架和门式吊机，用蝴蝶架将两个门式吊机移运至架梁孔的桥墩（台）上；③由平车轨道运送预制梁至架梁孔位，将导梁两侧可以安装的预制梁用两个门式吊机吊起，横移并落梁就位；④将导梁所占位置的预制梁临时安放在已架设好的梁上；⑤用绞车纵向拖拉导梁至下一孔后，将临时安放的梁由门式吊机架设就位，完梁的架设工作，并用电焊将各梁联结起来；⑥在已架设的梁上铺接钢轨，再用蝴蝶架顺序将两个门式吊机托起并运至前一孔的桥墩上。如此反复，直至将各孔梁全部架设好为止。

（2）双导梁架桥机架梁法

本法是在架设孔间设置两组导梁，导梁上安设配有悬吊预制梁设备的轨道平车和起重行车或移动式龙门吊机，将预制梁在双导梁内吊着运到规定位置后，再落梁、横移就位。横移时，一种方法是将两组导梁吊着预制梁整体横移；另一种是导梁设在桥面宽度以外，预制梁在龙门吊机上横移，导梁不横移，这比第一种横移方法安全。双导梁架桥机架梁法的优点与联合架桥机架梁法相同，适用于墩高、水深的情况下架设多孔中小跨径的装配式梁桥，但不需蝴蝶架，而配备双组导梁，故架设跨径可更大，吊装的预制梁可更重。

（3）自行式吊车桥上架梁法

在预制梁跨径不大、重量较轻且梁能运抵桥头引道上时，可直接用自行式伸臂吊车（汽车吊或履带吊）来架梁。但是，对于架桥孔的主梁，当横向尚未连成整体时，必须核算吊车通行和架梁工作时的承载能力。此种架梁方法简单方便，几乎不需要任何辅助设备。

第二节 预应力混凝土桥梁施工技术

一、预应力混凝土概述

(一) 预应力混凝土的概念

预应力混凝土是为了弥补混凝土过早出现裂缝的现象，在构件使用（加载）以前，给混凝土一个预压力，即在混凝土的受拉区内，用人工加力的方法，将钢筋进行张拉，利用钢筋的回缩力，使混凝土受拉区预先受压力。

(二) 预应力混凝土的优缺点

1. 优点

（1）抗裂性好，刚度大

由于对构件施加预应力，大大推迟了裂缝的出现，在使用荷载作用下，构件可不出现裂缝，或使裂缝推迟出现，所以提高了构件的刚度，增加了结构的耐久性。

（2）节省材料，减小自重

其结构由于必须采用高强度材料，因此可减少钢筋用量和构件截面尺寸，节省钢材和混凝土，降低结构自重，对大跨度和重荷载结构有着明显的优越性。

（3）可以减小混凝土梁的竖向剪力和主拉应力

预应力梁混凝土梁的曲线钢筋（束）可以使梁中支座附近的竖向剪力减小；又由于混凝土截面上预应力的存在，使荷载作用下的主拉应力也就减小。这利于减小梁的腹板厚度，使预应力混凝土梁的自重可以进一步减小。

（4）提高受压构件的稳定性

当受压构件长细比较大时，在受到一定的压力后便容易被压弯，以致丧失稳定而破坏。如果对钢筋混凝土柱施加预应力，使纵向受力钢筋张拉得很紧，不但预应力钢筋本身不容易压弯，而且可以帮助周围的混凝土提高抵抗压弯的能力。

（5）提高构件的耐疲劳性能

因为具有强大预应力的钢筋，在使用阶段因加荷或卸荷所引起的应力变化幅度相对较小，故此可提高抗疲劳强度，这对承受动荷载的结构来说是很有利的。另外，预应力可以作为结构构件连接的手段，促进大跨结构新体系与施工方法的发展。

2. 缺点

一是工艺较复杂，对质量要求高，因而需要配备一支技术较熟练的专业队伍；二是需要有一定的专门设备，如张拉机具、灌浆设备等，先张法需要有张拉台座，后张法还要耗用数量较多、质量可靠的锚具等;三是预应力混凝土结构的开工费用较大,对构件数量少的工程成本较高;四是预应力反拱度不易控制,它随混凝土徐变的增加而增大,造成桥面不平顺。

二、预应力混凝土桥梁施工

(一)预应力混凝土桥梁的特点

预应力混凝土能充分发挥材料的效能,在相同条件下,它比普通钢筋混凝土构件截面小、重量轻、刚度大,抗裂性和耐久性好,能有效地控制结构的挠度,特别在大跨度结构中更为经济。在张拉预应力连续梁桥结构中,结构构件在承受外荷载前,预先对外荷载产生拉应力部位的混凝土预加压应力,造成人为的压应力状态,预加压应力可以抵消外荷载所引起的大部分或全部拉应力,这样在外荷载作用下混凝土拉应力不大或处于受压状态,使混凝土结构不开裂,提高结构的刚度和结构的耐久性。张拉法预应力混凝土施工是在浇筑混凝土前张拉预应力钢筋,将其固定在台座或钢模上,然后浇筑混凝土,等混凝土达到规定强度。保证预应力钢筋与混凝土有足够黏结力时放松预应力钢筋,借助预应力钢筋的弹性回缩及与混凝土的黏结,使混凝土产生预压应力。同时其具有较强的变形恢复能力,抗震性能明显高于普通钢筋混凝土结构,而且便于震后加固。

(二)预应力混凝土桥梁的施工技术

1. 悬臂施工

悬臂施工工艺普遍应用于大跨度连续箱梁和钢构桥梁施工中。所谓悬臂施工是指在已建成的桥墩上,沿桥梁跨径方向对称逐段施工的方法;不影响桥下通航,行车,充分利用了预应力混凝土承受负弯矩能力强的特点,将跨中正弯矩转移为支点负矩,提高了桥梁的跨越能力。悬臂施工工艺具有独特的优越性,主要表现在以下方面:

一是悬臂施工工艺能够减少桥梁施工中吊装等程序,同时桥梁施工程序也相对得到简化;二是由于地形影响对悬臂施工工艺影响小,比较适合应于大跨径桥梁;三是由于机械化程度高、循环重复作业快速,连接及中跨合龙容易,同时劳动力也得到节约;四是适用范围广,对于刚架桥、梁式桥、斜拉桥、拱桥等多种桥梁类型,都适用;五是不必搭建满堂支架,桥下净空高,不影响通航。

根据梁体制造方式,悬臂施工工艺可分为悬臂拼装法和悬臂浇筑法两种。悬臂拼装法是指采用移动式或固定式悬拼吊机逐步将预制梁段起吊就位,用环氧树脂胶作为接缝材料,通过对预应力钢束施加应力,使各梁段连接成整体。

(1)悬臂浇筑施工

①悬臂浇筑施工概述

悬臂浇筑法是以移动式挂篮为主要施工设备,以桥墩为中心,利用挂篮向两端对称逐段浇筑混凝土梁段，当混凝土达到混凝土强度要求后，进行预应力束张拉，然后移动挂篮，进入下一梁段的施工工作。

②预应力混凝土桥梁悬臂浇筑施工技术

第一，0号梁段施工。在支座安装前，首先在支座垫石上确定支座中心线，根据中心线和需要安装的支座型号、规格、外形尺寸在支座垫石上放大样。活动支座安装完毕后对0号梁段设置临时锁定。临时锁定通常用高标号硫黄砂浆或沙桶做临时支墩，在梁体和墩身间用精扎螺纹钢或钢绞线连接并施加临时锁定的拉力装置。

第二，挂篮施工。主要包括以下几个方面：

悬臂挂篮的荷载设计。设计挂篮时，其长度主要是由悬臂灌注的最大分段长度决定，桥梁的宽度和箱梁的截面形式决定了挂篮的横断面布置形式。当桥梁的横断面只有一个箱时，用一个挂篮便可完成施工；若桥梁箱梁的截面为多箱时，为保证挂篮施工的灵活性，也可以用多个挂篮同时进行施工。进行挂篮荷载设计时，先按照0.8~1.0kPa的均重计算模板重量，模板重量包括侧模、内模、底模和端模等，确定了模板的尺寸之后，还需进行详细的计算。模板各部件的重量、千斤顶、油泵、最大节混凝土重力、挂篮自重也应在确定模板尺寸后，对挂篮的荷载进行详细的计算；挂篮底模架设计时，应当采用振动器自重的4倍作为挂篮底模架的振动力，而施工过程中的人工荷载应以2kPa进行计算。

挂篮的制作与吊装。制作、加工和拼装挂篮可以在施工现场进行，主承重架和模板在挂篮的悬浇施工过程中是最关键、最重要的受力结构，施工中必须特别重视，同时其制作加工过程均应按图纸及施工规范进行操作。为了安全可靠地进行挂篮施工，需要对锚固精轧螺纹钢吊杆进行试验。墩顶拼装挂篮之前应先施工完墩顶叶梁段。墩顶拼装挂篮应按照设计要求的程序对称地进行，或者利用有利地形在岸上先试拼装再进行正式拼装，拼装前的准备工作要做到充分有序。

挂篮的预压试验。施工单位若采用新挂篮进行桥梁悬臂挂篮施工，那么在施工之前就应对主桁架等构件进行相应的预压试验。预压试验的目的主要是避免非弹性变形而引发的安全事故，保证施工人员的安全，从而保证桥梁的施工质量以及安全。除主桁架等构件的预压试验以外，在悬臂挂篮安装完毕后，施工单位还应进行相应的荷载试验。荷载试验主要是为了测量出桥梁悬臂挂篮的承载力，通常情况下，施加于桥梁悬臂挂篮的荷载应该是最大节段重量的1.0~1.5倍。试验操作人员在进行桥梁悬臂挂篮的荷载试验时，应对挂篮的加载及变形情况做好详尽的记录，以确定合理的立模标高，保证箱梁线性。

③悬臂浇筑施工

混凝土配合比的选定。桥梁挂篮悬臂施工的混凝土属于高性能混凝土，除要满足设计要求的强度、弹性模量、耐久性外，还要具有可泵性、缓凝早强、易于振捣密实等性能，所以混凝土浇筑前先应选定合理的配合比，针对混凝土的水灰比、含砂率、和易性、保水性、坍落度、缓凝时间、早期强度、收缩徐变等性能通过反复试验，确定既能保证混凝土强度、弹性模量又方便施工的配合比。

混凝土的拌合。混凝土拌合前对拌合楼及相关计量器进行校核，严格控制上料误差，提前将每盘混凝土需要泵送剂定量分袋，每盘投放；原材料含水量因天气等因素发生改变时，及时抽样测试，及时调整配合比。混凝土拌合时分次投料顺序为：砂→水泥→碎石→泵送剂→水。每盘混凝土拌合时间不少于3min，不定时从出料口、浇筑点取样测量坍落度。

混凝土的运输。混凝土由混凝土输送车从拌和楼运至各输送泵处，为了保证箱梁混凝土浇筑顺利，要严格控制混凝土泵送质量。混凝土泵送前先用1：1的水泥砂浆润滑管道，开始泵送时混凝土泵应由慢速、匀速逐渐进入正常状态。泵送混凝土要连续进行，尽量不停顿，混凝土供应不及时可适当降低泵送速度。混凝土停泵时，料斗内应保留足够的混凝土，作为间隔推动管道内混凝土之用。

混凝土的浇筑振捣。箱梁混凝土浇筑按顺序施工，即首先浇注底板，再浇筑腹板和顶板。混凝土应水平分层施工，每层厚度控制在30cm左右。混凝土入模后开始振捣，振捣标准为混凝土不下沉，表面开始乏浆。用插入棒振动器振捣，振动棒移动间距为40cm左右，振捣时间宜为15~30s，不得过振或漏振，避免混凝土产生离析。振动棒要快插慢拔，重直插入混凝土内，并要插入前一层混凝土中5~10cm，以保证新浇注和先浇注的混凝土良好结合，避免出现分层或蜂窝。混凝土振捣时，应特别注意锚下、预应力管道密集处等关键部位的振捣，以免预应力筋张拉时锚下混凝土开裂，导致锚固失败。

梁体混凝土养护。梁体浇注完成后，待混凝土初凝后设专人负责进行养护工作，未拆模板时，用土工布覆盖构件表面，并及时洒水保持土工布湿润，不得出现干湿循环；拆模后，用喷淋养护，始终保证梁体表面湿润，直到混凝土强度达到设计强度。

④合龙段施工

合龙段施工可分为边跨合龙施工和中跨合龙施工。边跨合龙施工，为确保混凝土结构的稳定性设置相应配置于在悬臂部位，并控制现浇段影响因素，最大限度避免在高温下施工，当混凝强度为设计强度的80%时，开始预应力张拉工作，完成张拉后拆除支架和固定装置。一般现浇段用定型钢模和木模分别做外模和内模，然而该大桥箱梁局部的高度不足，无法进行内模底板浇筑工作，若想进行浇筑需把内模箱梁内模的前方顶板设置开口，完成浇筑后再封闭该口。

中跨合龙施工。完成边跨混凝土浇筑后，该大桥的悬臂体系以基本形成，故在两个悬臂依稀间浇筑混凝土是中跨合龙施工的主要工作。严格控制浇筑时混凝土的收缩变形避免产生收缩裂缝。当合龙段浇筑结束且混凝土实际强度达到设计强度的80%以上时，进行钢筋束张拉工作。

（2）悬臂拼接施工

①梁段预制

悬拼施工是将梁沿纵轴向根据起吊能力分成适当长度的节段，在工厂或桥位附近的预制场进行预制，然后运到桥位处用吊机进行拼装。节段预制的质量直接关系着梁段悬拼施工的重量和速度，因此，预制时应严格控制梁段断面和形体的精确度，并充分注意预制场地的选择与布置、台座和模板支架的制作，工艺流程的拟订以及养护和储运的每一环节。梁段预制的方法通常有长线预制或短线预制法长线预制。

长线预制是在预制厂或施工现场按梁底曲线制作固定台座，在台座上安装模板进行节段混凝土浇筑工作。组成箱梁的各梁段均在固定台座上的活动模板内且相邻段应相互贴合浇筑，缝面浇前涂抹隔离剂，以利脱模。长线预制需要较大的场地，其底座的最小长度应为桥孔跨径的一半。梁体节段的预制一般在底板上进行。模板常采用钢模，每段一块，以便于装拆使用。为加快施工进度，保证节段之间密贴，常采用先浇筑奇数节段，然后浇筑偶数节段。当节段混凝土强度达到设计强度75%后，可吊出预制场地。

短线预制是在固定台位且能纵移的模板内浇筑，由可调整内外部模板的台车与端梁来完成的。当第一节段混凝土浇筑完成后，在其相对位置上安装下一节段模板，并利用第一节段混凝土的端面作为第二节段的端模完成第二节段混凝土的浇筑工作。这种方法适合节段的工厂化生产预制，设备可周转使用，台座仅需3个梁段长，但节段的尺寸和相对位置的调整要复杂一些。短线台座除基础部分外，多采用钢料加工制作。

由于长线台座可靠，因而成桥后梁体线形较好，长线的台座使梁段存贮有较大余地；但占地较大，地基要求坚实，混凝土的浇筑和养护移动分散。短线预制场地相对较小，模板及设备基本不需移动，可调的底、侧模便于平、竖曲线梁段的预制；但精度要求高，施工严，周转不便，工期相对较长。

箱梁节段预制要求相邻节段之间接触紧密，故必须以前面浇筑完成的节段的端面作为后来浇筑节段的端模，同时必须采用隔离剂使节段出坑时相互容易从接缝处脱离。常用隔离剂可分：薄膜类，如塑料硬薄膜；油脂类，如机油；皂类，如烷基苯磺酸钠，虽成本较高，但使用效果较好。

②节段运输

梁段运输有水、陆、栈桥及缆吊等各种形式。梁体节段自预制底座上出坑后，一般先存放于存梁场，节段拼装时由存梁场运至桥位处，预制块件的运输方式一般可分为场内运输、装船和浮运三个阶段。

其一，场内运输节段。出坑和运输一般由预制场的龙门起重机担任。节段上船也可使用预制场的龙门起重机。当预制场与栈桥距离较远时，节段的运输应首先考虑采用平车运输。当采用无转向架的运梁平车运输时，运输轨道不得设平曲线，纵坡一般应为平坡。当地形条件受到限制时，最大纵坡不得大于1%。

其二，装船节段。装船应在专用码头上进行，码头的主要设施是施工栈桥和节段装船的起重机。栈桥的长度应保证在最低施工水位时驳船能够进港起运，栈桥的高度要保证在最高施工水位时栈桥主梁不被水淹，栈桥宽度要保证运梁驳船两侧与栈桥之间有不少于0.5m的安全距离。栈桥起重机的起重能力和主要尺寸（净高和跨度）应与预制场上的起重机相同。

其三，浮运。浮运船只应根据节段的重量和高度来选择，可采用铁驳船、坚固的木筏船水泥驳船或用浮箱装配。为了保证浮运安全,应设法降低浮运重心。开口舱面的船应尽量将块件置于船舱底板;必须置放在甲板面上时,必须在舱内压重块件的支垫应按底面坡度用碎石子堆成,满铺支垫或加设三角形垫木,以保证块件安放平稳。另外还需以缆索将块件系紧固定。

③悬拼方法

其一,浮吊拼装法。重型的起重机械装配在船舶上,全套设备在水上作业,在40m的吊高范围内起重力大,所用辅助设备少,优点是相应的施工速度较快,一天可完成2~4段的吊拼,但台班费用较高。

其二,悬臂吊机拼装法。悬臂吊机由纵向主桁架、横向起重桁架、锚固装置、平衡重、起重系统、行走系统和工作吊篮等部分组成。纵向主桁为吊机的主要承重结构,可由贝雷桁片、万能杆件、大型型钢等拼制。一般由若干桁片构成两组,用横向连接系连成整体,前后用两根横梁支承。横向起重桁架是供安装起重卷扬机直接起吊箱梁节段之用的构件,多采用贝雷架、万能杆件及型钢等拼配制作。纵向主桁架的外荷载就是通过横向起重桁架传递给它的。横向起重桁架支承在轨道平车上,轨道平车搁置于铺设在纵向主桁架上弦的轨道上,起重卷扬机安置在横向起重桁架的上弦。设置锚固装置和平衡重的目的是防止主桁架在起吊节段时倾覆翻转,保持其稳定状态。对于拼装墩柱附近节段的双悬臂吊机,可用锚固横梁及吊杆将吊机锚固于0号块上。对称起吊箱梁节段,不需要设置平衡重。单悬臂吊机起吊节段时,也可不设平衡重,而将吊机锚固在节段吊环上或竖向预应力筋的螺丝端杆上。起重系统般是由电动卷扬机、吊梁扁担及滑车组等组成。作用是将由驳船浮运到桥位处的节段提升到拼装高度以备拼装。滑车组要根据起吊节段的重量来选用。

吊机的整体纵移可采用钢管滚筒在木板上滚移,由电动卷扬机牵引。牵引绳通过转向滑车系于纵向主桁架前支点的牵引钩上。横向起重桁架的行走采用轨道平车,并用倒链滑车牵引。

工作吊篮悬挂于纵向主桁架前端的吊篮横梁上,吊篮横梁由轨道平车支承以便工作吊篮的纵向移动。工作吊篮供预应力钢丝穿束、千斤顶张拉、压注灰浆等操作之用。可设上、下两层,上层供操作顶板钢束用,下层供操作肋板钢束用。也可只设一层,工作吊篮可用倒链滑车调整高度。

其三,连续桁架拼装法。连续桁架拼装法可分移动式和固定式两类。移动式连续桁架的长度大于桥的最大跨径,桁架支承在已拼装完成的梁段和待拼墩顶上,由吊车在桁架上移运节段进行悬臂拼装。固定式连续桁架的支点均设在桥墩上,而不增加梁段的施工荷载。

其四,接缝处理及拼装程序。梁段拼装的接缝有湿接缝、干接缝和胶接缝等几种。不同的施工阶段和不同的部位,将采用不同的接缝形式。

第一,湿接缝。1号块和调整块用湿接缝拼装。悬拼施工时,防止梁体上翘和下挠的关键是1号块的准确定位,1号块是基准块件。一般1号块与墩顶0号块以湿接缝相接。1号块定位后,可由起重机悬吊支承,也可用下面的临时托架支承。为便于接缝处管道接头操作接头钢筋的焊接和混凝土振捣作业,湿接缝宽度一般为 0.1~0.2m。0~1 号块间湿接缝处理程序:块件定位,中线及高程测量;接头钢筋焊接,制孔器安放;湿接缝模板安放;湿接缝混凝土浇筑;湿接缝混凝土养护拆模;穿预应力钢束,张拉锚固。

跨度大的 T 形刚构桥,由于悬臂很长,往往在悬臂中部设置一道现浇箱梁横隔板,同时设置一道湿接缝。这道湿接缝除了能增加箱梁的结构刚度外,还可以调整拼装位置。在拼装过程中,如拼装上翘的误差很大,用其他方法难以补救时,也可以通过增设一道湿接缝来调整。但应注意增设的湿接缝宽度必须用凿打块件端面的办法来提供。

第二,干接缝或胶结缝拼装。除上述块件之间采用湿接缝外,一般块件之间采用干接缝或胶接缝。其他预制梁段拼装顺序包括以下几个步骤:预制梁段提升,内移就位,试拼;预制梁段移开,与已拼装梁段保持约 0.4m 间距;穿束;涂胶(双面涂胶,干接缝无此工序);梁段就位,检查位置、高程及吻合情况;预应力钢束张拉,观察预制梁段是否滑移,锚固。环氧树脂胶接缝可使块件连接密贴,可提高结构抗剪能力、整体刚度和不透水性。环氧树脂胶由环氧树脂、固化剂、增塑剂、稀释剂、填料等组成,其配方应根据施工环境、温度、固化时间和强度要求选定。一般对接缝混凝土面先涂环氧树脂底层胶,然后再涂加入填料的环氧树脂胶,环氧树脂胶随用随配并调制。

④穿束与张拉

穿束:

T 形刚构桥纵向预应力钢筋的布置有两个特点:一是较多集中于顶板部位;二是钢束布置对称于桥墩。因此,拼装每一对对称于桥墩块件的预应力钢丝束须按锚固这一对块件所需长度下料。

明槽钢丝束通常按等间距排列,锚固在顶板加厚的部分(这种板俗称"锯齿板"),加厚部分预制时留有管道,穿束时先将钢丝束在明槽内摆放平顺,然后再分别将钢丝束穿入两端管道之内,钢丝束在管道两头伸出长度要相等。

暗管穿束比明槽难度大。经验表明,60m 以下的钢丝束穿束一般均可采用人工推送。较长钢丝束穿入端,可点焊成箭头状缠裹黑胶布。60m 以上的钢丝束穿束时可先从孔道中插入一根钢丝与钢丝束引丝连接,然后一端以卷扬机牵引,一端以人工送入。

张拉:

钢丝束张拉前首先要确定合理的张拉次序,以保证箱梁在张拉过程中每批张拉合力都接近于该断面钢丝束总拉力重心处。

钢丝束张拉次序的确定与箱梁横断面形式、同时工作的千斤顶数量、是否设置临时张拉系统等因素有关。一般情况下,纵向钢丝束的张拉次序按下述原则确定:第一,对称于箱梁中轴线,钢丝束两端同时成对张拉;第二,先张拉肋束,后张拉板束;第三,肋束的张拉次序是先张拉边肋,后张拉中肋(若横断面为三根肋,仅有两对千斤顶时);第四,同一肋上的钢丝束先张拉下边的,后张拉上边的;第五,板束的次序是先张拉顶板中部的,后张拉边部的。

悬臂拼装法施工的主要优点是：梁体块件的预制和下部结构的施工可同时进行，拼装成桥的速度较现浇快，可显著缩短工期；块件在预制场内集中预制，质量较易保证；梁体塑性变形小，可减小预应力损失，施工不受气候影响等。其缺点是：需要占用较大的预制场地，移运和安装需要大型的机械设备；如果不用湿接缝，则块件安装的位置不易调整。

⑤压浆

管道压浆的目的是保证预应力筋不受腐蚀。目前的工艺是先用高压水检查管道的畅通、匹配面的密贴情况以及封端情况后再进行正式压浆，直到出浆口出浓浆。封闭出浆口持压3～5min，以保证水泥浆尽量充满管道。压浆是在局部封锚后进行的，除了保证封端质量外，须在水泥浆中加入适量微膨胀剂，选取合适的配合比，则既能使压浆工作顺利进行，又能使凝固后的水泥浆尽量充满管道，尽可能地排出管道内的水和空气，避免力筋受蚀。

⑥合龙段施工

用悬臂施工法建造的连续刚构桥、连续梁桥需在跨中将悬臂端刚性连接、整体合龙。合龙段施工有现浇和拼装两种方法，现浇方法与悬浇中跨合龙段施工方法相同，拼装方法与简支梁板的安装相同。

2. 移动模架施工

（1）移动模架施工技术的主要特点

移动模架系统（Movable Support System）简称MSS，是具有国际先进水平的桥梁施工技术，一般适用于跨径在50m左右的等截面PC连续梁的现浇施工上，自20世纪70年代以来，经过不断改善，如今在世界范围内的桥梁施工中已得到了广泛的应用。

移动模架技术的优点：①工序简单，施工周期短，上、下部构造可平行施工，有利于加快全桥的整体施工进度，机械化程度高，采用全液压设备进行操作，极大程度地降低了劳动强度，缩短施工周期；②工序重复，易于掌握和管理。同时移动模架反复周转使用，有效地降低了综合施工成本；③移动模架工厂化施工，标服化作业，梁体整体性好，利于工程质量和安全控制；④防护措施完善，利用模架两侧的护栏，设置防雨、防寒、防晒顶棚，保证施工期间不受天气影响；⑤移动模架逐孔施工，具有明显的经济效益；⑥施工时的受力与运营时的受力，不需要增加施工受力钢筋，减少建材消耗；⑦施工占地少，对环境的影响和污染少，有利于文明施工。

移动模架施工技术缺点：①施工跨径具有一定的限制，主要适合于修建60m以内跨径的桥梁，因为若跨径超过60m，承重钢箱梁将过于笨重；②因移动模架的成本较高，一次性投资较大，而且属于专用设备，整套设备的运输、拼装和拆除较困难，用时较长，因此桥长不宜少于500m，若能多次周转使用，方可获得较好的经济效益。

（2）移动模架施工的关键技术

①移动模架的拼装

采用移动模架进行桥梁逐孔现浇施工，就移动模架本身的使用而言，有三个至关重要的环节：移动模架的拼装、运行和拆除。拼装是施工准备阶段的重点，运行是施工过程中的关键,拆除是施工收尾阶段的难点。可见移动模架的拼装质量直接影响到混凝土浇注的质量和施工过程的安全。

移动模架的拼装主要在于两侧钢主梁的拼装,作为承重梁的主梁之间必须设定牢固的横向联结系,以增加模架的刚度,并确保模架的稳定。整套移动模架的拼装分为支撑托架(牛腿)拼装、钢主梁(导梁)拼装、横梁拼装、模板系统及其他附属部件拼装四大部分,各部分的拼装必须严格按照拼装的要求来进行。

移动模架系统的拼装顺序如下:支撑托架(牛腿)及平台→主梁、导梁→横梁及联结→模板系统(铺设底模、安装模板支架→安装外腹板模及翼缘板模、底板模→安装内模)及其他附属部件拼装。

②移动模架的调试及机械性能检验

MSS移动模架系统拼装完成后,按照施工中所要求步骤(横向、纵向、竖向移动)进行反复操作,检查各部位构件性能是否正常,能否满足施工要求;通过反复操作,也使工人对系统的操作熟练,可达到岗前培训的目的。另外还需模拟施工荷载进行荷载试验,通过实测数据检验设计计算,并通过试验消除部分非弹性变形,最后根据实测数据调整施工预拱度。

③移动模架的预压

预压主要是为了实测主梁的抗弯能力,取得实际的弹性变形下挠值,验证设计资料理论数值,为箱梁施工找到合理的挠度值。根据各断面混凝土自身荷载,采用编织袋装土或砂在移动模架外模上作模拟加载试验,并模拟浇筑混凝土顺序进行加载。在加载过程中观测移动模架挠度变化情况,得出移动模架的基本变形参数。预压主要是为了检验移动模架在一定荷载状态下是否安全,同时检测到预定荷载作用下的主梁挠度。

④移动模架预拱度的设置

由于移动模架造桥机为弹性体,在施工荷载作用下将产生变形,同时连续箱梁为多次超静定结构体系,梁体施工过程中体系为悬臂受力状态或连续梁受力状态,并且二者频繁转换,必然会导致梁体高程的变化。箱梁施工时,箱梁自重以及施工机械等重量是由移动模架来承受的,混凝土浇筑的过程实际上就是对移动模架加载的过程,也是移动模架受力变形的过程。预拱度设置的好坏直接影响桥梁的线形,因此预拱度的设置也是移动模架施工的关键技术之一。为了使箱梁线形满足设计要求,同时尽量控制裂缝的产生,移动模架使用前需确定合理的模板预拱度值。

⑤其他几个关键问题

施工控制。移动模架及移动模架施工的混凝土桥梁,在施工过程中应进行监测和控制,施工控制的目的就是保证施工结构的可靠性和安全性确保成桥后桥面线形和受力状态符合设计要求。施工控制主要分线性控制及应力控制,同时对模架还应进行稳定性监测和控制。

移动模架施工的风力限制条件。在施工过程中,为了保证移动模架的使用安全,在不同状态下有相应的风力限制条件:模架处于开模状态,尤其在纵移推进时,风力一般限制在12m/s，即6级风以内；模架处于合模状态或在浇注混凝土时，风力一般限制在22m/s，即10级风以内；模架在浇注混凝土后、落梁前，其抗风能力最强。

支撑托架的整体稳定性。一般支撑托架是左、右分体靠两组精轧螺纹钢筋对拉后，将其与墩身牢固连为一体的，在模架纵向、横向移动时，托架受力较大并将受到不平衡的弯、扭作用，因此，每根精轧螺纹钢筋的施工质量都极为重要，它是保证支撑托架能否形成整体，从而确保其稳定性的关键。

3. 顶锥施工

（1）顶锥技术原理与方法

①顶推施工技术原理

桥梁顶推施工技术原理，是在被顶推梁体的后部设置预平台，在平台上分阶段预制梁体，经水平千斤顶施顶，使梁体在各墩顶滑道上逐段向前滑动，直至主梁形式。顶推施工技术的关键在于，在一定动力作用之下，梁体可在滑道装置上，以很小的摩擦系数向前移动，根据工程实际经验，聚四氟乙烯与不锈钢板之间的摩擦系数在0.04~0.06之间，但是其静摩擦系数却要大一些。

②顶推施工方法

顶推施工按照动力装置，可分为单点和多点顶推两种。单点顶推的动力装置，在靠近梁场桥墩或桥台上，其支撑为千斤顶。多点顶推是在每个台墩上设置一对小吨位千斤顶，将顶推力分散到各墩上。在顶推中，水平千斤顶作用于梁体，产生摩擦力，可提高柔性高墩的安全性。顶推施工按照支承系统可分为临时滑道支承装置和永久性支承兼用滑道顶推施工。其中，临时滑道支承装置顶推施工为在临时墩顶和墩台上设置滑道，在梁体就位之后，拆除滑道，更换落梁和支座。这种顶推施工环节多，需要合理规划设计。永久性支承兼用滑道顶推施工，对于适用桥梁，可做临时性处理，使其成为临时滑道。结束顶推之后，拆除滑道，使梁体落在永久性支座上。按照顶推方向，顶推施工可分为单向和相对顶推两种，按照动力装置类别可分为步距式和连续顶推两种。还有其他一些分类方法，比如按照箱梁节段成型方式划分等。

（2）顶推施工技术的特点

顶推法多应用于预应力钢筋混凝土等截面连续梁桥和斜拉桥梁的施工。是指梁体在桥头逐段浇筑或拼装，用千斤顶纵向顶推，使梁体通过各墩顶的临时滑动支座面就位的施工方法。桥梁工程顶推技术的工作原理是利用具有分节段预制的梁体形成预制平台，使得被顶推梁体在千斤顶的作用下，通过各桥墩顶部的滑道向前滑动形成主梁的过程。由顶推施工技术的原理可以看出顶推法的一些基本特征。顶推技术不仅操作性强，可大大缩短工期，而且在减少了大量人力物力投入的同时，克服了顶推时梁体对墩体的撞击，从而保证了桥梁的质量。下面将具体介绍顶推技术的特点。

①简单灵活，可操作性强

在建设连续性桥梁时，顶推技术可以采用简单的设备进行施工，不仅节约了设备的成本，且减小了因施工而产生的噪声污染，由上述顶推技术施工原理可以看出，在连续性桥梁建造中用顶推技术具有很大的灵活性，操作简单，安全性高，大大节约了建设成本。在一些比较复杂地段，例如在深水、山谷等地建设桥梁时，顶推法大大发挥了其可操作性，因其减少了人力资本的投入，操作简单，因此在这类复杂地段同样可以采用。除此之外，顶推技术还可以用在弯桥坡道上。

②连续性和结构性好

在顶推技术的工作原理中介绍了梁体采用的是分节段预制，这样使得梁体受力均匀，在连续作业过程中显示了良好的功能，施工采用的是大型千斤顶，因为不需要大型的起重设备，因此梁体的节段长度可维持在10~20m之间。

③便于施工管理

由于顶推技术要求桥梁分节段预制的施工是在同一个施工场地，比较便于施工现场的管理，并且，施工所用的设备等可以重复使用，不但使施工现场变得简单、便于管理，而且大大减少了桥梁建设中设备的投资。

（3）顶推技术中的关键技术分析

①制梁台座中顶推技术及节段分析

预制箱梁节段和顶推施工现场共同构成制梁台座的过场。同时配备专业的用于升降活动的模架，保证活动的稳定性。并在此基础上还可以配有相对应的预应力钢束穿束平台。

制梁台座位置的分析：在进行位置的选择过程中应当注意以下几个方面的问题：一是确保桥墩台的后端能够在顶推的同时保持整体平衡和稳定，避免倾覆情况发生，并在此基础上使得梁段在预制场中将顶推达到标准跨度；二是应当使制梁台座尽可能地向前，这样是为了有效利用永久墩以及临时墩，尽可能地减少占引桥和引道的位置；三是使顶推梁体的末端转角保持在零，形成梁体线性的一致。

制梁台座结构的分析：预制梁体施工过程是制梁台座施工的重要方面，发挥着主要功能性作用。为了保障梁体线形以及顶推梁体的一致性，制梁台座往往能够起到重要作用。制梁台座结构性施工能够单独进行顶推工作，不用通过起梁。所以，制梁台座要配置专业的滑道，采用高质量的滑块，应用完整的升降活动底模板。除此之外，制梁台座上还应当具有侧模板以及端模板。预制台座的基础是地质以及水文特征。因此，在可能的情况下平台的基础应当设置临时桩。从结构上看，预制台座的结构基本上可以分为两个方面：其一，箱梁预制台座。即形成钢筋混凝土立柱的一种台座。其二，预制台座中的滑道的支撑墩基础上的钢筋混凝土墩身。

②顶推施工的预制工作

顶推技术的要点就是采用分节段预制，因此预制工作在顶推施工过程中占据决定性作用，为了使施工过程更加安全可靠，在进行桥梁施工前期，需要对施工过程中使用的设备、原材料进行严格的检查，并且最好能对桥梁的预制结构做一个整体模型，便于后续工作的进行和临时调整。实践证明，在使用顶推技术的桥梁建设中，只有做好桥梁预制工作，才能有效地加快施工的进度,并且可以提高桥梁最终的建成质量。

③顶推施工预制场的布置

由上可知,桥梁预制工作在整个顶推施工过程中具有非常重要的地位,而预制场是桥梁预制与顶推过程过渡的场所,因此,布置好预制场对整个施工过程同样重要,桥梁的浇制场所、钢筋材料的加工场所以及砂石的堆放场所都包含在预制场内。预制场的布置要结合合理的分段长度,首先,预制场的长度要控制在节段的3倍以上,且应设置在桥台后方;其次,在两端顶推到两个桥梁的主跨点之间时要及时设置预制过渡区,过渡区的长度也应经过合理的计算而得出。

(4)顶推法施工的质量保证措施

采用顶推法施工,工序较多,而且有一定连贯性。施工工艺相对复杂,质量要求较高,如果施工过程中某一个部位出现质量问题,某一道工序出现质量故障,都会使整个箱梁施工的正常进度受到影响。参加顶推施工的全体人员,必须做到对于工作认真负责,精心进行施工和组织,树立牢固的质量意识,使施工质量和箱梁预推施工得以顺利进行。因此,每道主要工序施工前,召开技术交底会,使参加施工人员明确操作要点及控制要点;制定重要工序技术操作规程,用文字向施工、技术人员交底;对于箱梁施工质量定期进行总结,找出差距,制定措施,明确职责,奖罚分明,使施工质量得以保证;认真做好有关各项施工的原始记录,及时整理入档;在施工过程中要注意关键部位和重要工序的施工。

第三节 桥面及附属工程施工技术

一、桥面工程施工

(一)桥面铺装层施工

1. 桥面铺装层的基本特性

桥面铺装层通常由水泥或沥青混凝土面层、混凝土找平层和防水层三部分组成。其中,桥面水泥或沥青混凝土面层与道路运行车辆直接接触,具有较好的耐磨性、抗滑性、变形性、防渗性、抗裂性和热稳定性等,其常采用1~2层密级配的沥青混凝土,厚度5~8cm;混凝土找平层通过使基面保持平整便于防水层的施工,它通常采用水泥混凝土;桥面防水层对桥梁路面的抗渗性起着关键作用,它通常采用改性沥青防水材料,厚度0.3~0.8cm,防水层材料具有较高的抗拉强度、低温抗裂性、耐高温性和不透水性等,可以适应桥梁的受力状况和外界环境温度变化的影响。

桥面铺装层可以减轻车辆的轮胎或者履带等对行车道桥面板的直接磨耗,通过承受和传递桥面车轮的荷载,对车辆轮重的集中荷载起分布作用;由于其直接承受外界雨水、阳光等自然环境因素的影响,可以使桥梁结构内部的混凝土和钢筋免受损坏和锈蚀;桥梁桥面铺装层参与主梁的受力,可以减少桥梁的挠度值,对主梁受力有一定帮助作用。若桥梁桥面铺装层设计和施工质量可靠,那么在设计使用年限内可以充分发挥其服务功能,在提供舒适安全的行车环境的同时,还可以降低公路桥梁的日常维护费用。

此外,桥面铺装要求具有抗车辙、行车舒适、抗滑、不透水、刚度好等特点,桥面铺装重量应尽量降低(二期恒载),铺装质量应使铺装层与桥面板结合紧密;桥面铺装常采用水泥混凝土、沥青混凝土、沥青表面处治、泥结碎石等材料;桥面铺装一般不进行受力计算。

2. 桥面铺装层的施工工艺流程

桥面铺装层的施工质量是保证桥梁安全运用的前提条件。为了避免铺装层施工中的桥面铺装层与行车道板黏结不牢固,沥青混凝土面层、桥面混凝土平层、桥面铺装结构层间结合以及防水层卷材接茬处等施工不规范,造成桥面铺装层产生早期破坏现象,影响桥梁的耐久性和实用性,因此,桥面铺装层的施工应严格按照施工工艺流程进行。桥面铺装层的施工工艺流程为:

(1)施工准备

桥面铺装层准备进行施工时,应该做好以下施工准备工作:建立桥梁桥面铺装层施工质量管理体系,成立由监督管理人员、质量检测和施工技术负责人等组成的监督管理小组,明确相应的技术规范和标准,制定相应的施工质量目标,合理制订施工计划;并对施工人员进行技术交底,切实落实施工责任制;在施工准备阶段还应对桥面进行检查,清除桥面杂物(如油污、残浆、碎石等),将其凿毛至满足设计及规范要求后清洗桥面,同时还要对梁顶标高进行复测,确保施工数据的准确可靠。

(2)加工和安装钢筋

对于施工所需的钢筋等原材料加强进场质量管理,所选用的钢筋应具有产品合格证书,同时外观质量也应满足要求;对于进场的钢筋还应进行抽样检验,只有经现场取样实验合格的钢筋才能使用。钢筋的加工和安装应该严格按相应的照设计图纸和施工技术规范进行。在进行桥面钢筋绑扎作业时,应避免施工人员或者机械对钢筋网的踩踏,同时还应在钢筋下方铺设一定厚度的石子混凝土垫块,垫块的标号应与铺装层相同,这样可以避免施工过程中钢筋骨架局部或整体的下绕,确保钢筋网安装位置的精确。绑扎钢筋网时,首先应做好点线的控制,钢筋网的网眼尺寸等参数应该满足有关的设计和规范,同时在施工加强对网眼尺寸的监测和控制,避免钢筋网直接粘贴在梁面上以及钢筋网的严重变形等;钢筋网进行焊接时,焊点也应满足相应的设计要求,对于不同类型的钢筋应根据运输和安装条件等采取适宜的焊接工艺,逐一将钢筋短头焊接以形成钢筋网的有效支撑,钢筋网的支撑强度应满足规范和设计要求。

(3)制作和安装模板

模板的制作和安装应结合桥面铺装层施工工艺的特点和模板的工艺要求等进行。根据公路桥梁的实际长度以及板块的划分，在确定槽钢位置的基础上布设标高控制点，模板的高度应该和面层板的厚度相同，然后布设型钢，型钢顶高程应与设计标高一致，最后在型钢上安置振动梁，以此完成模板的安装工作。模板安装过程中要求模板间的缝隙需要严密堵塞，最大限度上减少漏浆量。对于悬吊模板的安装，在施工过程中还应考虑应经安装好的模板能否完全拆除。模板安装完成后应做好相邻模板拼接处的高差，以及模板间错位和不平整等方面的检查工作，确保模板间高差和模板内侧平整度等符合有关要求。

（4）拌制和铺设混凝土

混凝土的拌制、运输和铺设等也应严格按照有关规定进行。为了便于施工，桥面铺装层混凝土通常在拌合站进行集中拌制。拌制混凝土的原材料应符合质量要求，可按照砂、水泥、碎石的装料顺序拌制混凝土；混凝土的搅拌时间可以根据拌合料的和易性以及搅拌机械的工作性能等合理确定，一般而言搅拌的最长时间不应超过最短时间的3倍左右。混凝土的运输通常选用专门的运输车辆，在运输过程中应采用帷布等进行覆盖，以避免混凝土运输过程中水分和温度等变化对混凝土性能产生不利影响；应合理安排混凝土的运输时间，尽量缩短运输时间；此外还应及时对混凝土运输车辆进行清洗，以减少混凝土运输中的不利影响。在铺设混凝土之前应该对桥梁梁板的顶面进行洒水，使其充分湿润；混凝土的铺设通常按跨为单位进行整体的浇筑：首先将混凝土从桥梁的一端向另外一端进行人工摊铺，摊铺要均匀且铺设厚度应略高于桥面的铺装；然后利用平板振动器或振动梁进行振捣，振捣要充分；再利用混凝土整平机或铁滚筒等机械或人工进行提浆和找平；最后利用铝合金龙骨或慢刀等搓刮成型，人工反复抹压后用特制刷扫毛，完工后及时进行覆盖养生。

（5）切缝和养生

切缝和养生是桥面铺装施工工艺中关键的步骤。其中切缝应该注意切缝位置和切缝时间的把握。通常在墩顶每隔10～15m设置一条深约2cm的桥面铺装横向缩缝，横向缩缝应与防撞栏的缩缝对齐。切缝时间应准确可靠，可根据混凝土的初凝时间进行控制，避免过早或过晚切缝造成的混凝土大面积损坏或裂缝产生，切缝的施工应严格按照工艺要求进行，切缝完成后应采用专门的填缝料进行灌缝。桥面铺装完成后应结合施工场地的实际情况进行养生，可采用洒水和养护剂等进行养护，养护的时间应该根据水泥的特性等合理确定，通过养生可以确保桥面铺装层混凝土在一定时期内满足相应的质量和强度要求。

（二）桥面铺装层的施工技术

1. 水泥混凝土桥面施工技术分析

在水泥混凝土施工时常出现铺装层面的龟裂、破碎、漏筋等情况，导致其发生的原因有多方面：如物料质量不合格、水泥层面与底层未接为整体、水泥层面厚度不达标准要求、铺装层面的早期破坏等等，都是影响桥梁面层质量的因素。避免上述情况的发生必须做到提前预防，从技术控制角度分析，着重做到以下几点：

（1）铺装物料控制

桥面铺装物料是施工中的重要组成部分，其质量的优劣直接影响到施工水平，如果物料质量不合格，像石料压碎值不达标、细集料中杂质含量高、粗骨料粒径不合格等都能影响到混凝土的强度，使其荷载能力减弱，导致龟裂破碎现象。所以在水泥混凝土桥面施工中，应该特别注意物料供应的检测和计量，尤其对骨料的含水量要进行细致而严格的检测，各类粗细骨料应该分批检验，认真进行筛分试验，若遇到所测量的骨料含水量与标准指标相差很大，应该及时做出调整。

对水泥的选择也同样需要进行细致的检测和评定，待各项指标合格后才可使用，水泥的质量是水泥混凝土铺装的最关键因素，其强度值应按照桥梁设计规定的标准强度值来进行筛选。另外对于其他物料的选择也应做到按规范要求购进，在无特殊情况下不能随便更改设计规定物料指标和型号。

（2）搅拌及运输

对水泥混凝土的有效搅拌，可以使其在模板中分布更加均匀，密实度增强。因而在搅拌前，应对各种称量设备进行调试和检修，以保证水泥、各类粗细骨料、水以及其他物料的配比规范。搅拌混凝土使用的砂子应过筛，预防有掺杂杂质而导致混凝土质量下降。搅拌使用设备应在有效期限内，能够保持连续运转，以保证水泥混凝土的出料符合标准。对于水泥混凝土的运输，尽量采用水泥专用罐车运输，使用泵送混凝土，以便减少运输途中水分流失，避免水泥混凝土发生离析现象，通常情况下水泥混凝土的运输时间最好不要超出40分钟。

（3）浇筑铺装施工

在浇筑施工前，应对桥面进行清理，最好采用高压水枪冲洗，使桥面杂物清除彻底，这样可以使得混凝土与底层黏结紧密，采用高压水枪还能使底层得到充分湿润。混凝土摊铺时要均匀，布料应采用平板振捣器振捣，振捣要充分，以保证密实，同时还要进行人工找平，同时要用滚筒滚压。浇筑工序完成后还要进行真空吸水，最后用刮尺刮平。在桥面铺装时应注意施工缝的设置，若桥面较宽可采取分幅浇筑，桥面不宽则可进行全幅浇筑。

为了使桥面铺装与行车道板紧密结合，在进行梁板预制时，其顶面必须按规范拉毛，以保证桥面摩擦系数。在桥面铺装施工之前，应用钢丝刷除去梁顶结合面上的浮浆，并用空压机吹净，再按设计要求重新绑扎钢筋网面，形成钢筋网上下保护层面，从而减少水泥混凝土产生裂缝现象。对于桥面铺装厚度，应在进行预制梁施工时严格控制标高，以保证桥面铺装层的厚度达到设计标准。

（4）后期养护

水泥混凝土的后期养护工作十分重要，有效的养护可以避免桥面裂缝的产生。通常在水泥混凝土抹平2小时以后，当混凝土表面达到一定强度时，进行养护工作。表面覆盖物可采用湿麻袋或草垫，并每天进行洒水，以保持混凝土表面的湿润，养护期为14天。在养护管理期间要禁止车辆通行，若混凝土还没达到一定强度，就开放交通的，往往会造成铺装层面的早期破坏，严重缩短了其使用寿命，导致经济损失。

2. 沥青混凝土桥面施工技术分析

在公路桥梁的桥面铺装施工时，沥青混凝土铺装层应满足与水泥混凝土底层的有效黏结，以防止沥青层开裂脱落、面层渗水、滑坡、变形等现象，施工现场的技术控制主要包括以下几点：

（1）沥青混凝土的拌合

沥青质量的正确选择是沥青混凝土桥面质量的保障，因而混凝土原物料的选用应符合设计标准和要求，所在购进物料要经过检验和核查，在确保合格后方可使用。混合物料的搅拌，通常采取自动拌合机，对所有物料的投放和搅拌时间都是由拌合设备自动计算和控制。对于沥青混凝土的混合配比需按照试验标准进行，搅拌设备的操作要由专业人员负责，在搅拌过程中工作人员应该及时对混合物料取样化验，以确保沥青混合物的拌合均匀、质量稳定。

（2）运输过程

沥青混合料的运输是沥青面铺装的关键环节，如果运输过程疏忽大意，就会在铺筑时出现混合料离析现象。为避免此状况发生，首先在拌合机贮料罐向运料车卸料时，应分三层放料，即每放一斗料，运料车需要挪动位置，以减少混合物中粗集料的集中。其次在施工现场，应保持运料车比摊铺机速度有所富余，避免混合料卸向摊铺机时造成的粗集料第二次集中。沥青碎石离析现象危害极大，一旦粗集料形成，碾压时就容易被压碎，使骨料表面积增大，混合物配合比被改变，破坏了原路面设计结构，影响了桥面的强度和使用寿命。再者运料车要保持连续均匀地运行，其数量和发车时间要根据摊铺机的工作能力和速度来计算，车辆运输途中需用工布覆盖混合料，可起到保温和防污染的作用。

（3）摊铺技术

通常在施工前，要对待铺装水泥面进行彻底的清洁，尖锐突出物以及凹坑应给予打磨或修补，使其平整、干燥，粘层油可采用乳化沥青或改性沥青，洒布要均匀，确保在充分渗入面层后使其粘连。

摊铺作业时应注意以下问题：其一，作业前对摊铺机进行全面检测，同时预热熨平板，以保证摊铺机能够正常匀速运行；其二，对沥青混凝土检测，确保温度达到要求，禁止使用发生离析现象的沥青混凝土；其三，施工人员要对摊铺的高度、厚度、温度进行跟踪管理，沥青混凝土铺装层厚度一般为 4～10cm，高等级公路上厚度应 ≥9cm，一般等级公路桥面厚度要与相接公路的面层保持平整；其四，若由于设计不足而使路面与桥面连接不吻合时，应提前根据现场路面设计标高，依据质量标准重新调整沥青混凝土的配比，确保桥面不渗水，荷载能力强；其五，泄水孔施工时，其顶面标高应低于桥面铺装标高，确保泄水畅通，以防渗水浸泡沥青混凝土，导致面层脱裂。

（4）碾压技术

碾压沥青混凝土宜采用胶轮压路机复压和轻型钢筒式压路机终压的方式，不能采用大型振动压路机或重型钢筒式压路机，以免对桥梁架构造成损害。施工应在适宜的温度下进行，及时检测碾压实度，确保符合标准要求。碾压施工要经过初压—复压—终压三个工艺流程，具体如下：

①初压

初压是在沥青混凝土温度不低于130℃时进行，碾压机面向摊铺机并由低向高推进，前进时采用静压，退回时也以采用弱振压，碾压过程要保持连续，不能随意调头，以避免开裂、推移现象。

②复压

复压可使得沥青混凝土更加稳定密实，碾压机采用震动碟压。沥青混凝土密实度是由复压条件决定的，因此复压应紧跟于初压之后，同时还要控制洒水量，以免水量过多影响沥青温度。

③终压

终压是为了消除轮,提高桥面平整度而进行的,此时沥青混凝土温度要求在120℃以上。另外在施工时对横向接缝的碾压应采用横向碾压，待碾压合格后再进行纵向碾压，以免由于垂直碾压而引起沥青面开裂。

二、其他附属工程施工

（一）桥梁其他附属工程概述

1. 支座垫石及支座

在桥梁结构中，支座是桥梁上、下部结构的连接点，其作用是将上部结构的荷载顺适、安全地传递到桥墩台上去，同时保证上部结构在荷载、温度变化、混凝土收缩等因素作用下的自由变形，以便使结构的实际受力情况符合计算图式，并保护梁端、墩台帽不受损伤。这就要求它具有足够的竖向刚度和弹性，能将桥梁上部结构的全部荷载可靠地传递到墩台上，并同时承受由荷载作用引起的桥跨结构端部的水平位移、转角和变形，减轻和缓解桥墩承受的震动，适应因温度、湿度变化引起的桥跨结构胀缩。

就支座和支座垫石来说，其包括以下几项规范要求：一是支座垫石平面尺寸大小按局部承压计算确定，垫石长度、宽度应比支座相应的尺寸增加50mm左右，其高度应为100mm以上，且应考虑便于支座的更换；二是支座垫石应布置钢筋网，钢筋直径为8mm时，间距宜为50mm×50mm，桥梁墩台应有竖向钢筋延伸至支座垫石内，支座垫石混凝土强度不应低于C30；三是选用板式橡胶支座，支座最大承载力应与桥梁支点反力吻合，允许偏差范围为±10%；四是当桥梁纵坡坡度不大于1%时,板式橡胶支座可直接设置于墩台上，但应考虑坡度影响所需要的厚度，当纵坡坡度大于1%时，应采用预埋钢板、混凝土垫块或其他调平措施将梁底调平；五是弯、坡、斜、宽桥梁宜选用圆形板式橡胶支座。公路桥涵不宜采用带球冠的板式橡胶支座或坡型的板式橡胶支座。

另外，在支座选取中一般为，最大反力不超过支座容许承载力的10%，因此支座选配时，如果计算荷载为4300KN，则选取4000KN的支座即可，一般不必过多担心支座的安全储备，支座实际的安全系数一般在5以上。斜桥中应尽可能采用厚度较大的支座以减小支座刚度，使支座有足够的变形。

2. 伸缩缝

就桥梁伸缩缝而言，相关规范规定如下：桥面伸缩装置应保证能自由伸缩，并使车辆平稳通过；伸缩装置应具有良好的密水性和排水性，并应便于检查和清除沟槽的污物。

既有桥梁伸缩缝处的混凝土容易破碎，主要是因为伸缩缝处混凝土施工质量不高及伸缩缝后的钢筋偏少或没有钢筋，因此在伸缩缝后浇混凝土应设足够的钢筋，并且与桥面铺装的钢筋连接。在有条件的情况下可采用钢纤维混凝土，以保证质量。

在桥梁伸缩缝处，人行道和防撞栏杆应该断开。对于桥梁接缝处的人行道和栏杆的处理，对人行道通常是在人行道上覆盖钢板，钢板一段和下面步道固定，另一端跨过伸缩缝，随梁体涨缩，在伸缩缝另一端的步道上来回滑动。原则上任何时候钢板应有效覆盖位于其下方的接缝间隙，至少搭盖另一端50mm。钢板表面应有一定的粗糙度，以防止行人滑倒。

对于高速公路上的钢筋混凝土墙式防撞护栏和组合式护栏，当接缝处的伸缩量不大于80mm时，可任其空缺，或填充腻子；当活动量超过80mm，宜用钢板做一个和护栏外形相符的罩子，将伸缩缝缺口罩住，罩子的一段必须同另一端栏杆固定，另一端则是活动的。同时应符合《公路交通安全设施设计规范》。

3. 桥面排水

关于桥面排水，具有以下几项规范要求：一是圬工桥台台背及拱桥拱圈与填料间应设置防水层，并设盲沟排水；二是桥面应设排水设施。跨越公路、铁路、通航河流的桥梁，桥面排水宜通过设在桥梁墩台处的竖向排水管排入地面排水设施中；三是大桥和特大桥不宜做成纵向平坡桥，对于高速公路，一般采用直径为150mm的排水管，间距在4~5m之间；四是对于跨越公路、铁路、通航河流的桥梁以及城市高架桥，落在桥面上的降水应通过桥面横坡和纵坡排流入排水管后，汇集到纵向排水管或排水槽，并通过设在墩台处的竖向排水管（落水管）流入地面排水设施中；五是桥面排水、桥台和支挡物的排水还可参考《公路排水设计规范》，桥面排水管的设置应满足环境和安全的要求。

当桥面纵坡大于2%而桥长小于50m时，桥上可以不设泄水孔，而在桥头引道两侧设置流水槽，以免雨水冲刷引道路基；当桥面纵坡大于2%而桥长大于50m时，则需在行车道的两侧沿桥长方面每间隔10~15m设置一个泄水管；当桥面纵坡小于2%时，宜每隔6~8m设置一个泄水管。泄水管过水面积通常按每平方米桥面上不小于2~3平方厘米，泄水管可左右对称排列，也可交错排列，泄水管里路缘石距离为10~50cm。

在桥梁墩顶负弯矩区因为多有裂缝。防水层很重要，可以采用三涂FYT防水材料或APP等。

对于桥长小于50m，纵坡大于2%时，桥上可不设专门的泄水管道，使雨水自然流到桥头，此时应在桥头引导两侧设置流水槽以防止流水冲刷路基；当桥梁长度大于50m，且纵坡大于2%时，应在桥上每隔10~15m设置一个泄水管；纵坡小于2%时，每隔5~8m左右设置一个泄水管。

伸缩缝的上游方向应增设泄水孔。在凹型竖曲线的最低点及前后3~5m处也应各设一个泄水口。排水计算中，采用当地的暴雨公式按照15年一遇计算纵坡条件下的积水，再去考虑横向排水管的间距问题。通常在每平方米桥面上按不少于1~3cm^{2}的泄水管过水面积计算。降水较大地区取上限值。

肋板式梁桥、箱型梁桥、肋拱桥常采用竖向泄水管，直径一般为100~150mm，下端伸出板底150~200mm。板式梁或实腹式拱桥由于梁板较厚，泄水管不方便竖穿，常采用横向排水管道。直径一般为100~150mm，横向伸出桥侧100~150mm。对于立交桥或城市桥梁，常通过纵向排水管道和竖向排水管道将水引走，纵向排水管的纵坡不得小于0.5%。纵向排水管道常设置在桥墩或桥台处。桥面泄水孔宜靠近设置在伸缩装置的上游面。梁体应设置滴水槽。

4．护栏

关于护栏的相关规范规定如下：需设置栏杆的桥梁，其栏杆的设计，除满足受力要求外，尚应注意美观，栏杆的高度不应小于1.1m；高速公路和一级公路防撞护栏混凝土等级不应低于C30、其他公路等级不应低于C20；桥梁护栏的任何部分不得侵入公路建筑界限内；分离式桥梁的中央分隔带宽度大于标准段时，护栏应按路侧桥梁护栏的防撞等级设计。

护栏的设置原则为：高速公路桥梁的外侧和中央分隔带必须设置桥梁护栏；干线公路一级、二级桥梁必须设置路侧护栏，干线公路一级必须设置中央分隔带护栏；集散型公路一级、二级桥梁应设置路侧护栏，集散公路一级宜设置中央分隔带护栏；跨域沟谷、深谷、河流的三四级公路桥梁应设置路侧护栏，位于其他路段经综合论证可不设置护栏的桥梁应设置视线诱导设施或人形栏杆。

另外，设计不锈钢栏杆时最好采用预埋钢板连接而不用法兰加螺栓，以方便施工。所有钢护栏零构件均应按规范要求热浸镀锌，要求进行表面处理。拼接套管长度应大于或等于2倍的套管直径，并不小于30cm，且套管的抵抗拒不应低于0.75倍的横梁截面抵抗拒。

栏杆在伸缩缝处要断开，断开的间距不小于伸缩缝处梁体间距，也不大于伸缩缝处梁体间距加2.5厘米。并且根据跨径每隔30m左右断开，且每隔5m设置一道假缝，假缝钢筋要求完全断开5mm。

防撞护栏在桥梁伸缩缝处的处理可使用钢遮板或做成假缝，缝内填塞泡沫材料。

5．桥台、搭板及锥坡

建议轻型桥台同样考虑台背回填处理。处理的方式与地质条件有关，回填材料宜用透水性材料。

一般机动车道和非机动车道必须设置搭板，人行道由于荷载标准较小，可以不设置。搭板宽度等于机动车道或非机动车道的净宽度。搭板在分幅的时候应该按车道划分，分幅的宽度可能会不同,各幅间用拉杆连接。可为Ⅱ级钢筋14~18@50布置。

搭板长度(跨度)和厚度:和台后填土高度h有关,h<6m,设置5m长,厚度可为35cm,h>6m,可设8m长搭板,厚度40~45cm.小桥一般设置5m的搭板,中桥宜在6m以上。

坡度:搭板坡度一般可取与道路路面坡度一致,如若为复合性路面,上面根据道路设置要求铺设沥青,否则,搭板顶面即可作为路面行车。

配筋:按简支板进行配筋计算,由于上部还要承受车辆荷载,一般顶面钢筋直径不宜小于14,顶面和底层钢筋间距不宜大于20cm.

与路面的连接:规范规定搭板和水泥混凝土路面之间应设置1~3块过渡板,一般均做成直接与路面连接,搭板和路面之间应设置胀缝,按道路胀缝要求做钢筋和填缝料。如果路面为沥青,则搭板和路面结构的水稳之间应设置油浸木板分缝。

防震锚栓主要是防止纵向落梁,现在最新的抗震规范对简支端盖梁宽度有新要求,也是考虑纵向落梁,另外在斜交桥中,为防止梁体起翘也要求设置锚固螺栓。

(二)其他附属工程施工技术

1.支座的施工及更换技术

(1)支座的施工技术

①板式橡胶支座施工

板式橡胶支座由多层天然橡胶与薄钢板镶嵌、黏合、硫化而成一种桥梁支座产品。该种类型的橡胶支座有足够的竖向刚度以承受垂直荷载,且能将上部构造的压力可靠地传递给墩台;有良好的弹性以适应梁端的转动;有较大的剪切变形以满足上部构造的水平位移。板式橡胶支座施工工艺如下:

第一,支承垫石的设置。为了保证橡胶支座的施工质量,以及安装、调整、观察及更换支座的方便;不管是采用现浇梁还是预制梁法施工,不管是安装何种类型的板式橡胶支座,在墩台顶设置支承垫石都是必要的。

施工支承垫石应注意几点事项:一是支承垫石的平面尺寸大小应能承受上部构造荷载为宜,一般长度与宽度应比橡胶支座大10cm左右。垫石高度应大于6cm,以保证梁底到墩台顶面有足够的空间高度,用来安放千斤顶,供支座调换使用;二是支承垫石内应布设钢筋网片,竖向钢筋应与墩台内钢筋相连接,浇注垫石的混凝土标号应不低于C30号或不低于设计标号,垫石混凝土顶面应预先用水平尺校准,力求平整而不光滑;三是支承垫石顶面标高力求准确一致。尤其是一片梁的两个或四个支座的支承垫石顶面应处于同一平面内,以免发生偏压,初始剪切与不均匀受力现象。

第二,支座安装。安装前按设计要求及国家现行标准有关规定对产品进行确认。安装前对桥台和墩柱盖梁轴线、高程及支座面平整度等进行再次复核。支座安装在找平层砂浆硬化后进行;黏结时,宜先黏结桥台和墩柱盖梁两端的支座,经复核平整度和高程无误后,挂基准小线进行其他支座的安装。当桥台和墩柱盖梁较长时，应加密基准支座防止高程误差超标。

黏结时先将砂浆摊平拍实，然后将支座按标高就位，支座上的纵横轴线与垫石纵横轴线要对应。严格控制支座平整度，每块支座都必须用铁水平尺测其对角线，误差超标应及时予以调整。支座与支承面接触应不空鼓，如支承面上放置钢垫板时，钢垫板应在桥台和墩柱盖梁施工时预埋，并在钢板上设排气孔，保证钢垫板底混凝土浇筑密实。

第三，普通板式橡胶支座的安装注意事项。矩形支座短边应与顺桥方向平行安置，以利梁端转动。若需要长边平行于顺桥向，必须通过转角验算。圆形支座各向同性，安装时无需考虑方向性，只需将支座圆心同设计位置中心点重合即可。为防止离心力下使梁体横向移动，可设置横向挡块。斜角支座在斜交桥上安装时，短边应平行于顺桥向，长边应平行于墩台中心线，顺桥向与墩台中心线的斜交夹角应与支座的锐角相符。使用普通板式橡胶支座一般设有固定端与活动端之分；使用等高度过支座时，上部构造的水平位移由同一片梁两端支座的剪切变形共同完成，各承担一半，也可用厚度较小的橡胶支座作固定支座。

橡胶支座安装以春秋季节（年平均温度时）进行最佳。如在最高或最低气温安装，为避免支座发生过大的剪切变形，过去提出两种方法：一是到年平均气温顶起主梁，将支座调整到中心位置；二是在安装时根据当时气温计算使支座产生预变位。前者在铁路桥梁上使用尚可，在公路桥梁上很难进行；后者现场施工技术难度高，难于掌握。现有一种简易的方法供选择。若预计不可能在年平均气温时安装，则在选用橡胶支座时可适当增加高度，使其在极端高低温安装时，上部构造的最大位移量靠橡胶支座的单向剪切变形来完成。

②球形支座施工

球形支座各向转动性能一致，适用于弯桥、坡桥、斜桥、宽桥及大跨径桥，球形支座无承重橡胶块，特别适用于低温地区。球形支座安装要点：一是支座安装前方可开箱，并检查装箱清单，包括配件清单、检验报告复印件、支座产品合格证书及支座安装养护细则，施工单位开箱后，不得任意转动连接螺栓，并不得任意拆卸支座；二是支座安装高度应符合设计要求，要保证支座平面的水平及平整，支座支承面四角高差不得大于2mm；三是安装支座板及地脚螺栓，在下支座板四周用钢楔块调整支座水平，并使下支座板底面高符合设计要求，找出支座纵、横向中线位置，使之符合设计要求。用环氧砂浆灌注地脚螺栓孔及支座底面垫层，环氧砂浆硬化后，拆除支座四角临时钢楔块，并用环氧砂浆填满抽出楔块的位置；四是在梁体安装完毕后，或现浇混凝土梁体形成整体并达到设计强度后，在张拉梁体预应力之前，拆除上、下支座连接板，以防止约束梁体正常转动；五是拆除上、下支座连接板后，检查支座外观，并及时安装支座外防尘罩；六是当支座与梁体及墩台采用焊接连接时，应先将交ውฤ准确定位后，用对称间断焊接，将下支座板与墩台上预埋钢板焊接，焊接时应防止烧伤支座及混凝土；七是支座在试运营期一年后应进行检查，清除支座附近的杂物及灰尘，并用棉丝仔细擦除不锈钢表面的灰尘。

③盆式支座施工

盆式支座是钢构件与橡胶组合而成的新型桥梁支座,与同类的其他型号盆式支座和铸钢辊轴支座相比,具有承载能力大、水平位移量大、转动灵活等特点,且重量轻,结构紧凑,构造简单,建筑高度低,加工制造方便,节省钢材,降低造价等优点,是适宜于大跨桥梁使用的较理想的支座。盆式橡胶支座安装方法主要有2种:一种是座浆法,一种是重力灌浆法。一般根据梁体是预制还是现浇选择。座浆法是传统的现浇梁体常用的方法:将垫石预留支座锚栓孔,垫石表面凿毛,用砂浆填充满锚栓孔和垫石顶面支座安装区域(垫石顶面砂浆应做成中间高四周低,不流动),支座连接成整体后按正确方向安装于砂浆上,调整至设计标高(可采用钢楔形块调整和支撑支座),待砂浆固化达到设计强度后即可打模板绑扎梁体钢筋,然后浇筑梁体。重力灌浆法可用于预制梁和现浇梁:预制梁是先将支座安装于梁底,将梁体吊装到位后临时支撑,调整到设计标高后,支座底面距离垫石顶面约2~3cm,然后在垫石顶面支座四周支"回"型模板(垫石表面凿毛,预留孔清理干净),将配合好的环氧砂浆采用重力方式由支座底中心灌注到预留孔和支座底面,砂浆应高出支座底面约1cm,待砂浆达到设计强度即可拆除临时支撑和模板。现浇梁则是先将支座安装于垫石顶面,用刚楔形块调整好标高,然后按重量灌浆法安装支座。

(2)支座施工更换技术

①支座施工更换方法

正是由于支座会存在上述的几个可能发生的问题,桥梁的质量没有办法来保证,因此人们在这种桥梁上驾驶车辆就会存在一定的安全隐患,威胁人们的生命健康和财产安全,所以为了避免或者是减少这样的事情发生,需要对支座施工采取比较恰当的更换技术,主要有以下几点:

第一,顶升方法。这种方法是目前来讲使用的范围最广的一种方法,它的目的就是为了缩小主梁与盖梁之间的空间,在材料的选择上主要是凭借超薄的液压千斤顶所产生的压力,这样才能够在一定程度上保证桥梁的各个部分受力都是平等的。

第二,支架方法。这种方法由于所呈现出来的形状比较像马鞍,所以也形象地称之为支架,它主要是依靠桥墩本身的重量作为支撑,这样后期才能够在盖梁上进行其他的工程项目,比如说搭设支架等等。

第三,枕木支架方法。这种方法主要是以枕木为最基础的材料,在地面上铺设一定量的枕木,具体的数量要根据当地的地质环境或者是所要建造桥梁的具体承载力来决定,根据情况可以酌情选择是满布式支架还是部分式支架,需要注意的是支架的放置位置是桥梁的梁体处。

②桥梁支座施工更换技术注意事项

一般情况下,建造桥梁这样的工程现场是比较复杂的,由于它跟建造房屋是有一定区别的,无论是从图纸的设计还是从相关的配套设备使用上,都会有一定的差别,所以在具体的注意事项上需要格外关注,否则不仅会在一定程度上影响施工的进度,情况严重的甚至还会威胁到施工人员的生命安全。

第一,封闭交通。这一点是非常重要的,现场施工的环境是非常复杂的,即便是有非常专业的现场施工监管人员,他也不可能面面俱到每一个环节当中,如果这个时候没有进行交通封闭,行人误闯进现场施工的环境当中,由于他们没有相关的专业知识,很容易引发安全事故,所以为了避免这样的情况发生,就需要施工企业在动工之前,先封闭交通。

第二,支座的处理。很多时候由于某一些个别的施工人员专业知识并不是很丰富,或者是由于他们对所负责的项目并不是很认真负责,所以在选材方面就会有这样或者是那样的失误,但是像支座这样比较重要的材料容不得半点马虎。如果是比较陈旧的支座进行复位的时候需要先将其清理干净,并且要在支座上涂满硅脂之后才能够按照相应的流程来进行复位,这样才能够在一定程度上保证支座的质量,并且能够最大限度地延长支座的使用寿命。

除了施工人员需要格外注意支座的处理之外,专业的施工人员也是非常必要的。很多农民为了在城市当中生活,没有能力也没有学历的他们首选的工作就是现场施工的工作,因为这些地方只需要出力气就能够赚钱,而一些施工企业为了节省相应的建筑成本就选择这些民工来进行,但是有些现场施工的工作是需要具备专业知识和技能的人才能够胜任的,所以除了在进现场之前需要做好相关的培训工作,让施工人员能够按照相关的规定来规范自己的行为之外,还要不断地吸引那些专业技能的人,不仅仅是因为他们的专业技能能够在现场施工的环境当中创造一定的价值,而且在遇到突发的事件时还能够快速地想到解决办法,这样就能够将损失降到最低。

第三,支座更换。桥梁顶升呈悬浮状态后,将原破损支座及墩柱顶部清除干净,经测量定位,画出支座设计位置,确保支座位置处理好后,将新支座放入原支座位置,并清理支座表面的杂物。

支座安装前,对楔形垫块下黏结的不锈钢板进行仔细清理,并在不锈钢板与四氟板之间加入硅油,增加润滑性能。具体操作过程为:其一,支座垫板安装,根据新加支座与梁底密贴程度,在空隙、不平部位塞入支座垫板,支座垫板楔入时先把一个钢板用环氧树脂粘在墩顶,使另外一个钢板与支座粘在一起,然后在两个钢板接触面上涂环氧树脂,楔入第二个钢板与支座,使支座顶面与主梁底面紧贴,并安装支座限位钢板。其二,落梁,检查安放支座无误后方可落梁,为了保证落梁时梁体平衡,施工时确保千斤顶一次回落量,直至落实为止,同时再次检查支座与梁底是否完全接触,否则,需重新起顶,直到符合要求,并控制各主梁间位移差。

第四,设备保养。现场施工光是靠人力是远远不够的,所依靠的就是先进设备,不仅能够解放大部分的劳动力,而且还能够在一定程度上提高工作效率,但是很多施工企业为了降低成本,提高效益,就选择那些陈旧的设备应付了事,实际上这是一种非常不负责任的做法,无论是对施工人员来讲还是对施工企业来讲。

对施工人员来讲陈旧的设备不方便操作,而且时间长了容易存在各种零件老化的问题,越是陈旧的设备在操作上就越是烦琐,这样如果是对设备不是很熟悉的新手就容易出现问题,情况严重的甚至会造成身体上的伤害。

对施工企业而言,老旧的设备尽管节省一定的资金,但是相对的也降低了工作效率,延长工作时间,所要支付的施工人员的工资就会增多。所以桥梁支座施工的时候需要比较先进的设备,这样才能够真正地提高生产力,节省时间,能够在规定的时间内保质保量地完成规定的任务。除了需要按照正常的操作流程来进行,还需要在使用之后进行保养,这样才能够在一定程度上延长设备的使用时间,从而达到降低建筑成本的目的。

2. 桥梁伸缩缝的施工技术

(1)简述桥梁伸缩缝的分类及作用

①桥梁伸缩缝的五种类型

在实际的施工过程中,由于桥梁的伸缩量和结构各不相同,伸缩缝的规格和类型也不一样。目前,桥梁伸缩缝分类的主要标准为构造划分的不同。按照这个标准,桥梁伸缩缝可以分成五种不同的类型,它们分别是填充式伸缩、橡胶伸缩、模数式伸缩、梳形钢板伸缩、无纺布伸缩。不同的伸缩方式,所适用的范围也不尽相同,耐用性也有较大区别。所以在选择伸缩方式时,一定要根据桥梁建设的实际需要进行考虑,选择最合适的伸缩类型。

②桥梁伸缩缝的作用

桥梁伸缩缝是桥梁的基本组成部分,如果这一部分遭到损坏,就会出现桥面夹缝下沉,影响桥面的平整性,给车辆的正常行驶带来不便。若破坏程度较轻,则车辆在行驶过程中极有可能在冲击作用的影响下发生跳车,影响行车的稳定性,并让车上的司机和乘客产生不适感。如果损坏的程度较重,则有可能导致严重的行车安全事故。基于此,桥梁伸缩缝的主要作用就是对桥梁的上部结构进行调节,是保障桥梁行车安全的基础,还能促进我国路桥事业的健康发展。

(2)桥梁伸缩缝的主要施工技术

①施工前的相关准备工作

在进行桥梁伸缩缝的具体施工之前,一定要做好相关的准备工作。准备阶段包含的内容较多,主要有以下几点需要注意:第一,制定一套科学的施工方案,做好图纸的设计工作,并对施工方案和设计图纸的合理性进行研究,同时,完成对施工人员的技术培训工作;第二,对伸缩缝的质量进行严格检查,去除已经发生变形和扭曲的伸缩缝,同时,对伸缩缝的运输和安装都要遵照生产厂商和设计图纸的要求进行;第三,为伸缩缝的施工提供齐全的机械装备,并保证这些装备正处在最佳的运行状态,对于有特殊要求的机械设备而言,还需要提前检查,并提供备用发电机以备不时之需;第四,桥面施工完成之后,要做好对桥面的保护工作,避免桥面受到污染;第五,根据桥梁施工的具体情况确定混凝土搅拌机的位置,使混凝土到各个施工点之间的运输距离在合理范围之内,避免混凝土因为运输距离太远而出现离析现象;第六,保证混凝土的搅拌质量达到伸缩缝浇筑的使用要求;第七,科学确定安装定位值，因为它受温度的影响较大，所以在最高温度下，该值要符合伸缩缝最小的缝度要求，在最低温度下，要满足最大缝度的行车要求；第八，在伸缩缝施工期间，需要进行路面管制，直至伸缩缝的强度能满足行车负载；第九，做好伸缩缝混凝土的养护工作。

②切缝技术

首先，对桥面的平整度和膨胀接头的情况进行仔细检查。其次，根据路面的平整程度来确定切割面的宽度。如若需要扩大，那么宽度增加的范围必须控制在3米之内。如若将路面的切割面拓宽之后，依然不能达到伸缩缝的施工要求，则需对路面进行返工处理，不然就会降低伸缩缝的施工质量。如若达到要求，则需按照设计图纸中的开槽标准来确定施工宽度。再次，进行放样操作，使用切割机进行切缝处理。另外，如果沥青路面超过了锯缝线，超过部分则要贴上胶带纸或者塑料布，对路面进行保护，防止其受到石粉污染。

③开槽技术

在开槽施工中，首先要做的就是根据设计图纸的具体要求来确定开槽的宽度，并且最低不能小于12cm。确定宽度之后即可进行放样。为了保护路面，避免混凝土的粉末对其造成污染，在进行开槽施工时，一定要注意以下几点：第一点，利用风镐进行开槽，做好彩条设置，并将槽内的杂物清理干净，彻底清除槽内钢筋上的灰尘和污垢，同时，槽内外露的混凝土部分需进行凿毛处理，务必保证槽内的干净整洁；第二点，桥面上的每一个切缝都需要进行仔细检查，确认其上方的防水层是否完整，如果发现问题，必须马上解决；第三点，在进行槽内预埋钢筋的施工时，一定要严格遵守施工操作规范，预防钢筋和锚固筋出现弯曲，如果预埋钢筋的数量不足，则可使用膨胀螺栓进行填充，避免钢筋出现质量问题；第四点，开槽施工完成之后，要严禁对槽部边缘进行踩踏，否则就会给后期施工的质量造成巨大影响。

④伸缩装置的安装技术

伸缩装置的安装最常使用的方法就是半幅施工法，并且一定要对施工现场进行封闭处理。首先，对安装现场的实际温度进行测量，只有当温度达到生产厂商设置的出厂温度时，才能进行施工；其次，利用撬杠拆除密封条，直至混凝土浇筑完成之后，进行二次嵌入处理；再次，根据设计图纸的对预留槽中心线的要求来确定伸缩装置安装的中心线；最后，利用平直槽钢制作龙门横吊梁。该吊梁制作完成之后，在放置的时候需要沿着桥宽的横向位置，均匀放置。同时，还需要对伸缩缝的平整度和置顶标高进行调整，使龙门横吊梁的标高和地面标高保持一致。

3. 桥梁排水施工技术

（1）桥面表面排水

①竖向泄水管的布置

泄水管通常采用铸铁管，最小内径为150mm，泄水管顶部采用铸铁格栅盖，栅盖点焊于漏斗上。泄水口周围的桥面板应配置补强钢筋网。为便于桥面铺装层排水，铸铁管伸入桥面铺装部分做成圆孔状，圆孔直径1cm，孔间距25cm，沿圆周均匀分布。泄水管应错开桥梁的伸缩缝或桥面连续缝布设,沿桥长方向在桥侧距梁端(或板端)部72.5cm(以避开墩台帽为宜)处必须设置一个,再每隔5m左右设置一个。在桥梁伸缩缝的上游方向应增设泄水口,以减少流向伸缩缝的水量。如桥梁位于凹行竖曲线内,此时应减小泄水管的设置间距,增加泄水管的设置数量,在凹行竖曲线最低点及其前后3口处也应各设置一个泄水口,以便迅速排除雨水。泄水管及其附近应略低于桥面0.5~1cm,以便排水流畅。

②边缘侧三角形沟汇流平直式泄水管排放

泄水管内径为150mm,泄水管、栅形井盖、格栅材质均为铸铁,安装前必须涂刷两次沥青。在浇筑防撞墙前应将泄水管固定在防撞墙钢筋骨架上,泄水管与栅形井盖同时浇筑于混凝土防撞墙中。为便于桥面铺装层排水,应严格控制铸铁管管口的高度。铸铁管管口底略低于沥青混凝土下层。泄水管的设置位置和数量同竖向泄水管。泄水管管口附近应略低于桥面1~2cm,以便排水流畅。泄水管采用平直式矩形铸铁管,埋置在护栏座底下。泄水管上半部露出桥面,进水口外套一排水蓖子,下半部与桥面内部纵向集水盲沟(外包透水土工布)相接,既可方便摊铺碾压、又可将表面水和渗入水排除。

③护栏底开口漫流排水,边缘内部设纵向盲沟

为加快排放速度,在护栏座底下开漫流泄水孔,必要时,泄水孔外侧设排水边沟,并排入墩台处竖向排水管。碎石盲沟布置在路面较低一侧的防撞墙边,先铺沥青改下层,待碾压形成后,在离防撞墙10CM处锯缝,然后清除沥青混合料,换填粒径为2cm的单级配碎石,再铺设沥青混凝土下层,施工完毕后,应保证栅型井框盖能抽换。在制作碎石盲沟及铺设沥青混凝土面层时务必注意防止碎石及沥青混凝土堵塞泄水孔入口,影响排水效果。

(2)桥面铺装层内部排水

桥面内部排水设计采用防、排结合的原则,一方面在桥面铺装层下设置防水层,以减少下渗水对主梁的破坏。防水层可根据实际情况采用,如采用APP防水卷材、水性沥青及防水涂料等。另一方面可通过设置内部排水设施,以迅速排除被围封的自由水。

桥面内部排水设施应与桥面表面排水设施形成一套完整的排水系统,出水口设施设置应相衔接,避免重复。桥面内部排水设施的设置不能影响桥面铺装的使用性能,且施工方便,便于实施。

沿桥护栏桥面边缘设纵向碎石盲沟,渗入桥面铺装层内的水沿桥面结构层的层间孔隙靠横坡横向流入由透水材料组成的盲沟,再由间隔一定距离布设的横向或垂直水管引出桥面。沥青混凝土铺装层边缘纵向碎石盲沟类似路面边缘排水系统,碎石盲沟横断面可采用10cm×10cm,边缘盲沟泄水口应尽量与表面排水泄水口一致。

(3)桥面防水施工技术

①桥面找平层及垫层

在桥面板上应修筑找平层及垫层的作用:一方面在于为防水黏结层的铺设提供一个较为平整的基面,较为平整的基面可以提高,黏结体系的强度;另一方面,垫层形成一定角度的桥面横坡,横坡过于平缓则容易积水。面层渗入水难以排出,成为渗漏的原因之一,

桥面横坡一般不应小于2%，可视具体地理位置和降水情况而有所改变。

②桥面强度

桥面强度指桥面混凝土具有一定的强度，一般桥面水泥强度在C40以上，找平层一般用细粒式防水混凝土，强度不低于C30。为保证强度，找平层内宜配置钢筋网。浇注水泥混凝土结构时，振捣常易导致离析，粗骨料下沉，表面形成一层水泥含量较多，收缩性较大的浮浆层。浮浆层的存在不仅影响桥面板的强度，而且易产生裂缝，不利于防水黏结层和桥面基层的结合，必须予以清除。通常可用钢刷、铣刨机或喷砂法清除。黏结体系的黏结强度与桥面强度有极大关系。桥面强度其实就是指水泥混凝土的强度，当铺设了防水黏结层，形成黏结体系以后，如果桥面强度过低，则发生水泥混凝土的内聚破坏，黏结材料的强度没有发挥。当荷载作用导致粘接体系产生破坏时，希望这种破坏是界面破坏而不是材料的内聚破坏。这时水泥混凝土材料和防水黏结材料的材料潜力得到充分应用，水泥混凝土强度和黏结材料的实际黏附强度都较高。

③桥面处理状况

桥面平整度是黏结体系强度的重要影响因素。桥面不平整将导致两种不利状况，首先没有处理好的表面凸起、凹陷、浮浆、油污等，极易在荷载作用下产生应力集中，防水黏结层产生局部破坏，丧失结构的耐久性；其次当表面凹凸不平时，洒布防水黏结材料，材料固化前，会流动，产生堆积，导致防水黏结层厚度不均，产生薄弱点，妨碍其功能的发挥。

④桥面干燥情况

桥面的干燥状况也是黏结体系强度的一个影响因素。室内试验已经论证，假如水泥混凝土含水，黏结体系的强度会下降，下降比率视黏结材料不同而有所区别。防水黏结材料与桥面的结合十分重要，如果桥面不充分干燥，施工后的水气在压力下就会使防水黏结层与基层剥离、起鼓、产生气泡。含水量的测定可用高频水分测定仪测定。在工地上如无测试含水率的手段可在桥面放一块防水卷材，3～5小时后如卷材下面无水珠（潮湿），即认为基本干燥。

⑤伸缩缝及泄水口的处理

由于没有按规范对伸缩缝进行处理，施工完成后不久，铺装即发生破坏，因此伸缩缝的处理也是整个铺装中的重要一环。合理设计和施工泄水口是构建完整的桥面排水系统重要的一环。通过桥面横坡和纵坡聚集的水都需要通过泄水口排出桥面，因此，要保证泄水口的合理设计和畅通。

4. 桥梁防撞护栏施工技术

（1）混凝土防撞护栏的施工技术

为了从分布上解决混凝土防撞护栏施工过程中存在的质量控制难点，提高混凝土防撞护栏的外观质量，需要从模板制作安装、测量放样、混凝土浇筑、混凝土养生等各个施工环节进行严格的质量控制。具体的各环节施工技术要求如下：

①模板制作

模板是保证防撞护栏各部尺寸和外观质量的基础。从模板制作开始就要高标准、严要求。现在的防撞护栏施工中几乎都是采用了定制的专用钢模板。首先，钢模板具有刚度大、平整度好、不易变形等优点，在使用过程中不易产生变形，保证了混凝土表面平整光洁，线条顺直。其次，钢模板周转次数多，长期效益好。模板正面多采用 3mm 厚的普通新钢板，每一段防撞护栏钢模板外侧的加劲肋间距多设置为 50cm 左右，主要是保证模板在使用过程和吊装过程中不易变形。

钢模板制作完成后，在正式使用前要进行试拼装，主要是看模板安装后的整体效果，模板接缝处是否平顺，有无缝隙和错台现象，检查无误后方可正常使用。

②测量放样

为了更好地保证混凝土防撞护栏的外表线条顺直，需要加强测量施工的精度和准确性。首先用全站仪对防撞护栏的内边线进行准确放样，在直线段上可在纵向上每 10m 放一个点，在曲线段上可在纵向上加密至每 6m 一个点，最后用墨线将每个放样点弹线连接起来作为内膜的安装边线，以便更好地控制防撞护栏的线形。内边线放好样后，再每隔一定间距（视模板长短）对防撞护栏边线上的点精测标高，对超高和欠高的部分进行凿除或找平，以此为基础控制防撞护栏模板的位置和标高。

③模板安装

钢模板在正式安装使用前应将表面浮锈清除干净，并用好机油将模板表面涂抹均匀，涂油不宜过多（涂油过多，模板支好后往下流油，污染混凝土连接面），以此保证混凝土表面光洁和混凝土不沾模板。

为了更好地防止模板与底部接触处漏浆，影响外观质量，可以在内侧模板安装前先在其内侧砌一条高 5cm、宽 5cm 左右的砂浆梗，可起到下部顶紧模板、减少漏浆的作用。模板安装好后再从外部用适量砂浆封住下接触面与模板的接缝，防漏浆效果更好。拼接缝处的防撞护栏模板在安装过程中应严禁错缝，且拼缝之间可加贴双面胶，以更好地防止发生错台和漏浆现象。

安装模板的人员要熟悉本工作项目的质量要求，做到心中有数。模板固定一般下部使用拉杆螺栓固定，上部用花杆螺栓配合支杆固定，还可用其他方法固定，无论使用何种方法，要能达到简单易行，既能固定模板，又不至于漏浆跑模。

模板安装完成后，施工班组应先进行自检，自检合格后，再报请有关部门检查。自检和质检人员检查，主要是检查安装尺寸是否合适，各个固定点（拉杆、支杆等）是否牢固可靠，特别应对防撞护栏上边线的顺直情况进行仔细检查，直线段时可以在两点之间通过拉直线与防撞护栏模板最上部的倒角内侧边缘对照来进行校正，曲线段时也在通过与拉直线对比的情况下对模板的曲线进行调整，从中间向两端进行缓和微调，保证曲线段的曲线顺直。

④混凝土浇筑

为了保证防撞护栏混凝土表面光洁美观，采用的水泥和配合比十分重要，经过多次试验段的尝试，确定配合比。水泥坍落度控制在5cm，如果坍落度过大，混凝土易出现泌水现象，表面无光洁面，水痕明显；如果坍落度过小，不易振捣密实，蜂窝，气泡较多。混凝土用的原材料要求较严，砂子、小石子一定要过筛，用量要准确严格按配合比配料。

混凝土采用强制式搅拌机进行拌和，拌和时严格控制用水量和拌和时间，拌和时间不小于3min，需保证混凝土拌和均匀及坍落度符合要求，并使拌和出的混凝土有较好的和易性。

防撞栏混凝土由混凝土搅拌车配合人工铲送入仓，用插入式振捣器进行振捣。混凝土施工时对每一段分三层进行浇筑，以避免或减少防撞护栏倒角处产生气泡、水线等，浇筑时由两头向中间同时施工。最底下第一层混凝土施工到前墙模板下部的第一个转角处高，第二层施工到前墙模板的第二个转角处高，第三层直接施工到顶面。每一层混凝土振捣时都要注意振捣密实，振捣时间不小于1min，不大于1.5min，要注意防止漏振、过振现象，上一层混凝土振捣时振捣器需插入下层5～10cm左右。混凝土振捣至表面泛浆，无气泡冒出且表面不再下沉为止。振捣过程中发现有漏浆的部位，应及时堵塞和补振，避免拆模后该处有蜂窝出现。在混凝土浇筑施工过程中，施工班组要随时检查，如发现模板支撑杆松脱、变形，要随时调整，并将混凝土重新振捣。

防撞护栏混凝土浇筑完成后应进行修面、压光处理，保证表面光滑。修面采用三次收浆，第一次用木抹子抹平，第二次用铁抹子抹平初压光，第三次待混凝土初凝时用轧子用力轧光。且注意把表面混凝土修平至模板顶面小倒角处的下边缘，保证棱角分明，线形平滑。

⑤混凝土拆模及养生

防撞护栏的拆模时间根据气温和混凝土强度而定，一般情况下12h左右即可拆模，拆模后如发现存在小气泡马上用掺白水泥的水泥浆进行修补、压光然后阴干半天（主要是保证颜色一致）。最后用覆盖不污染混凝土的草帘（或其他覆盖物）洒水养生，不宜喷洒薄膜养护剂。

（2）桥梁防撞护栏的施工新工艺

①应用滑动式护栏的施工工艺

随着设计水平的不断提高，越来越重视护栏设计的细节问题，以往护栏的设计大部分采用的都是组合式设计，也就是下面为混凝土墙，上面设有钢板，之后在钢板上安装扶手，这样的设计不仅具有一定的美观性，还具有很好的通透性。但是在实际使用过程中还是存在着很多不足，比如，钢扶手的价格比较高，并且焊接与安装的施工都比较复杂；钢扶手在与空气接触的过程中，非常容易氧化而形成锈斑，对其美观性有着一定的影响；防锈漆在使用的过程中经常会发生脱落的情况，加大了后期养护的造价等。针对这样的情况，迫使我们提出更新的施工工艺，完善护栏施工。当车辆与护栏发生撞击的时候，车辆就会因为护栏的作用改变行驶方向，进而可能发生更为严重的交通事故，而采用滑动式护栏就可以实现旋转，减小护栏的作用力，同时还可以发挥导向的作用。一般情况下，在山区高速公路中存在的安全隐患比较多，主要原因就是弯路太多，在弯路改直路的行驶过程中，大部分司机都会加快速度，这时就可以利用滑动式护栏的颜色进行提醒，以此来降低发生交通事故的概率。滑动式护栏选用的结构与算盘的结构比较相似，主体结构是钢制的碳素结构，具有坚固、耐老化的性质，内层是由缓冲材料构成，能够减小撞击的冲击力，这个结构不仅可以发挥出防撞的作用，还具有非常强的导向作用。所以，滑动式防撞护栏能够改变车辆行驶的方向，对其正确行使有着一定的导向作用，进而排除相关的安全隐患，确保车辆通行的安全性。

②应用高性能混凝土的施工工艺

在防护栏的设计过程中，必然会用到混凝土，但是普通混凝土可以达到的防护程度是有限的，随着信息技术的不断发展，一些先进技术逐渐被引用到了防护栏施工中，改进相关的施工工艺已经成为时代发展的趋势。在设计防撞护栏的时候，一定要使用一些高性能的混凝土，以此来弥补施工工艺上存在的不足。高性能混凝土就是一种根据混凝土耐久性而设计的新产品，它的使用年限能够达到100年。与传统混凝土相比，其具有更高的耐久性、强度以及稳定性等优势。随着高性能混凝土的不断发展，其在世界范围内的相关工程中得到了普遍的应用，尤其是在公路桥梁、形象建筑以及高层建筑等项目中的应用更为突出，在实际应用过程中，充分体现了其独特的优势，已经逐渐成了混凝土日后的发展方向。在应用高性能混凝土的过程中，对其质量产生影响的因素主要包括配料、水泥以及砂石等的性能。因此，在应用高性能混凝土的时候，一定要加强对原材料的控制，高度重视其整体的性能与组合效果。

③三角高强混凝土定位墙及水平支撑混凝土垫块立模定位的施工工艺

采取施做护栏底部三角高强混凝土定位墙及水平支撑混凝土垫块立模定位的施工工艺，同时采用对拉及内撑双向立体锁定的模板安装方法，使模板的安装更加牢固。这种施工新工艺改变了多年来护栏模型底部立模定位采用钢筋支架或木块支撑定位的传统施工方法。该套施工工艺成功地解决了传统施工方法所出现的立模难、跑模漏浆、成型护栏顶部起伏不平及纵向线形扭折等质量通病及一直困扰路桥人的技术难题；同时为今后防撞护栏及隧道电缆沟中隔墙的施工开辟了一条新的途径，为同类工程的施工提供借鉴。

5 灯柱安装施工

灯柱通常只在城镇设有人行道的桥梁上设置，灯柱的设置位置有两种：一种是设在人行道上；另一种是设在栏杆立柱上。

第一种布设较为简单，在人行道下布埋管线，按设计位置预设灯柱基座，在基座上安装灯柱、灯饰，连接好线路即可。这种布设方法大方、美观、灯光效果好，适合于人行道较宽（大于1m）的情况。但灯柱会减小人行道的宽度，影响行人通过，且要求灯柱布置稍高一些，不能影响行车净孔；第二种布设稍麻烦一些，电线在人行道下预埋后，还要在立柱内布设线管通至顶部，因立柱既要承受栏杆上传来的荷载，又要承受灯柱的重量，因此带灯柱的立柱要特殊设计和制作。在立柱顶部还要预设灯柱基座，保证其连接牢固。这种情况一般只适用于安置单火灯柱，灯柱顶部可向桥面内侧弯曲延伸一部分，以保证照明效果。该布置法的优点是灯柱不占人行道空间，桥面开阔，但施工、维修较为困难。规范要求桥上灯柱应按设计位置安装，必须牢固，线条顺直，整齐美观，灯柱电路必须安全可靠。

第四节　桥梁上部结构病害的维修与处治

一、桥面铺装层的维修整治

（一）桥面铺装层损伤类型、产生原因及其对使用性能的影响

1. 高低差

桥面铺装层的高低差主要表现在与结构物连接部位的高低差。这种现象大多是由于桥跨结构与桥台填土部位的不均匀沉陷、台后回填土夯实不够、结构物接头不平等引起的。对于沥青混凝土铺装层还可能由于沥青稳定性不够及接头部位沥青混合料碾压不够等原因所致。高低差将影响行车的舒适性，发生噪音，促使接头部位铺装层、伸缩缝及结构物的破坏。

2. 变形

铺装层的变形一般表现为沿行车方向出现的凹凸不平、横桥向车辙等，对沥青混凝土铺装还可能出现表面鼓包、车辙引起的横向波及泛油引起的不平。这种变形常由桥面板不平、过大的交通量、重车行驶、沥青混合料稳定性差等引起。纵向的凹凸不平则可能是由于经常性的制动与起动所导致的。

3. 磨损与破裂

铺装层的磨损一般表现为由于车辆行驶使铺装层表面细骨料慢慢地脱离，表面呈现锯齿式的粗糙状态，或铺装层表面被车轮磨细，形成平滑状态，即通常所说的磨光。这种磨损一般是由于过大的交通盆所致。对于沥青混凝土铺装，则还可能是由于沥青混合料碾压不够、沥青含量偏少、沥青混合料过热等原因所致。铺装层的磨损将使行车舒适性与车辆行驶的安全性下降。

（二）桥面铺装层的维修整治

桥面铺装层的修补视其损伤程度不同而采取不同的方法。水泥混凝土铺装除采用彻底翻修重做铺装外，通常也采用沥青料进行修补，下面主要介绍沥青混凝土铺装的修补方法。

应急修补：对于小面积范围的裂缝、坑槽，一般采用沥青混合料填埋，沥青混合料均采用加热拌和。表面处治：此法系在原铺装层表面铺撒焦油形成薄封层，然后再根据铺装层的

损伤情况作不同的处理。翻修法：对于损伤严重的铺装层，重新铺筑桥面铺装层。在旧路改建工程中，此法比较普遍。

二、桥面伸缩缝的维修整治

桥面伸缩缝的整治工作要视其损坏情况而采取不同措施，有时仅需更换跨缝材料（如橡胶伸缩缝的橡胶条、钢板滑动支座的钢板等），有时则需要更换整个伸缩缝装置，一般情况下在更换或修补伸缩缝装置时，位于伸缩缝两侧的后浇筑铺装层均应进行更换。在伸缩缝维修整治中要注意以下几个问题：对于桥面铺装层上容易产生车辙的凹凸不平处，要特别注意铺筑后铺筑材料时不应产生高低差；在凿除原有混凝土铺装时，不要损伤伸缩缝两侧桥面板混凝土及钢筋；当原伸缩缝装置的锚固钢筋等损坏、松动或无锚固钢筋需增设时，应先凿出锚孔或槽口后再安设钢筋等锚固件。

三、裂缝的修补整治

混凝土桥梁的裂缝修补方法可根据裂缝的深度而定，一般细的浅裂缝采用涂抹法或浇灌法进行修补，对于深裂缝则采用灌浆法，修补裂缝用的填缝材料通常都采用高分子化学材料（环氧树脂类，甲凝材料类），这主要是因为这种材料硬化后强度较高，通过它们与裂缝周围受损或已疏松的混凝土形成整体，能起到修补与补强作用。

（一）涂抹法或浇灌法

采用涂抹法或浇灌法修补浅裂缝工艺比较简单，先采用凿毛、喷砂或钢丝刷刷毛等办法清除混凝土表面浮浆，再将裂缝沿其长度范围凿成"V"形梢使其露出新鲜面，并用高压气枪或水枪冲洗吹干，涂抹法先在裂缝上涂一层环载胶液，然后再反复多次涂抹环氧树脂胶液，至胶液浸透裂缝为止。当裂缝较密，且已形成一定范围松散面时，则可采用立模浇灌进行修补。

（二）灌浆法

灌浆法修补裂缝时，先将结构物的裂缝或孔隙与外界封闭，仅留出进浆口及排气孔，然后将环载浆液通过压浆泵以一定的压力将浆液压入缝隙内并使其扩散、胶凝固化以达到恢复原结构整体性与强度的目的。

四、梁的加固改造技术

（一）增大构件截面改造技术

增加主钢筋补强加固。当梁内所配置的主要受力钢筋截面不足，无法满足抗弯承载能力的要求，而桥下净空又受到限制不允许过多地增加主梁高度，有时连桥面标高也不允许提高，此时即可采用增加纵向主钢筋的方法进行补强加固，所增加的主钢筋采用焊接工艺与梁内原主钢筋相焊，施工要点有以下几点：

1. 增焊主筋

首先凿开梁肋下缘混凝土保护层，使梁内原底层主钢筋露出，将原箍筋切断并拉直，然后将增加的主钢筋焊在原主筋的下缘，为了减小焊接时温度应力的影响，施焊时应采用断续双面施焊，并从跨中向两支点方向一次施焊。

2. 接长箍筋、恢复混凝土保护层

增加的主筋焊好后即可接长箍筋并重做混凝土保护层。为了增强新老混凝土的黏结及加快混凝土的固化速度，新做保护层材料宜采用环氧树脂小石子混凝土（或砂浆）或膨胀水泥混凝土（或砂浆）。施工工艺常采用涂抹法、压力灌注法或喷涂法（即喷锚法），当采用喷涂法施工时，在增焊的主筋表面须放置一层金属网，分层喷涂水泥砂浆，然后再进行人工表面整修。

（二）粘贴加固改造技术

粘贴加固技术是一种用化学粘贴剂从结构外部粘贴补强材料的补强方法，这种方法目前应用较广，经过试验与实践证明是一种较为理想的补强技术。目前常用的粘贴剂是环氧树脂，用它来粘贴钢板、钢筋或玻璃纤维布（多层玻璃纤维布通过环氧树脂黏结形成玻璃钢），可以提高构件的抗弯、抗剪能力以及减小裂缝的扩展。这种方法的最大优点在于施工简便，基本上不减小桥梁的净空，并可在不影响或减少影响桥上交通的情况下进行加固施工。

辽宁高速锦阜线K103+100处的分离式立交桥局部加固工程中就利用了粘贴钢板法。粘贴钢板的目的在于弥补原桥盖梁的强度不足，提高盖梁的抗弯、抗剪能力，提高刚度，限制裂缝的开展，改善钢筋与混凝土的应力状态。下面简要介绍以下施工过程：

1. 表面处理

为了取得良好的粘贴效果，必须先对肢粘贴钢筋混凝土梁进行认真的表面处理。将梁底粘贴部位混凝土表面用砂轮磨平，并基本达到能见到混凝土粗骨料的程度。角钢采用钢丝刷除锈，角钢表面在粘贴面采用刨床加工成菱形，格状刻痕，以增刀口黏结性能。用冲击钻在角钢与混凝土面上钻孔、钻孔后在混凝土底面上安装好胀锚螺栓，胀锚螺栓采用M8X90定型产品。用丙酮清除角钢表面油脂，用刷子清除混凝土表面灰尘等。在角钢和混凝土黏结面上用刮刀均匀涂刷配制好的环氧树脂打底层。

2. 粘贴钢板

一般钢板采用涂抹粘贴。在角钢及混凝土表面已打好底层后，再用刮刀在角钢上均匀涂刷配好的环氧树脂黏结剂。压贴角钢，并迅速拧紧胀锚螺栓，再环氧树脂养生不少于三天。角钢与混凝土表面之间缝隙用稠度较高的环氧树脂水泥砂浆来填塞、勾缝、胀锚螺栓帽用环氧树脂水泥砂浆封住。角钢表面用钢丝刷除锈，再涂两层防锈漆予以保护。

参考文献

[1] 崔建文. 道路与桥梁基础施工技术要点研究 [J]. 山西建筑, 2017, 43 (35): 159-160+227.

[2] 赵孝学. 公路桥梁基础施工技术探讨 [J]. 交通标准化, 2014, 42 (01): 75-76+80.

[3] 朱云, 焦娇. 路基施工技术要点 [J]. 建材与装饰, 2018 (40): 245-246.

[4] 黄超, 谭建飞. 公路工程软土路基施工技术探讨 [J]. 科学技术创新, 2018 (26): 135-136.

[5] 陈维. 特殊路基施工关键技术研究 [D].2004.

[6] 柳德强. 公路路基施工技术探讨 [J]. 工程建设与设计, 2017 (07): 131-132+135.

[7] 李宗军. 公路施工中填石路基施工技术分析 [J]. 工程技术研究, 2017 (03): 72-73.

[8] 贾侃. 填石路基施工工艺研究 [D].2003.

[9] 韩耀伟. 公路路基施工技术及其质量控制分析 [J]. 中国高新技术企业, 2015 (01): 125-126.

[10] 桂纯林. 路基工程质量通病的预防及处理 [J]. 黑龙江交通科技, 2012, 35 (01): 42.

[11] 文祯. 公路路基施工质量通病成因及处理 [J]. 交通世界, 2018 (Z2): 16-17.

[12] 焦会昌. 公路工程水泥混凝土路面施工技术探讨 [J]. 中国高新技术企业, 2017 (01): 93-95.

[13] 徐耀东. 沥青路面质量通病及防治措施 [J]. 交通世界 (建养、机械), 2015 (10): 24-25+31.

[14] 王峰娟. 公路工程沥青路面施工技术与质量控制策略 [J]. 交通标准化, 2014, 42 (08): 39-41.

[15] 李淼. 浅谈公路路面基层施工技术及质量控制 [J]. 四川水泥, 2018 (01): 150.

[16] 韩俊. 刍议公路涵洞施工技术 [J]. 科技创新与应用, 2017 (32): 50+52.

[17] 曲宗敏. 涵洞工程施工技术研究 [J]. 民营科技, 2016 (08): 160.

[18] 刘跃军. 市政工程中箱涵施工技术的探究 [J]. 山西建筑, 2017, 43 (11): 168-170.

[19] 王超, 曹乔生. 钢筋混凝土拱涵施工技术探讨 [J]. 科技与企业, 2012 (07): 222.

[20] 郭立志. 涵洞附属工程的施工 [J]. 黑龙江交通科技, 2011, 34 (10): 238.

[21] 陈可富. 浅谈涵洞附属工程施工技术 [J]. 中国新技术新产品, 2011 (01): 86.

[22] 汤国盛. 公路工程钢筋砼圆管涵施工浅析 [J]. 中国新技术新产品, 2010 (10): 41.

[23] 兰翠敏, 赵玉君, 白雪坤. 混凝土圆管涵洞的病害分析及预防 [J]. 黑龙江科技信息, 2007（05）: 157.

[24]. 拱涵开裂的分析及加固措施 [J]. 铁路标准设计通信, 1974（04）: 1-6.

[25] 刘高锋. 预应力混凝土桥梁施工技术要点 [J]. 工程建设与设计, 2017（04）: 136-137.

[26] 汪洋, 杨金礼. 公路桥梁墩台施工技术 [J]. 企业技术开发, 2013, 32（14）: 157+161.

[27] 冯小东. 桥梁下部结构常见病害及预防措施 [J]. 科技创新与应用, 2016（29）: 232.

[28] 董娜. 浅谈预应力桥梁的施工技术方案 [J]. 四川水泥, 2015（08）: 311.

[29] 谢铭. 桥面系及附属工程施工 [J]. 山西建筑, 2014, 40（13）: 189-191.

[30] 陈明奎. 人行道施工技术探讨 [J]. 技术与市场, 2012, 19（04）: 170.

[31] 徐昭. 桥面铺装层及附属工程施工 [J]. 科技传播, 2011（18）: 105.

[32] 曾宪濂. 人行道施工质量控制的几个问题 [J]. 赤峰学院学报（自然科学版）, 2010, 26（06）: 160-161.

[33] 齐祥翔, 封丽君. 浅谈路缘石施工方法 [J]. 山西建筑, 2008（25）: 289-290.

[34] 王革, 杨晓乾. 路缘石滑模施工技术探讨 [J]. 筑路机械与施工机械化, 2005（05）: 18-19+22.

[35] 易平波. 桥梁墩台滑模施工技术的应用 [J]. 交通世界, 2018（26）: 141-142.

[36] 张飞翔. 桥梁墩台施工技术研究 [J]. 山西建筑, 2018, 44（25）: 167-168.

[37] 易垚. 大跨径斜拉桥悬臂浇筑施工中挂篮及其模板适用性研究 [D].2017.

[38] 黄杨. 连续钢构桥施工控制技术解析 [J]. 黑龙江交通科技, 2014, 37（04）: 122+124.

[39] 陈淑红. 缆索吊装钢筋混凝土拱桥的施工技术研究 [D].2011.

[40] 董春燕. 自锚式悬索桥关键施工阶段分析与研究 [D].2007.